综合保税区及保税监管场所

实操攻略

王 刚 编著

中国海关出版社有限公司

·北京·

图书在版编目（CIP）数据

综合保税区及保税监管场所实操攻略 / 王刚编著 . —北京：
中国海关出版社有限公司，2024.1
　　ISBN 978-7-5175-0740-6

　　Ⅰ . ①综… Ⅱ . ①王… Ⅲ . ①自由贸易区—监督管理—中国
Ⅳ . ① F752.56

中国国家版本馆 CIP 数据核字（2024）第 034078 号

综合保税区及保税监管场所实操攻略

ZONGHE BAOSHUIQU JI BAOSHUI JIANGUAN CHANGSUO SHICAO GONGLÜE

作　　　者：王　刚
责任编辑：熊　芬
出版发行：中国海关出版社有限公司
社　　　址：北京市朝阳区东四环南路甲 1 号　　　　　邮政编码：100023
编 辑 部：01065194242-7528（电话）
发 行 部：01065194221/4238/4246/5127（电话）
社办书店：01065195616（电话）
　　　　　　https://weidian.com/? userid=319526934（网址）
印　　刷：北京华联印刷有限公司　　　　　　经　　销：新华书店
开　　本：710mm×1000mm　　1/16
印　　张：20.25　　　　　　　　　　　　　字　　数：353 千字
版　　次：2024 年 1 月第 1 版
印　　次：2024 年 1 月第 1 次印刷
书　　号：ISBN 978-7-5175-0740-6
定　　价：68.00 元

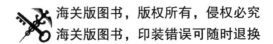

·序·

FOREWORD

　　我国自 1990 年设立上海外高桥保税区以来，以综合保税区、保税区、保税港区、保税物流园区等为代表的海关特殊监管区域发展迅猛，在构建国内国际双循环相互促进的新发展格局、承接国际产业转移、扩大对外贸易、促进就业方面发挥了积极作用。2013 年 8 月，中国（上海）自由贸易试验区正式获批设立，此后，全国各地自由贸易试验区陆续设立，为我国制度创新、对接国际贸易规则及各类改革探索先进经验。通常每一个自由贸易试验区内都包含若干个综合保税区，综合保税区作为"试验田"中的"试验田"，持续承担着改革先锋和制度创新的重任，为我国吸引外资、承接国际产业转移、扩大对外贸易、促进国内产业转型升级、增加就业、探索制度创新作出了突出贡献。

　　海关特殊监管区域经过数十年发展，为海关等国家监管部门在对综合保税区的功能定位、管理体系构建和管理职能发挥、制度创新等方面积累了丰富经验并取得成效，但同时要看到，国内外环境、市场和企业的需求及新兴业态给政府部门提出了更高的要求，这些都需要我们广泛调研、多方研讨、不断学习、积极探索，唯有此，才能完成时代赋予我们的任务和使命。

　　青岛海关是一方历史悠久和业务传承深厚的热土，王刚同志作为其中一分子，和他的合作伙伴们在深入调研、广泛搜集资料的基础上，对综合保税区及保税监管场所的各类业务进行系统梳理和论述，形成了一本系统探讨综合保税区的业务书籍，这是对综合保税区发展的一次积极探索。希望这本书能起到抛砖引玉的作用，期待更多同事为海关和社会的发展贡献自己的力量。

青岛海关副关长

2024 年 1 月

·前言·

PREFACE

在我国对外贸易发展格局中，以综合保税区为代表的保税业态发展如火如荼，备受关注。综合保税区的业务门类广、规定多、创新快、集成度高，对企业及政府人员的专业素质要求极高。因此，出版一本概括介绍政策且实操性强的参考书籍，就显得尤为必要。

笔者实属幸运，所在青岛海关的业务专家数量、整体业务水平及综合实力在北方乃至全国直属海关里都名列前茅；且青岛海关作为直属海关，具有上通海关总署、下达隶属海关及企业的职能特点，故笔者拥有青岛海关的优质平台及资源优势。同时，笔者经常参加海关总署组织的改革工作，如海关总署令、规范性文件及内部通知的立改废工作和业务模式改革工作，以及课题研究、信息化系统开发等，结识了不少全国海关各个领域专家，了解了很多综合保税区企业运营成败案例和鲜活素材。故笔者得以掌握全国综合保税区及保税监管场所的发展情况，能以较为宽阔的视野和多重的维度审视业务、查摆风险、思考难题。

在日常工作和学习中，笔者将实践、见闻、研讨、思考的内容积淀、记录下来成为个人的学习心得，日积月累，居然也蔚然可观。为提升沟通效率，精准解释政策，在众多合作者的协助下，笔者将这些心得体会萃取后落笔转化为"科普"文章，发表在《中国海关》《中国国门时报》等媒体上，文章阅读量在其新媒体中均名列前茅。全国各地海关同仁对文章质量予以充分肯定，这让笔者很受鼓舞，于是越写越多。现将这些文章收集修订后，形成了这本书。业务操作方式和技术手段可能会过时，但海关的职责使命和监管理念、业务运作的内核机理及底层逻辑则具有长久的生命力，希望这本书带给大家更多的是思考启迪的"道"，而非仅实务作业的"术"。

在此衷心感谢海关总署相关司局、全国各地海关尤其是青岛海关的前辈、领导、同事和系统外政府部门及企业界的朋友们，感谢你们不厌其烦地热心帮助和答疑解惑，和你们共事是笔者的荣幸。最后要感谢《中国海关》杂志社的付军锋老师、高扬老师和中国海关出版社有限公司的孙晓敏老师和熊芬老师，虽然素未谋面，但几位老师的敬业、严谨、务实，给了笔者很大鼓励，促成了这本书的诞生。

除非特别说明，本书资料截止时间为 2023 年 6 月。书里涉及的业务观点为一家之言，仅供参考，实践中应以主管海关意见为准。因为综合保税区等保税业务庞杂且涉及海关的各个专业领域，受本人能力所限，书中难免会有错漏，真诚欢迎读者朋友们指正，相关意见请发送至邮箱 3632227368@qq.com。

王刚

2023 年 7 月于青岛

·目录·

CONTENTS

第一章

保税业务概述

第一节　我国保税业态及保税制度发展历程

我国保税业态及保税制度的发展深受国内外环境的影响，投资国际化、生产全球化、发达国家产业结构调整、市场多变需求等国际因素，结合中国的成本优势、区位优势、良好的政策、不断优化的营商环境等国内优势，为我国保税业态及保税制度厚积薄发、创新层出不穷提供了源源动力。本节对我国保税业态及保税制度的发展历程进行介绍。

一、加工贸易（三来一补）

我国改革开放初期，为适应对外经济贸易发展需要，以加工贸易为典型代表的保税形式及制度蓬勃发展。1978年7月，国务院发布《开展对外加工装配业务试行办法》，次年修订后，来料加工、来件装配、来样加工和补偿贸易被称为"三来一补"。

关于国内第一家来料加工企业，目前有3种说法。一是太平手袋厂为第一家来料加工企业。1978年7月，广东东莞第二轻工业局设在虎门镇的太平服装厂与港商合作创办了太平手袋厂。二是广州顺德的大进制衣厂为最早的来料加工厂。大进制衣厂于1978年7月试生产，同年8月8日正式开张。三是珠海香洲毛纺厂为第一家来料加工企业。这3种说法均体现了当时广东各地"敢为天下先"的无畏探索精神。

1982年，海关总署制定《海关对加工装配和中小型补偿贸易进出口货物监管和征免税实施细则》，将加工贸易货物纳入保税货物范畴，将保税加工纳入保税制度范围。1987年发布的《中华人民共和国海关法》以法律形式确定保税货物的概念，并强调部分保税货物可以加工，改变保税货物只能存储的观念。1988年5月，海关总署发布《中华人民共和国海关对进料加工进出口货物管理办法》，明确对进料加工的全面管理。2004年2月，海关总署发布《中华人民共和国海关对加工贸易货物监管办法》（已废止）。现行的《中华人民共和国海关加工贸易货物监管办法》于2014年3月公布，分别于2017年12月、2018年5月及11月、2020年12月进行了4次修正，这是加工贸易海关监管的基本办法。

依据海关总署发布数据，1998年加工贸易进出口额占全国进出口总额达到历史最高的 53.4%，此后份额持续下降，到 2019 年占比为 25.2%，2020 年占比为 23.8%，2021 年占比为 21.7%，2022 年占比为 20.1%。加工贸易等保税业态契合我国改革开放步伐，是我国外向型经济发展的重要组成部分。

二、保税仓库、出口监管仓库

1979 年 5 月，北京海关核准设立全国第一家保税仓库——中国技术进出口总公司日本横河机电保税仓库。从此，保税仓库作为最常见的保税物流形态逐渐在全国广泛应用。1981 年 2 月，海关总署发布《中华人民共和国海关对保税货物和保税仓库监管暂行办法》，这是我国海关制定的第一个涉及海关保税监管制度的文件，办法里第一次提出保税货物概念及保税仓储制度形式。1988 年 5 月，海关总署实施《中华人民共和国海关对保税仓库及所存货物的管理办法》（已废止）；2004 年 2 月施行的《中华人民共和国海关对保税仓库及所存货物的管理规定》，总结了我国保税仓库发展经验并结合世界海关组织的《关于简化和协调海关制度的国际公约》（简称《京都公约》）有关规定进行完善，分别于 2010 年 11 月、2015 年 4 月、2017 年 12 月、2018 年 5 月进行了 4 次修正，目前施行的是该规定。

为鼓励出口创汇，便利出口货物的仓储、运输，1988 年我国第一家出口监管仓库在深圳设立。1992 年 5 月，《中华人民共和国海关对出口监管仓库的暂行管理办法》（已废止）公布实施。2006 年 1 月施行的《中华人民共和国海关对出口监管仓库及所存货物的管理办法》分别于 2015 年 4 月、2017 年 12 月、2018 年 5 月及 11 月进行了 4 次修正，至今仍然有效，对规范出口监管仓库管理、促进出口监管仓库发展起到了重要作用。

三、保税区

1990 年 6 月，国务院批准设立我国境内[①]第一个特殊区域——上海外高桥保税区（Shanghai Waigaoqiao Free Trade Zone），国家对它的定位是 3 个自由：贸易自由、货币自由、货物进出口自由。同年 9 月，海关总署颁布《中华人民共和国海关对进出上海外高桥保税区货物、运输工具和个人携带

---

① 本书中所称的"进出境""境内""境外"等均指关境。

物品的管理办法》，这是海关对特殊区域监管制度的鼻祖。此后，我国相继设立了 14 个保税区（共计 15 个），利用毗邻港口的优势发展出口加工、国际贸易、保税仓储。1995 年取消了保税区入区退税政策，后来保税区功能逐渐转向物流、服务等多元化形态。截至 2023 年 3 月存有 7 个保税区。

四、出口加工区

为应对亚洲金融危机，实施扩大出口战略，规范对加工贸易管理并推动转型升级，国家决定将加工贸易企业由"漫山放羊"的"散养"模式改为"圈养"。2000 年 4 月，国务院批准设立首批 15 个出口加工区试点；后来，陆续增设了 49 个。同年 4 月，国务院批准海关总署发布《中华人民共和国海关对出口加工区监管的暂行办法》；2005 年 11 月，商务部发布《出口加工区加工贸易管理暂行办法》。2007 年，海关总署拓展出口加工区的保税物流功能并开展研发、检测、维修试点，丰富了出口加工区业态。截至 2023 年 3 月，全国 64 个出口加工区中的 63 个已转型为综合保税区，仅剩广州出口加工区 1 个。

五、上海钻石交易所

2000 年 10 月，上海钻石交易所在上海金茂大厦成立，该所是中国境内唯一的进出口钻石交易平台，是全国乃至世界钻石交易的重要集散地，所内钻石交易实行保税政策。2006 年 9 月，《中华人民共和国海关对上海钻石交易所监管办法》公布，同时废止 2002 年实施的《中华人民共和国海关对上海钻石交易所钻石监管办法》，新办法减轻了企业负担，促进了上海钻石交易所规范健康发展。

六、保税物流园区

为解决保税区和港口分离现状，推动保税区拓展保税物流功能，解决境外"一日游"问题，2003 年 12 月上海外高桥保税区开展保税区和港区的"区港联动"试点，并以试点为基础设立保税物流园区，融合保税区保税功能和口岸集散功能。2005 年 7 月，《商务部、海关总署办公厅关于保税区及保税物流园区贸易管理的问题》下发，对贸易权、分销权、许可证管理、税收、外汇等进行明确；同年年底，《国家外汇管理局关于保税物流园区外汇管理有关问题的通知》下发。2006 年 1 月施行的《中华人民共和国海关对保税物流园区的管理办法》（曾于 2010 年修订，现已废止），促进了保税物流园区的发展。目前，全国 7 个保税物流园区均已转型升级为综合保税区。

七、珠澳跨境工业区、中哈霍尔果斯国际边境合作中心中方配套区

为发挥"一国两制"政策优势，2003 年 12 月国务院批准设立珠澳跨境工业区（分珠海园区、澳门园区两部分），实现珠澳两地优势互补和共同发展。2007 年 4 月，《中华人民共和国海关珠澳跨境工业区珠海园区管理办法》正式实施，这是我国第一部关于跨境工业区的海关管理办法。

此外，为发展我国和哈萨克斯坦的战略伙伴关系，2006 年 3 月国务院批复设立中哈霍尔果斯国际边境合作中心和中方配套区域。其中，中方配套区于 2015 年 9 月通过国家验收，相关政策、功能定位和管理模式比照珠澳跨境工业区珠海园区执行，中方配套区目前已经整合为霍尔果斯综合保税区。

八、保税物流中心

保税仓库、出口监管仓库数量众多，分布广泛，但功能单向、相对隔离，尤其是内陆地区对类似口岸区港联动功能、及时获得出口退税等存在迫切需求。2004 年 5 月，海关总署对保税仓库、出口监管仓库进行功能整合，批准在苏州工业园区进行全国首家"保税物流中心（B 型）"试点，满足了内陆地区发展国际物流、在本地出口退税等需求。2005 年 7 月，海关总署分别颁布《中华人民共和国海关对保税物流中心（A 型）的暂行管理办法》《中华人民共和国海关对保税物流中心（B 型）的暂行管理办法》，并分别于 2015 年 4 月、2017 年 12 月、2018 年 5 月及 11 月进行了 4 次修正，为保税物流中心的建设、发展、运行、监管提供了依据，一直使用至今。截至 2022 年年底，全国有 5 个保税物流中心（A 型）、85 个保税物流中心（B 型）。

九、保税港区

随着经济全球化发展及需求，各国（地区）纷纷建设、发展自由港，邻

近国家（地区）给我国带来航运货物分流压力。此外，我国的出口加工区、保税区等海关特殊监管区域当时在功能、政策、监管制度等方面存在差异：出口加工区缺少保税物流，保税物流园区缺少加工制造，保税区缺少入区退税政策且与港口割裂。为打破上述制约因素，根据上海建设东北亚枢纽港和国际航运中心的国家战略，2005 年 6 月，我国境内第一个保税港区——洋山保税港区正式设立。2007 年 9 月，海关总署颁布《中华人民共和国海关保税港区管理暂行办法》（目前已废止），保税港区整合、叠加了当时所有特殊区域的全部功能及政策。截至 2023 年 3 月，14 个保税港区中有 12 个已转型升级为综合保税区，仅余洋浦保税港区、张家港保税港区 2 个。

十、综合保税区

为解决当时的出口加工区没有物流分拨配送功能，支持内陆地区享受同保税港区相同的优惠政策，2006 年 12 月，国务院批准设立苏州工业园综合保税区，明确综合保税区享受洋山保税港区的税收和外汇政策，除港口作业功能外，综合保税区同保税港区的功能一致。此后，全国陆续设立综合保税区，海关参照保税港区管理办法监管。

2019 年 1 月，《国务院关于促进综合保税区高水平开放高质量发展的若干意见》（国发〔2019〕3 号）出台，要求将综合保税区打造成为加工制造中心、研发设计中心、物流分拨中心、检测维修中心、销售服务中心（简称"五大中心"），提出 21 项任务及举措，这在我国海关特殊监管区域发展史上具有里程碑意义。2020 年 4 月，海关总署会同相关部委制定《综合保税区发展绩效评估办法（试行）》，建立综合保税区发展绩效评估指标体系，通过各类数据量化、测算全国各个综合保税区发展情况。2021 年 1 月，海关总署印发《综合保税区适合入区项目指引（2021 年版）》，阐释综合保税区的基本政策、贸易便利化措施、适合入区企业类型，并筛选出典型案例作为样本，旨在"为各地开展综合保税区申建、产业规划、招商选资、政策宣讲等工作提供参考"。2022 年 1 月，海关总署联合相关部委制定《综合保税区验收工作规程》，明确综合保税区验收标准，并简化验收程序。现行的《中华人民共和国海关综合保税区管理办法》于 2022 年 4 月起施行，明确了海关对综合保税区的管理制度和模式，提升综合保税区管理的规范化、法制化水平，对促进综合保税区发展具有积极意义。

截至 2023 年 3 月，全国共有综合保税区 156 个（包含洋山特殊综合保税区）。

十一、珠海横琴新区、平潭综合实验区

横琴新区地处广东省珠海市南端，毗邻香港、澳门特别行政区，是内地唯一同时与香港、澳门陆桥相连的区域。为鼓励粤港澳三地互补发展，2009 年 8 月，国务院批准实施《横琴总体发展规划》；2013 年 6 月，海关总署公布《中华人民共和国海关对横琴新区监管办法（试行）》（于 2018 年进行修正），落实国家赋予的税收、通关、旅客行李物品等优惠政策；2014 年 6 月，横琴新区封关运作。2014 年 12 月，国务院批复设立中国（广东）自由贸易试验区，涵盖的 3 个片区里包含珠海横琴新区片区 28 平方千米。2021 年 9 月，中共中央、国务院印发《横琴粤澳深度合作区建设总体方案》，横琴粤澳深度合作区就位于横琴新区（横琴岛）所在区域。

平潭是福建第一大岛，是大陆距离台湾岛最近的岛屿县区，具有对台交流合作的独特优势。2011 年 11 月，国务院正式批复《平潭综合实验区总体发展规划》；2013 年 6 月海关总署公布《中华人民共和国海关对平潭综合实验区监管办法（试行）》；2014 年 7 月，该区封关运作，标志着国家赋予平潭的各项优惠政策全面落地。2014 年 12 月，国务院批复设立中国（福建）自由贸易试验区，涵盖的 3 个片区里包含平潭片区 43 平方千米。

横琴新区和平潭综合实验区基本按照（部分政策优于）综合保税区政策管理，分别在促进我国港澳台三地发展中发挥了重要作用。

十二、中国（上海）自由贸易试验区临港新片区和洋山特殊综合保税区

2013 年 8 月，国务院批准设立中国（上海）自由贸易试验区，把"（上海）自由贸易试验区建设成为投资贸易自由、规则开放透明、监管公平高效、营商环境便利的国际高标准自由贸易园区"。此后，在各地陆续设立自由贸易试验，截至 2023 年 4 月，分 6 批共设立 21 个自由贸易试验区，最终形成"1（上海）+3（广东、天津、福建）+7（辽宁、河南、湖北、浙江、重庆、四川、陕西）+1（海南）+6（山东、江苏、广西、河北、云南、黑龙江）+3（北京、湖南、安徽）"的雁阵格局。自由贸易试验区以制度创新

为核心，对接国际投资和贸易通行规则，在投资管理、贸易便利化、金融创新、服务业开放、行政管理体制改革等方面进行探索，旨在拓展新领域、完善新功能、创新新模式，形成在全国可复制可推广的创新成果。在每一个自由贸易试验区内，均包含一至数个综合保税区，综合保税区作为"试验田"中的"试验田"，发挥了最根本和最重要的制度创新作用。

2019年8月，国务院印发《中国（上海）自由贸易试验区临港新片区总体方案》，设立中国（上海）自由贸易试验区临港新片区，临港新片区被赋予更大的自主发展、自主改革、自主创新管理权限，打造更具国际市场影响力和竞争力的特殊经济功能区。临港新片区包含我国境内唯一的特殊综合保税区——洋山特殊综合保税区，对标国际公认、竞争力最强的自由贸易园区，承担着在更深层次、更宽领域用更大力度推进全方位高水平开放的重要使命。2019年11月，海关总署发布《中华人民共和国海关对洋山特殊综合保税区监管办法》，在全面实施综合保税区政策的基础上，取消不必要的贸易监管、许可和程序要求，突出区内经营自由，最大限度地简化一线申报制度，严格二线监管。

十三、海南自由贸易港和洋浦保税港区

2020年6月，中共中央、国务院印发《海南自由贸易港建设总体方案》，通过贸易、投资、跨境资金流动、人员进出、运输来往的自由便利及数据安全有序流动等11个方面39项具体改革举措和制度安排，"全面建成具有较强国际影响力的高水平自由贸易港"。2021年6月，《中华人民共和国海南自由贸易港法》施行。2020年6月及2021年7月，《中华人民共和国海关对洋浦保税港区监管办法》《海关对洋浦保税港区加工增值货物内销税收征管暂行办法》分别公布，除适用目前的综合保税区政策外，对洋浦保税港区内鼓励类产业企业生产的不含进口料件或含进口料件在区内加工增值超过30%（含）的货物，出区进入境内销售时视同内贸交易，免征进口关税，这些规定为分步骤、分阶段建立海南自由贸易港政策和制度进行了初步探索和经验积累。

十四、其他政策

2012年5月，海关总署印发《海关特殊监管区域适合入区项目指引》，

根据税收政策和货物流向等对适合在区内发展的企业进行分类，指导地方政府做好入区项目的招商选资工作。同年 5 月，财政部、国家税务总局对此前制定的一系列出口货物、对外提供加工修理修配劳务等 20 多个增值税和消费税文件进行系统梳理，出台《财政部、国家税务总局关于出口货物劳务增值税和消费税政策的通知》，明确将境内进入综合保税区等特殊区域及保税物流中心（B 型）的货物"视同出口货物"，享受增值税退免税优惠。同年 6 月，为规范管理、准确执行出口货物劳务税收政策，国家税务总局出台《出口货物劳务增值税和消费税管理办法》，其中涉及特殊区域。

党中央、国务院十分重视海关特殊监管区域的发展，为解决保税区、出口加工区、保税物流园区、跨境工业区、保税港区、综合保税区六大类海关特殊监管区域存在的"种类过多、功能单一"等问题，2012 年 10 月，《国务院关于促进海关特殊监管区域科学发展的指导意见》出台，提出将特殊区域整合为综合保税区，新设立的原则上统一命名为"综合保税区"，这标志着特殊区域发展进入整合优化阶段。

国家外汇管理局对此前印发的《保税监管区域外汇管理办法》（已废止）进行全面修订，分别于 2013 年 4 月及 5 月形成《海关特殊监管区域外汇管理办法》及《国家外汇管理局关于改进海关特殊监管区域经常项目外汇管理有关问题的通知》，规范了海关特殊监管区域外汇管理政策。2013 年 12 月，海关总署会同相关部委制定《海关特殊监管区域设立审核办法（试行）》及《海关特殊监管区域退出管理办法（试行）》，就特殊区域的设立审核及退出条件进行明确。2015 年 8 月，《国务院办公厅关于印发加快海关特殊监管区域整合优化方案的通知》出台，对特殊区域的类型、功能、政策、管理等事项进行整合，从产业结构、业务形态、贸易方式、监管服务 4 个方面进行优化。

综上，我国保税业态及制度应改革开放而生，是我国对外开放的重要组成部分，为我国吸引外资、承接国际产业转移、扩大对外贸易、促进国内产业转型升级、增加就业、探索制度创新做出了突出贡献。相信在当前及未来的发展时期，我国保税业态及制度会继续发展和丰富，为我国开放型经济发展，推动形成高水平对外开放、促进双循环发展格局做出贡献。

第二节 保税业态分类

监管进出境货物是国家赋予海关的职责之一。根据法律规定、贸易惯例及海关监管实践，可以将海关监管货物划分为一般进出口货物，保税货物，减免税货物，暂时进出口货物，过境、转运、通运货物，以及其他尚未办结海关手续的进出境货物六大类，如表1-1所示。

表1-1 海关监管货物分类

名称	范围
一般进出口货物	按照海关一般进出口监管制度监管的进出口货物，即进出口环节缴纳应征的进出口税费并办结所有必要的海关手续，海关放行后不再进行监管，直接进入生产和消费领域流通的进出口货物
保税货物	经海关批准未办理纳税手续进境，在境内储存、加工、装配后复运出境的货物
减免税货物	海关根据国家政策规定准予减税、免税进口的货物，包括法定减免税、特定减免税、临时减免税三类
暂时进出口货物	经海关批准，暂时进境、出境并且在规定期限内复运出境、进境的货物
过境、转运、通运货物	由境外启运、通过中国境内继续运往境外的货物。其中，通过境内陆路运输的，称过境货物；在境内设立海关的地点换装运输工具，而不通过境内陆路运输的，称转运货物；由船舶、航空器载运进境并由原装运输工具载运出境的，称通运货物
其他尚未办结海关手续的进出境货物	不属于上述分类的货物，如超期未报关待提取变卖货物

其中，保税货物具有进境货物暂缓纳税、特定目的（如加工、存储、维修等）、海关实施保税账册管理、最终流向不固定（有的货物复运出境，有的转变为进口货物进入境内）、不同保税存储期限要求等特点。按照企业经营生产活动形态、作业特点及海关监管方式等，可以将保税货物分为三大类：保税加工货物、保税物流货物、保税服务货物。

保税业态从单一的来料加工、保税仓库发展为目前样态丰富且不断涌现新型业态的现状，是随着国内外经济发展、新的市场需求出现及不同业态碰撞而产生的。保税业态有不同的分类方法，按照保税载体形式、功能作用及贸易方式、业务特点，可以将目前保税业态划分为保税加工、保税物流、保税服务三大类，如图 1-1 所示。

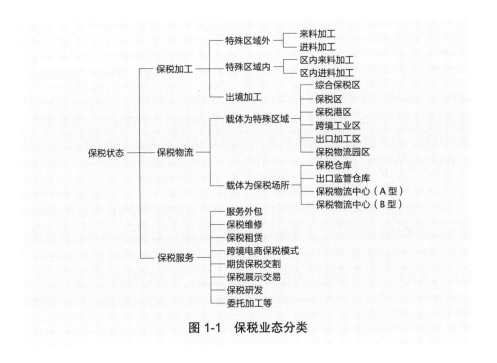

图 1-1 保税业态分类

一、保税加工

保税加工是指经海关批准，对以来料加工、进料加工方式进口的保税货物进行加工、装配、制造以及相关配套服务的生产性经营行为，在产业链上体现为加工、装配、制造等全过程。广义上，保税加工还包含研发、试制和检测、维修等产品前后端配套工序等特殊的生产经营方式。国际上将加工贸易归入服务贸易项下，但依据我国贸易惯例及业内认可度，本文仍旧将其列入货物贸易。根据保税加工活动是否发生在海关特殊监管区域内，可将其细分为特殊区域外的加工贸易和特殊区域内的加工贸易。

（一）特殊区域外的加工贸易

狭义的加工贸易，通常指在海关特殊监管区域等物理围网之外的保税加工业务，是经营企业进口全部或者部分原辅材料、零部件、元器件、包装物料，经过加工或者装配后，将制成品复出口的经营活动，包括来料加工和进料加工两种基本形式。

来料加工，指进口料件由境外企业提供，经营企业不需要付汇进口，按照境外企业的要求进行加工或者装配，只收取加工费，制成品由境外企业销售的经营活动，海关监管方式为"来料加工"（海关监管方式代码0214，下同）。

进料加工，指进口料件由经营企业付汇进口，制成品由经营企业外销出口的经营活动，根据对外签约形式分为"进料加工非对口合同"（0715）和"进料加工对口合同"（0615）。此外，还有料件内销、料件复出、料件退换、余料结转、料件销毁、边角料复出、边角料内销、边角料销毁等众多衍生的贸易活动及监管方式。

（二）特殊区域内的加工贸易

广义的加工贸易，还包括特殊区域内的加工贸易。海关特殊监管区域内的加工贸易通常被称为"区内加工"，根据货物一线进境及货权转移情况，可以分为"区内来料加工"（5014）和"区内进料加工货物"（5015）。

同区外加工贸易相比，两者存在很多共性，但在厂房建设、生产设备、单耗管理、享受政策等方面两者也存在差异。以综合保税区为例，区内加工贸易与区外加工贸易的主要区别如表1-2所示。

表1-2　综合保税区内加工贸易与区外加工贸易的主要区别

监管要求	区内加工贸易	区外加工贸易
围网管理	实施围网管理，车辆等运输工具进出卡口要经海关等部门同意	不实施围网管理
生产厂房、仓储设施建设所需的基建物资	境外进口基建物资免征关税及进口环节税	无特殊优惠
生产机器、设备、模具及其维修用零配件	设备范围没有限制；境外进口免征关税及进口环节税	使用的减免税设备或者不作价设备的范围有限制；需要征收进口增值税，单独进口设备零配件征税
单耗标准	不实行单耗标准管理	实行单耗标准管理
外发加工	外发加工期限不得超过合同有效期，加工完毕的货物应当按期运回综合保税区	全部工序外发加工的，应当提供相应保证金或者保函
内销产品征税	按照货物出区状态（成品）征税；企业也可以使用选择性征收关税或增值税一般纳税人资格试点政策，实现对料件征税	内销成品时，海关对保税进口料件征收税款（另有规定的除外）

表 1-2（续）

监管要求	区内加工贸易	区外加工贸易
采购境内货物及服务的增值税	不能抵扣（区内增值税一般纳税人企业除外）	符合条件的，可以抵扣
城市维护建设税、教育费附加和地方教育附加	无（增值税一般纳税人企业除外）	有
进口配额、许可证件	进境需要提交配额、许可证件的货物种类相对较少	进境需要提交配额、许可证件的料件数量相对综合保税区较多
集中申报	符合条件的二线业务都可以办理分送集报	允许符合条件的企业集中办理内销、深加工结转手续
出口退税	境内货物报关入区即视为出口，可以享受退税	进料加工货物实际或形式离境后（如出口至综合保税区）可以出口退税
业态创新	依托物理围网，海关及其他部门可以实施较多的业态创新及监管尝试	相对区内而言受限

此外，还有出境加工，是指我国境内符合条件的企业将自有的原辅料、零部件、元器件或半成品等货物委托境外企业制造或加工后，在规定的期限内复运进境并支付加工费和境外料件费等相关费用的经营活动，监管方式为"出料加工"（1427）。简单地讲就是承接我国发包的、在国外开展的"加工贸易"，如我国企业出口面料至周边国家，在该国加工为服装后再复运至我国，国外企业收取加工费。本文将出境加工列入保税加工，仅从经济活动角度出发而非海关规定。严格地讲，出境加工应该划入保税服务范畴。

二、保税物流

物流是指物品从供应地向接收地的实体流动过程，根据需要将运输、储存、装卸、搬运、包装、流通加工、配送、信息处理等基本功能实施有机结合。国际物流是指在两个或两个以上国家或地区之间进行的物流。

保税物流是指经海关批准，将未办理进口纳税手续或者已办结出口手续的货物在境内流转的服务性经营行为，在供应链上体现为对货物进行的分级分类、分拆分拣、分装、计量、组合包装、打膜、加刷唛码、刷贴标志、改换包装、拼装等流通性简单加工业务及提供增值服务，包括进出境保税货物在口岸与海关特殊监管区域或海关保税监管场所之间，或者保税货物在海关特殊监管区域、海关保税监管场所内部以及之间流转。保税物流在一线进出境监管方式为"区内物流货物"（5034）、"保税区仓储转口"（1234）、"物流中心进出境货物"（6033）、"保税仓库货物"（1233）、"国轮油物料"（1139）等。

保税物流具有国际与国内物流边界交叉（包含国际与国内物流）、物流要素扩大化（除运输、仓储、配送等传统要素外，还包括海关监管、退税政策、外汇收支等要素）、海关监管时间及空间呈"线"性（一般进出口货物的海关监管时空呈"点"状）、跨关境多方高度协作集成（仅境内就涉及海关、商务、市场监督管理、税务、外汇、应急管理等政府监管部门以及银行、货代中介等社会服务部门）等特点。

保税物流目前主要依托海关特殊监管区域（包含综合保税区、保税区、保税港区、保税物流园区、跨境工业区等）和保税监管场所〔包含保税物流中心（A型）、保税物流中心（B型）、保税仓库、出口监管仓库〕两大类载体及形式实现，如图1-2所示。

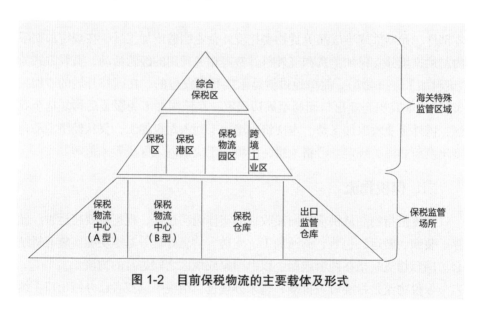

图 1-2 目前保税物流的主要载体及形式

根据海关总署网站资料，截至2023年6月底，全国海关特殊监管区域共171个，其中综合保税区160个（未实际运作的11个）、保税区7个、保税港区2个、跨境工业区1个、出口加工区1个。此外，全国共有保税物流中心（B型）84个。根据《中国海关保税实务大全》（第二版）显示，截至2020年7月，全国实有保税仓库977个、出口监管仓库119个。

三、保税服务

国际贸易是指各个国家或地区之间商品及服务的交换活动，包含国际货物贸易、国际服务贸易和国际技术贸易三大形式。国际服务贸易没有统一、确切的定义，其中世界贸易组织（WTO）《服务贸易总协定》的规定较为权威，将服务贸易分为4种形式，如表1-3所示。

表1-3　WTO关于服务贸易形式的分类

服务贸易形式	定义及例子
跨境交付 （Cross-border Supply）	从一成员境内向任何其他成员境内提供服务，如跨境视频授课或培训、金融服务
境外消费 （Consumption Abroad）	在一成员境内向任何其他成员的服务消费者提供服务，如旅游、留学
商业存在 （Commercial Presence）	一成员的服务提供者在任何其他成员境内以商业存在提供服务，如律师事务所、餐饮企业在他国或地区成立分支机构
自然人流动 （Movement of Natural Persons）	一成员的服务提供者在任何其他成员境内以自然的存在提供服务，如外国专家来华讲学、境外务工

《服务贸易总协定》列出的服务行业包括商业、通信、建筑等12个部门，具体又再分为160多个分部门。我国商务部将服务贸易进出口分为12类统计：加工服务、维护和维修服务、运输、旅行、建筑、保险和养老服务、金融服务、知识产权使用费、电信计算机和信息服务、其他商业服务、个人文化和娱乐服务、别处未提及的政府服务。除此之外，还有中国附属机构服务贸易统计，从内向、外向分别统计行业、国家地区、企业数量、销售收入、利润、从业人数等信息。

近年来保税服务随着保税业态发展而兴起壮大，形式复杂多样且不断涌现新业态。

（一）服务外包

国际服务外包是指我国关境内设立的服务外包企业，在国家法律、法规、规章允许范围内，承接由关境外客户外包的服务业务，主要包括信息技术外包（ITO）、业务流程外包（BPO）和知识流程外包（KPO）三大领域，如表1-4所示。

表1-4 国际服务外包分类

概念	定义
信息技术外包（ITO）	企业向外部寻求并获得全部或部分信息技术类的服务，包括系统操作、系统应用和基础技术等服务
业务流程外包（BPO）	企业将自身基于信息技术的业务流程委托给专业化服务提供商，由其按照服务协议要求进行管理、运营和维护服务等，包括企业内部管理、业务运作、供应链管理等服务
知识流程外包（KPO）	利用书籍、数据库、专家、新闻、电话等多种途径来获取信息，并对信息进行即时、综合的分析研究，最终将报告呈现给客户，作为决策的借鉴，包括商业与市场、金融与保险研究，数据分析和管理，市场进入与联合风险投资，战略投资、采购投标和行业及公司的分析研究，语言服务和供应商谈判等服务

目前，在我国的服务贸易创新发展试点地区和服务外包示范城市内，经商务部门认定的技术先进型服务企业或者特殊区域内企业，可以享受进口设备有关优惠政策。涉及的海关监管方式有"加工贸易设备"（0420）、"加工设备退运"（0466）、"加工设备内销"（0446）、"境外设备进区"（5335）、"区内设备退运"（5361）。

（二）保税维修

根据国务院相关要求及文件精神，保税维修目前按照所在开展地域及维修商品范围、业态成熟度依次分为三大块——综合保税区内、自由贸易试验区内、综合保税区外，有关政策规定及要求存在较大差异。涉及的海关监管方式有"保税维修"（1371）、"修理物品"（1300）。

（三）保税租赁

保税租赁以保税货物为租赁标的物在综合保税区内开展，可以分为保税进口租赁、保税出口租赁、离岸租赁等多种形态。涉及的海关监管方式有"租赁贸易"（1523）、"租赁不满一年"（1500）、"租赁征税"（9800）、"退运货物"（4561）。

（四）跨境电商保税模式

我国跨境电商目前主要有直购进口（9610）、零售出口（也称为"一般出口"，9610）、保税进口（1210）、保税出口（1210）、网购保税进口A

（1239）、跨境电商 B2B 直接出口（9710）、跨境电商出口海外仓（9810）等模式。其中，保税进口、保税出口等电商保税模式应在海关特殊监管区域、保税物流中心（B 型）内开展。

（五）期货保税交割

是指在经期货交易所认可的指定交割仓库内（前提是该库是海关特殊监管区域内仓库或者保税仓库等保税监管场所），将处于保税监管状态的保税货物作为交割标的物的一种销售方式。例如，目前我国的期货保税原油主要依托保税仓库开展，20 号天然橡胶依托综合保税区开展。

（六）保税展示交易

是指经海关注册登记的海关特殊监管区域内企业，将区内保税货物凭保后运至区域外进行展示和销售的经营活动。开展保税展示交易的场所应是海关特殊监管区域规划面积以内、围网以外的综合办公区专用展示场所或者海关特殊监管区域以外的其他固定场所，保税物流中心（B 型）也可以开展该业务。

（七）保税研发

因涉及服务对象不同，有的属于受其他企业委托开展的专业性研发，有的属于配套本企业加工制造的生产性研发。涉及的海关监管方式为"特殊区域研发货物"（5010）。

（八）委托加工

特殊区域内企业利用免税设备接受区外企业委托，对区外企业提供的入区货物进行加工，加工后的产品全部运往境内区外，区内企业收取加工费并向海关缴纳税款的行为。涉及的海关监管方式有"出料加工"（1427）、"成品进出区"（5100）。

第三节 保税制度

保税是国际通行做法，保税制度发源于英国。国际上关于保税制度的规定较多，保税制度在欧洲被称为"经济监管制度"，足见其促进贸易发展的重要性及积极意义。《京都公约》中专项附约指南关于"海关仓库""自由区""进境加工"的规定,是保税制度的基本国际标准。美国的《对外贸易区法》《美国联邦法规》《美国法典》,欧盟的《欧盟海关法典》,日本的《关税法》《关税临时措施法》,韩国的《韩国海关法》《韩国关税法》,新加坡的《自由贸易区法案》等,都是上述国家或地区保税制度的基本法律规定。

我国的海关保税监管制度是海关依据法律、行政法规和规章,在特定监管要求下,对保税货物进出境、研发、加工、装配、制造、检测、维修和采购、运输、存储、包装、刷唛、改装、组拼、集拼、分销、分拨、中转、转运、配送、调拨、流转等全过程实施监督和管理的行政执法行为和监管作业制度。《中华人民共和国海关法》《中华人民共和国进出口商品检验法》等法律,《保税区海关监管办法》《中华人民共和国进出口关税条例》《中华人民共和国海关行政处罚实施条例》《中华人民共和国海关稽查条例》等行政法规,以及数十部海关规章(海关总署令)、上百个规范性文件(海关总署公告或联合公告)等,共同构成了我国的海关保税监管制度体系。

我国海关保税制度按照适用产业可以分为保税加工制度(适用于我国国民经济行业分类第二产业的制造业)、保税物流制度(适用于第三产业的流通业)、保税服务制度(适用于第三产业的服务业)三大形式。我国海关保税监管制度特点如表 1-5 所示。

表 1-5 我国海关保税监管制度特点

特点	体现
(手)账册管理	将保税货物的进、出、转、存、加工活动及数量变化通过(手)账册及申报信息体现;(手)账册存在设立、单耗、核销等过程管理
监管延伸	一是时间延伸。普通进出口货物的海关监管时限以小时为单元计量,而保税货物的海关监管时限可以长达数年(如大型船舶建造)。二是空间延伸。除具有一般进出口货物口岸通关的单证检查、货物检查、征税、放行等一站式海关口岸通关监管流程外,保税货物还有前期账册设立,中期货物通关及保税核查,后期账册核销、稽查等海关全过程监管
多头管理	广义上,体现为海关、财税、商务、外汇、环保、应急管理等部门按照各自职责实施监管。狭义上,海关内部会有企业管理、保税、监管、关税、检验检疫、查验、风险防控、统计、稽查、缉私等部门共同管理,在运行上体现企业设立(注销)、信用等级调整、保税、贸易统计及单项统计和业务统计、通关监管、征税与减免税、担保、检验检疫、查验、稽查、查私等具体职能

表1-5（续）

特点	体现
特殊贸易管制政策	一是除非另有规定，通常货物进出境无须提交进出口许可证件；二是货物流和资金流有时分离；三是货物报关入综合保税区即可退税，而通常出口货物需要实际（或形式）离境才能退税
税赋选择多样性	不同于普通货物的仅有一种税赋政策选择（如纳税、减免税），保税货物及设备会有保税、出口退（免）税、征税、免税等多种税赋选择或要求
保税核查	指海关对监管期限内的保税货物进行验核查证、检查监督企业经营行为，普通货物没有此类作业
不同存储及监管期限要求	综合保税区货物通常不设立存储期限，免税设备监管期限通常为3年；保税物流中心（B型）货物存储期限为2年，除特殊情况外延期不得超过1年；保税物流中心（A型）货物保税存储期限为1年，除特殊情况外延期不得超过1年；保税仓库货物存储期限为1年，除特殊情况外延期不得超过1年；出口监管仓库货物存储期限为6个月，延期不得超过6个月

第四节 自由贸易区、自由贸易园区、中国自贸试验区、海关监管区、海关特殊监管区域的关系

一、自由贸易协定及自由贸易区

自由贸易协定（Free Trade Agreement，FTA）是指两个或两个以上国家（包括独立关税地区）为实现相互之间的贸易自由化所进行的地区性贸易安排，协定通常包括货物贸易、服务贸易、投资、政府采购、知识产权保护等领域。

自由贸易协定所涵盖的所有成员的全部关税领土，称为自由贸易区（Free Trade Area）。典型如北美自由贸易协定（North American Free Trade Agreement），该协定于1994年1月1日生效，同时宣告北美自由贸易区（North America Free Trade Area）正式成立。再如2002年11月，我国同东盟10国签署《中国—东盟全面经济合作框架协议》，根据协议，2010年1月中国—东盟自由贸易区（China and ASEAN Free Trade Area）正式建立。

根据商务部统计，截至2023年6月底，我国已签署20个自由贸易协

定，涉及 27 个国家和地区。

二、自由贸易园区

自由贸易园区（Free Trade Zone）是指某一国或地区在己方境内划出一个特定区域，单方自主给予特殊优惠税收和监管政策，类似于世界海关组织所定义的自由区（Free Zone）："指缔约方境内的一部分，进入这一部分的任何货物，就进口税费而言，被视为在关境之外。"自由贸易园区具有如下特点：对境外货物往来实施便利化措施，如不要求提供许可证件等；货物进入区内不予征税，在进入境内其他地区时课税；货物可以在区内自由存储、分类、买卖、加工、制造；区内企业享受经营税收减免、金融活动自由等优惠。

需要注意的是，Free Trade Area 同 Free Trade Zone 容易混淆，被笼统翻译为"自由贸易区"，故 2008 年商务部及海关总署发函就两者表述进行规范："Free Trade Area"为"自由贸易区"，"Free Trade Zone"为"自由贸易园区"。自由贸易区同自由贸易园区在设立主体、法律依据、核心政策等方面存在诸多区别，其中一个显著区别在于实施范围：前者是两（多）国（地区）政府间依据协议设立，涵盖所有成员的关境；后者是根据本国（地区）法律在关境内划分出的独立区域。目前在国际上没有关于自由贸易园区的全球统一规则，各国（地区）发展形成各具特色、名称各异的形态，如欧盟"自由区"、美国"对外贸易区"、日本"综合保税区"等。

根据世界银行《特殊经济功能区发展报告》中关于特殊经济功能区的分类，自由贸易园区同出口加工区、企业区、自由港、单一工厂出口加工区、特殊功能区并列，如表 1-6 所示。

表 1-6　世界银行对特殊经济功能区的分类

特殊经济功能区的名称	特点
自由贸易园区 （Free Trade Zone）	是一国境范围内的免税区，主要提供仓储存储、物流分配和国际转口贸易服务
出口加工区 （Export Processing Zone）	以促进出口为目的，以国际市场为导向的工业园区
企业区 （Enterprise Zone）	主要设立在贫困的城市或农村，通过税收减免以及财政津贴等优惠政策复兴经济

表 1-6（续）

特殊经济功能区的名称	特点
自由港 （Free Port）	设立于港口城市，范围较大且功能综合的自由贸易区域，可以提供全面的服务以及优惠的外商政策激励
单一工厂出口加工区 （Single Factory Export Processing Zone）	设立在工厂内的出口加工区域，享受政策优惠而不需要位于某个特殊经济功能区中
特殊功能区 （Special Zone）	以上各类区域的复合体，通过优惠政策、贸易、物流等方式刺激本国经济增长

三、中国自由贸易试验区

随着经济全球化发展，区域经济一体化成为趋势，多个国家（地区）间签署自由贸易协定成为主流。美国先后主导并发起了《跨太平洋伙伴关系协议》（Trans-Pacific Partnership，TPP；2017 年美国退出后改名为《全面与进步跨太平洋伙伴关系协定》，CPTPP）、欧美《跨大西洋贸易与投资伙伴协议》（Transatlantic Trade and Investment Partnership，TTIP）、《服务贸易协定》（Trade In Service Agreement，TISA）等谈判。

我国则提出"一带一路"倡议、建设亚洲基础设施投资银行、参加《区域全面经济伙伴关系协定》（Regional Comprehensive Economic Partnership，RCEP）、实施申请加入 CPTTP 等，其中建设中国自由贸易试验区是重要环节。自 2013 年 9 月中国（上海）自由贸易试验区［China（Shanghai）Pilot Free Trade Zone］正式成立以来至 2023 年 4 月，我国已经分 6 批共设立 21 个自由贸易试验区。我国自由贸易试验区的战略定位是：一是全面深化改革和扩大开放的试验田，按照国际通行规则，形成与国际投资、贸易通行规则相衔接的基本制度体系和监管模式，创造国际化、市场化、法治化的优质营商环境；二是制度创新高地，制度创新是核心任务，形成可在全国复制推广的新制度；三是安全阀，相关改革在自由贸易试验区进行压力测试后逐步放开，以控制各方面风险特别是金融风险。

简而言之，中国自由贸易试验区是我国深化改革开放的试验田，围绕制度创新，提前自我加压并在全国推广，为我国全面对接、融入新一代的国际规则和体系做好各项准备。

四、海关监管区

《中华人民共和国海关监管区管理暂行办法》规定，海关监管区是指《中华人民共和国海关法》第一百条所规定的海关对进出境运输工具、货物、物品实施监督管理的场所和地点，包括海关特殊监管区域、保税监管场所、海关监管作业场所、免税商店以及其他有海关监管业务的场所和地点。

海关监管区是海关实施监督管理的场所和地点，几乎囊括海关履行职责涉及的全部地域。但同时要注意的是，海关在海关监管区内实施监管，"不妨碍其他部门履行其相应职责"，即在海关监管区内，海关仅依法履行涉及海关的职责，其余的政府职责如治安、消防、环保等，应由相应的政府主管部门依法履行。海关监管区涵盖范围如下：

（一）海关特殊监管区域

具体见下文"五、海关特殊监管区域"。

（二）保税监管场所

保税监管场所是经海关批准设立的保税物流中心（A型、B型）、保税仓库、出口监管仓库及其他保税监管场所。

（三）海关监管作业场所

海关监管作业场所是指由企业负责经营管理，供进出境运输工具或者境内承运海关监管货物的运输工具进出、停靠，从事海关监管货物的进出、装卸、储存、集拼、暂时存放等有关经营活动，符合《海关监管作业场所（场地）设置规范》，办理相关海关手续的场所。通常为满足海关监管货物的进出、装卸、存放要求而设立，具体包括以下类型：水路运输类海关监管作业场所、公路运输类海关监管作业场所、航空运输类海关监管作业场所、铁路运输类海关监管作业场所、快递类海关监管作业场所等。

（四）免税商店

免税商店是指经海关总署批准，由经营单位在国务院或者其授权部门批准的地点设立符合海关监管要求的销售场所和存放免税品的监管仓库，向规定的对象销售免税品的企业，具体包括口岸免税商店、运输工具免税商店、市内免税商店、外交人员免税商店和供船免税商店等。

（五）其他有海关监管业务的场所和地点

主要指集中作业场地，包括旅客通关作业场地、邮检作业场地。

五、海关特殊监管区域

海关特殊监管区域是指经国务院批准在中华人民共和国境内设立，由海关会同有关部门按照国家有关规定实施监管，包含综合保税区、保税区、保税港区、出口加工区、跨境工业区、保税物流园区等，通常简称为"特殊区域"。这些是参照《京都公约》中的"自由区"（Free Zone）设立的，虽然在隔离设施、配额许可证件、税收优惠等同国外自由贸易园区相同，如上海外高桥保税区被伦敦《金融时报》旗下杂志评为"2010—2011年度全球最佳自由贸易园区"，但在经济发展方向、定性定位（境内关外、境内关内）、区域功能、管理体制、政策法规、海关监管等方面与国外自由贸易园区存在一定的不同。目前，我国海关特殊监管区域正逐步整合为综合保税区。

第二章

综合保税区概述

第一节　综合保税区的基本政策

我国对外贸易管理制度包括对外贸易经营者、进出口许可、进出口配额、原产地管理、检验检疫及海关管理、知识产权保护、进出口监测、对外贸易调查及贸易救济（反倾销、反补贴、保障措施等）、外汇管理、对外贸易促进（进出口信贷、出口信用保险、出口退税等）等，这些制度规定在综合保税区的具体体现如下。

一、管理体制

在国家管理层面，综合保税区由国务院批准设立，海关总署牵头国家发展改革委、财政部、自然资源部、商务部、国家税务总局、国家市场监督管理总局、国家外汇管理局等部委（局）负责设立审核、联合验收、绩效评估及监督管理。

在地方管理层面，根据国务院要求，各省、自治区、直辖市人民政府是综合保税区申请设立、规划建设、运行管理的主体。海关、税务、外汇、应急管理、环保、市场监督管理等部门各司其职、分工协作。海关在综合保税区依法实施监管，不影响地方政府和其他部门依法履行其相应职责。例如，海关仅负责对综合保税区内企业及进出区交通运输工具、货物及其外包装、集装箱、物品实施监督管理。又如，综合保税区内企业产生的未复运出境的固体废物，由环保部门按照国内固体废物相关规定管理。

二、贸易管制政策

（一）禁止进出口及加工贸易禁止类货物管理

在通常情况下，国家禁止进口、出口的货物及物品不得在综合保税区与境外之间进出，但另有规定除外，如区内可开展列入综合保税区维修产品目录的禁止进口旧机电产品的保税维修业务。

加工贸易禁止类商品目录同样适用于综合保税区，但在相应公告发布之前已经在区内从事相关商品加工贸易的企业可以继续生产，不受限制。

（二）关税配额及许可证件管理

我国对小麦、玉米、稻谷和大米、糖、羊毛、毛条、棉花、化肥 8 类商品实行关税配额管理。

对除配额管理外的其他限制进口货物，实行许可证管理。截至 2022 年年底，我国将进出口环节的 86 种证件精简至 41 种，其中 38 种已经实现联网核查。

在通常情况下，综合保税区与境外进出的货物不实行关税配额、许可证件管理；综合保税区与区外进出的货物，因使用保税料件产生的残次品、副产品出区内销时，以及外发加工不运回综合保税区的残次品、副产品，属于关税配额、许可证件管理的，相关企业应当提交关税配额、许可证件。但需要注意的是，因涉及健康、安全、环保、野生动植物保护、履行国际公约要求等情况，进口货物从境外入区或出口货物出区离境时须提交证件，详见表 2-1。

表 2-1　综合保税区进出境货物证件表

货物名称	进出境须提交的证件
消耗臭氧层物质	"进口许可证""出口许可证"
易制毒化学品、核生化爆等八类商品	"两用物项和技术进口许可证""两用物项和技术出口许可证"
大眼金枪鱼、剑鱼、蓝鳍金枪鱼、南极犬牙鱼及自俄罗斯进境的部分水产品	"合法捕捞产品通关证明"
列入《进出口野生动植物种商品目录》中的野生动植物及其产品	"濒危野生动植物种国际贸易公约允许进出口证明书""海峡两岸野生动植物允许进出口证明书""野生动植物允许进出口证明书""非《进出口野生动植物种商品目录》物种证明"
列入《关于在国际贸易中对某些危险化学品和农药采用事先知情同意程序的鹿特丹公约》（简称《鹿特丹公约》）的农药	"农药进口通知单""农药出口通知单"
文物	"文物出境许可证"
麻醉药品和精神药品	"麻醉药品和精神药物进出口准许证"

三、税收政策

综合保税区涉及的税收政策主要有保税、免税、退税、征税等规定。

（一）保税规定

这是综合保税区最基本和核心的税收政策，对进入综合保税区的境外货物和出口报关入区取得退税的境内货物，以及综合保税区与其他综合保税区等特殊区域、保税场所之间往来的货物，予以保税。

（二）免税规定

进境的机器设备、模具及零配件，区内基建项目或建设厂房仓库所需要的机器设备、基建物资，以及区内行政管理机构、企业自用合理数量的办公用品等，免征进口关税和进口环节税。在通常情况下，综合保税区运往境外的货物免征出口关税。

（三）退税规定

一是境内的货物、机器设备以出口报关方式入区的，享受出口退税。二是区内企业（增值税一般纳税人资格试点企业除外）生产出口货物耗用的水电气，视同出口货物实行退税。三是区内企业将自用机器设备、模具等运往区外检测、维修时，在区外更换的国产零配件可以退税。

（四）征税规定

一是出区内销的货物，因使用保税料件产生的边角料、残次品、副产品，加工生产、储存运输中产生的包装物料，以及外发加工至区外产生的边角料、残次品、副产品不运回综合保税区的，按照货物实际状态缴纳进口关税和进口环节税。二是入区的出口货物属于应征出口关税的，应缴纳出口关税。三是享受免税的进口机器设备等或者境内出口报关的区内机器设备等出区时，若监管年限未满，参照减免税货物补缴税款。四是将区内自用机器设备等运往区外检测维修时更换国产零配件的，海关按照原零配件的实际状态征税。五是供区内企业、行政机构等自境外入区的自用交通运输工具、生活消费用品应纳税。

（五）特殊规定

存在增值税一般纳税人资格试点、内销选择性征收关税、跨境电子商务零售进口商品优惠税率及税额等特别规定。

（六）优惠税率

出区内销的优惠贸易协定项下货物，适用协定税率或者特惠税率。但货物实际报验状态与其从境外入区时状态相比，超出相关优惠贸易协定所规定的微小加工或处理范围的，不得享受优惠税率。

四、管理政策

综合保税区实行封闭式管理，按照综合保税区基础和监管设施设置规范建设，与区外之间设置卡口、围网、视频监控系统等设施。区内允许开展加工制造、研发维修、物流分拨、国际转口、跨境电商、融资租赁、委托加工、外发加工等业务。区内保税货物通常不设存储期限，在区内及区间可以自由流转。区内的加工贸易企业不适用单耗标准，区内开展保税维修业务相比区外受限较少。区内企业经核准后可以对货物放弃或依法销毁。对因不可抗力、非不可抗力造成货物损毁灭失的，按照不同规定处理。

五、外汇政策

一是综合保税区与境内区外之间以及综合保税区内机构之间的货物贸易，可以人民币或外币计价结算。二是综合保税区内机构采取货物流与资金流不对应的交易方式时，企业提供的报关单证上收发货人为其他机构的，应提供相应证明资料，银行按规定进行审核。三是综合保税区内机构之间的服务贸易，可以人民币或外币计价结算；除特殊情况外，综合保税区与境内区外之间的服务贸易项下交易应以人民币计价结算；区内行政管理机构的各项规费应以人民币计价结算。

第二节　综合保税区的海关监管制度

综合保税区的海关监管制度仅在法律层面就涉及《中华人民共和国海关法》《中华人民共和国进出口商品检验法》《中华人民共和国进出境动植物检疫法》《中华人民共和国国境卫生检疫法》《中华人民共和国食品安全法》等，体现了企业管理、保税监管、进出境（口）禁限管制、知识产权海关保护、特定减免税、海关事务担保、海关估价、商品归类、原产地、海关查验、卫生检疫、动植物检疫、进出口食品安全、商品检验、口岸监管、风险防控、稽查核查、海关统计、查缉走私等不同内容与层次的海关管理职能，涵盖了各种海关监管制度，是海关监管的集中体现。

一、企业管理制度

区内企业及其分支机构应当取得市场主体资格，并依法向海关办理注册手续，或者报关单位（进出口货物收发货人、报关企业）备案手续。

我国法律法规对境内生产企业存在许可要求的（如区内从事食品生产的企业），应当依法取得境内生产许可。

二、保税监管制度

海关对区内企业实行计算机联网管理，依托信息化系统设立保税电子账册，通过备案、变更、单耗、核销等作业，记录并监管企业的进、出、转、存、销等经营生产活动，并满足保税租赁、保税维修等特色业态。以智能化卡口作为管理货物进出区的抓手，通过车辆自动识别、信息采集、风险判断、自动验放等多功能集成，实现货物流与电子账册、海关风险防控体系联动作业。

三、通关制度

（一）一线备案制与二线报关制

综合保税区与境外进出的货物及设备实行备案制，企业申报进出境货物备案清单；综合保税区与境内区外进出的货物，除个别货物外（如实行便捷进出区货物），通常申报进出口货物报关单。保税货物在本区内企业之间、综合保税区之间、同保税场所之间、同区外加工贸易业务之间的保税流转，可以免予申报报关单。这种便捷的申报制度，满足了境内外各方的复杂需求及贸易实际。

（二）海关查验及检验检疫

一是海关对境外入区或者区内运往境外的进出境货物及其外包装、集装箱及相应的交通运输工具实施检疫。二是除另有规定外，综合保税区与境内区外进出的货物不实施检疫。三是查验、检验按照有关规定执行，以检验为例，有的货物在一线入区检验，有的在二线出区检验。四是海关根据需要对通过指定通道进出的交通工具及人员实施检查。

（三）税收征管及担保

税收分保税、征税、免税、退税、选择性征收关税、自用设备补税、海关事务担保等情况，涉及免税设备、商品归类、完税价格、原产地、进出口关税税率等要素。

（四）集中申报

区内企业可以季度为单位办理集中申报手续。

四、稽查及核查制度

海关稽查、保税核查是海关的两类执法行为，两者在执法依据、作业内容范围、作业时限、作业手段等存在不同，但均通过数据核实、单证检查、实物盘点、账物核对等方式，检查、监督企业经营行为，尤其是保税业务的真实性和合法性。

五、统计管理制度

进出口货物贸易统计，除另有规定外，海关对综合保税区与境外进出的货物实施贸易统计。对综合保税区与境内区外进出的货物，海关实施海关单项统计和海关业务统计；对与综合保税区相关的海关监督管理活动和内部管理事务，实施海关业务统计。

六、违法责任追究制度

海关依据《中华人民共和国海关法》《中华人民共和国海关行政处罚实施条例》等法律法规，对区内企业及相关企业的走私行为及违反海关监管规定的行为依法予以处理；构成犯罪的，由海关走私犯罪侦查机构（即海关缉私局）依据《中华人民共和国刑法》《中华人民共和国刑事诉讼法》规定进行刑事立案处理。

第三节 综合保税区的主要业务

按照《中华人民共和国海关综合保税区管理办法》及有关规定，国家禁止进出口的货物、物品不得进出综合保税区。区内企业的生产经营活动应当符合国家产业发展要求，不得开展高耗能、高污染和资源性产品以及列入

《加工贸易禁止类商品目录》商品的加工贸易业务。

综合保税区内可以开展的十二大类业务如下：

一、研发、加工制造、再制造

保税研发是综合保税区内具有研发设计能力的企业，以有形料件、试剂、耗材以及样品等开展产品研发设计的经营活动。区内企业将优惠政策叠加，综合利用研发设备免税及物料保税等政策，降低整体研发成本，增强科研竞争力。

综合保税区内生产企业可从事境外进口原材料保税加工后出口或销往境内，或从境内采购原材料入区退税后加工出口，或者同时将境内外原料加工后内销或出口。加工制造为利用境内外两种资源和产品，面向国际、国内两个市场的生产企业提供了发展空间，它同保税物流构成了综合保税区最基本的贸易形态。例如，郑州新郑综合保税区生产苹果手机，是世界上最大的苹果手机组装厂。

再制造是指将主体部分不具备原设计性能但具备循环再生价值的入境料件完全拆解，经采用专门的工艺、技术对拆解的零部件进行修复、加工或升级改造，产业化组装生产出再生成品，使其质量特性不低于原型新品水平的过程。再制造产业具有能耗少、成本低、污染小的特点，是循环经济再利用的高级形式，综合保税区内企业可以开展高技术含量、高附加值的航空航天、工程机械、数控机床等再制造业务。

二、检测和维修

检测维修大致可以分为两类：一类是为本企业或本集团产品的售后服务；一类是专门提供第三方维修服务。综合保税区的全球维修是以保税方式将存在部件损坏、功能失效、质量缺陷等问题的货物，从境外或境内区外运入综合保税区内进行检测、维修，使原产品（件）局部受损功能恢复或原有功能升级后复运返回来源地的生产活动。开展保税维修，可以使企业完善产品售后服务体系，由加工制造延伸至后期检测维修服务，从后端提升"微笑曲线"位置，提高产品的市场竞争力和品牌影响力。例如，某企业出口的精密仪器，在完成技术突破、设备升级、实现大规模量产后，境外客户的维修需求量也随之急速增长。此时，若按照传统的修理物品模式进行作业，不但通关时间长、查验率高，且每次须缴纳保证金，给企业带来不便。而其搬迁至综合保税区内开展保税维修业务后，无须缴纳保证金，查验率降低了95%，通关时间压缩了三分之二以上，且从境外采购的用于维修的检修设备还享受设备免税政策。再如，某综合保税区内企业，开展本集团其他工厂生产的笔记本、手机等在境内销售产品的售后维修工作，充分利用了闲置产能，提升了经济效益和品牌知名度。

三、货物存储

综合保税区可以存储进出口货物和其他未办结海关手续的货物，并且除法律法规另有规定外，区内货物不设存储期限，故可以在区内长期存放保税货物。例如，企业从境外进口货物后在综合保税区内长期保税存储，以利用时间差，在境内外市场洽谈销售，赚取更多利润。

四、物流分拨

综合保税区内企业可以从境内外采购货物，在综合保税区内进行流通性简单加工（如分级分类、分拆分拣、分装、组合包装、加刷唛码等）和提供增值服务后，向境内外分销配送。例如，某公司在综合保税区内设立亚太地区配送中心，根据境内及境外分销商订单，把来自境外和境内的产品、部件在区内进行统一的组装或拼装、重新打包后，将货物通过境内或境外航线发往境内或境外用户。该模式的主要优势有：一是兼顾中国既是制造大国也是消费大国的全球贸易格局，通过综合保税区统筹将国内和国际两个市场的购买、销售行为及复杂的境内外货物流向集成，实现对境内外资源的有效调配；二是境外产品进区后享受保税待遇，暂缓缴纳进口关税及增值税、消费税，减少企业资金占用；三是境内通过一般贸易出口至区内的产品，进区即可获得退税，使区外企业尽早拿到退税；四是集中仓储及配送的管理模式，大大提升集拼及配送效率，降低企业运营成本。

五、融资租赁

保税租赁是设立在综合保税区内的租赁企业，同承租企业以综合保税区内保税货物为租赁标的物开展的进出口租赁业务。如飞机融资租赁是综合保税区内运作较早、社会效益较大、实践较多的业态，具有极大经济和社会效益。

六、跨境电商

综合保税区内可以开展网购保税进口、保税备货出口业务。跨境电商零售进口是指中国境内消费者通过跨境电商第三方平台经营者自境外购买商品，并通过"网购保税进口""直购进口"等方式运递进境的消费行为。特殊区域出口又被称为保税备货出口，跨境电商企业可以享受出口入区即退税政策（保税区除外）。

七、商品展示

保税展示交易，指综合保税区内企业无须缴纳进口环节税费，通过提供担保的形式，将进口商品运至综合保税区规划面积以内、围网以外综合办公区专用的展示场所，或者综合保税区以外的其他固定场所进行展示和销售的经营活动。保税展示交易的商品如果进行了交易才正式缴税，没有交易就暂时不用纳税，可以重新返回区内。这与传统的进口商品先缴纳税费再销售模式相比，有利于减少企业资金占用、降低企业经营成本。

八、国际转口贸易

我国商务部定义的转口贸易是生产国（地区）与消费国（地区）之间通过第三国（地区）进行的贸易，即交易的货物可以由出口国（地区）运往第三国（地区），在第三国（地区）不经过加工（改换包装、分类、挑选、整理等不作为加工）再销往消费国（地区），也可以不通过第三国（地区）直接由生产国（地区）运往消费国（地区），但生产国（地区）与消费国（地区）之间并不发生交易关系，而是由第三国（地区）分别同生产国（地区）和消费国（地区）发生交易。

转口贸易的发生，主要基于历史、政治、经济或者区位因素。该地实施优惠政策，降低中转费用，逐渐发展为货物集散中心，形成如香港、伦敦、新加坡等为中转地的国际著名转口贸易港。但近年来，一些国家或地区的海关特殊监管区域（如加工区）、保税仓库等也成为转口贸易主要中转地。例如，我国的境内企业将货物出口至综合保税区内，卖给 A 国贸易商，A 国贸易商又将货物卖给 B 国贸易商，而此时货物未发生物理位移，仅是产权发生转移，这也是转口贸易。

九、国际中转

国际中转货物是指由境外启运，经中转港换装国际航线运输工具后，继续运往第三国（地区）指运口岸的货物。国际中转是国际知名港口的基础性业态，不仅可以开拓间接货源腹地，促进转口和加工贸易发展，还能促进港航要素集聚，提升港口服务功能，是衡量现代国际航运枢纽辐射范围和聚集能力的重要标志，也是体现港口综合服务能力和国际竞争力的重要指标。

此外，需要注意的是，国际中转同国际转口贸易容易混淆，两者既有交叉，又有差异。它们之间的主要区别是：国际中转是从物流角度出发，即国际货物在某地换装运输工具后继续运往目的国（地区）；国际转口贸易是从货物产权角度出发，即货物产权发生转移。而如果货物从物流及产权转移方面分别符合两者定义，那么它既是中转货物，又是国际转口货物。

十、港口作业

主要是指在有港口的综合保税区的口岸作业区内，进行集港调度、货物装卸等口岸作业。

十一、期货保税交割

期货保税交割是指以综合保税区等海关特殊监管区域或保税监管场所内处于保税监管状态的商品作为期货合约交割标的物进行期货交割的过程，即商品在保税状态下进入期货商品交割环节。

十二、国家规定可以在区内开展的其他业务

综合保税区内企业可以探索在货物贸易、航运物流、生产性服务业、新型贸易业态等领域的制度创新，拓宽特殊区域业态及范围。例如，一般贸易货物出口至综合保税区内取得出口退税，实行保税账册管理，再通过加工贸易方式进口至境内加工贸易企业，继续进行深加工，解决了进入加工贸易生产链的境内料件无法退税的难题，增强了综合保税区吸引力。再如，"仓储

货物按状态分类监管"制度，允许非保税货物与保税货物集拼、分拨后出口或进口，盘活仓储资源，提升运营效能，提升企业增值服务能力。

第四节　金关二期特殊区域监管子系统

综合保税区的业务正常运作离不开国家监管机构（海关、税务等）、综合保税区管委会、企业等的信息化系统的支持。仅海关而言，就涉及通关、查验、稽查等多个系统，用于实现不同的监管目的和要求，本节就保税领域的金关工程二期系统进行介绍。

金关工程二期是"十二五"期间我国电子政务的重大信息化工程，包含多个信息化系统、子系统及模块，如加工贸易及监管系统就包含了加工贸易手册管理、加工贸易账册管理、保税物流管理、保税担保管理等子系统。其中，金关工程二期海关特殊监管区域管理子系统（又称"金关二期特殊区域监管子系统"，以下简称"金关二期特殊区域系统"）是重要组成部分之一，它以区内企业为单元实行电子账册管理，以底账数量为基础，使用保税核注清单核增核减底账，既支持特殊区域加工、物流等常规业务，也支持保税维修、保税研发等新兴业态，满足了特殊区域业务需要。

一、金关二期特殊区域系统账册简介

金关二期特殊区域系统按照电子账册种类及功能分为加工账册、物流账册、设备账册，账册存在备案、变更、核销（限加工账册）、注销等状态和环节。在备案账册时，增值税一般纳税人、保税维修、委托加工、保税研发、跨境电商等业务需要选择账册用途。金关二期特殊区域系统账册分类及账册类型、用途、编码规则，分别如图 2-1、表 2-2 所示。

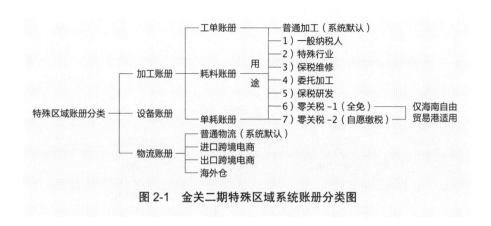

图 2-1　金关二期特殊区域系统账册分类图

表 2-2　金关二期特殊区域系统账册类型、用途、编码规则表

特殊区域账册类型	用途	账册编码规则
单耗账册（H账册）	用于对保税加工货物管理，用单耗版本、成品耗料折算计算件料耗用量；账册适合加工、研发、维修、一般纳税人等业务	H＋四位关区号＋两位年份＋A＋四位流水号
耗料账册	用于对保税加工货物管理，用耗料单计算件料耗用量；对企业要求较为严格	T＋四位关区号＋H＋六位流水号
工单账册	用于对保税加工货物管理，用企业工单计算件料耗用量；账册适合成品及件料多样、单耗复杂、产量大的大型加工类企业，如电脑生产、半导体加工的大型代工厂	T＋四位关区号＋G＋六位流水号
物流账册	用于对保税物流货物管理，按照记账模式分为可累计、不可累计账册两类；账册适合物流、跨境电商业务	T＋四位关区号＋W＋六位流水号
设备账册	用于对入区机器设备等管理；账册适合企业自用机器设备、基建物资等	T＋四位关区号＋D＋六位流水号

二、综合保税区常用单证

海关特殊监管区域、保税通关与核注、保税担保管理等子系统同综合保税区卡口、通关查验等海关信息化系统共同作用，校验单证流、货物流和信息流信息，实现单证、实货、卡口联动作业，支持海关对特殊区域的监管和服务。综合保税区等特殊区域常用单证有保税核注清单、申报表、出入库

单、核放单、保证金征收单等，其与各作业关系如图2-2所示。

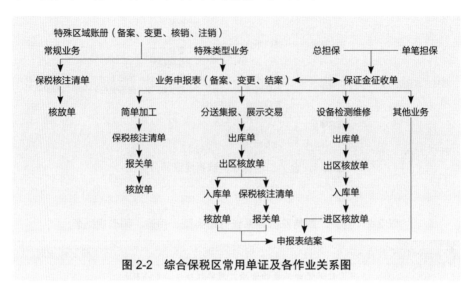

图 2-2　综合保税区常用单证及各作业关系图

（一）保税核注清单

保税核注清单记录企业保税货物的进出转存情况，是电子账册底账核注的专用单证和凭证，与报关单（进出境货物备案清单）是一一对应关系。保税核注清单全面支持企业对货物料号级管理需求，简化保税货物流转手续，特殊区域企业同加工贸易、其他特殊区域、保税场所等保税企业在开展保税货物流转业务时，可以根据实际需要选择报关或不报关，但必须申报保税核注清单。

保税核注清单有普通清单、分送集报、先入区后报关、简单加工、保税展示交易、区内流转、区港联动、保税电商、一纳成品内销（一般纳税人企业成品内销）、选择性征收关税、保区折料内销等类型。保税核注清单编号为18位，其中第1位至第2位为QD，第3位至第6位为接受申报的海关代码，第7位至第8位为年份，第9位为I或E（通常I代表进，E代表出，特殊情况除外），后9位为顺序编号。

（二）业务申报表和出入库单

对于常规业务，企业申报保税核注清单、报关单即可完成单证流作业；再申报核放单，车辆（和货物）凭之过卡后，保税核注清单变为已核扣状态，完成单证流和货物流的作业闭环。

开展特殊类型的综合保税区业务（如保税展示交易、外发加工等）时，需要使用业务申报表，它是海关允许某类特定业务开展的核批及监管依据，可以视作一种临时管理货物的"小账册"——对不符合法定要件或无法达到海关监管要求的申报表或企业，海关不予同意开展。业务申报表有备案、变更及结案等环节，申报表编号规则为"Y+关区代码4位+业务类型1位+年份2位+流水号4位"。

出入库单通常基于业务申报表产生（简单加工无须申报出入库单），相关数据从业务申报表调取，作为海关对某批次临时进出区的货物及数量等监管的依据。出入库单有备案、变更、作废等环节，未生成核放单或生成核放单未过卡的出入库单可以变更或作废，过卡的出入库单无法变更。

业务申报表及出入库单的类型包含分送集报、外发加工、保税展示交易、出区检测、设备检测维修、模具外发、简单加工、一纳企业进出区（一般纳税人企业进出区）、保区折料内销、其他业务等。

值得注意的是，不同业务具有各自特点，存在不同的规定及单证要求、作业流程、重要节点和信息化系统运行逻辑，不能生搬硬套，如简单加工仅适用于物流账册且不需要申报出入库单；保税展示交易若在区外销售后需要申报保税核注清单；分送集报业务会根据货物情况提交担保或许可证件或提前进行法定检验。以保税展示交易流程为例，企业申请设立相应的业务申报表并提交担保—海关核批同意—企业申报出入库单—海关核批同意—企业申报核放单—实货过卡出区—货物有销售的，企业申报保税核注清单、报关单（涉及许可证的，应在销售前提交许可证）；未销售的货物，申报入库单—申报进区核放单，实货过卡返区—该业务结束后，企业申请对申报表结案—海关结案。

（三）核放单

核放单对应载货车辆，由关联保税核注清单或出入库单、报关单（限两步申报）、提运单（限先入区后报关）生成，是车辆（及装载货物）进出综合保税区卡口的唯一"通行证"。

核放单同载货车辆是一一对应关系，同保税核注清单、出入库单等关联单证的关系可以是一对一、一对N、N对一，但不允许是N对N。核放单有先入区后报关（系统暂不支持）、一线一体化进出区、二线进出区、非报关进出区、卡口登记货物、空车进出区等类型。核放单的绑定模式有一车一票、一车多票、一票多车等方式，其中一车多票关联的单证类型应为同一种类型，即保税核注清单和出入库单不能共用一个核放单。

（四）保证金征收单

对风险较高的业务，海关会征收风险类保证金（保证金或保函方式）。金关二期保税担保管理子系统支持加工贸易及特殊区域等保税业务的担保作业，将担保分为总担保和单笔担保两种类型。

一是总担保方式。企业先行设立总担保，在开展某项业务且备案申报表需要担保时，海关开设保证金征收单，企业确认担保类型为总担保后，征收单实征金额从总担保金额中扣除，余下额度继续用于其他业务担保需求；该项业务结束后，该笔担保金额恢复回总担保额度。

二是单笔担保方式。企业在办理某项业务时设立申报表，对需要担保的，海关开设保证金征收单，企业确认并缴纳该笔担保后方能开展业务，申报出入库单时会扣减相应保额；待该业务结束后，海关退还担保。

第五节　综合保税区产业功能和适合入区项目

一、产业功能定位

根据《国务院关于促进综合保税区高水平开放高质量发展的若干意见》，我国正加快综合保税区创新升级，打造对外开放新高地，推动综合保税区发展成为具有全球影响力和竞争力的加工制造中心、研发设计中心、物流分拨中心、检测维修中心、销售服务中心，这也是综合保税区产业功能的定位。

综合保税区的产业功能定位及"五大中心"建设内容如图2-3所示。

二、适合入区项目

为把综合保税区打造成为具有全球影响力和竞争力的加工制造中心、研发设计中心、物流分拨中心、检测维修中心、销售服务中心，必须对标高质量发展要求引进适合入区的项目，禁止自动化程度低、工艺装备落后等本质安全水平低的项目入区，禁止引进高耗能、高污染和资源性产品以及列入《加工贸易禁止类商品目录》商品的加工贸易业务。

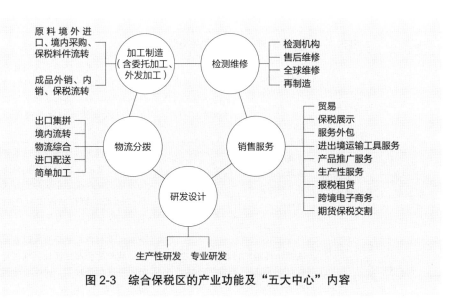

图 2-3　综合保税区的产业功能及"五大中心"内容

为便于全国各地更好地理解应用综合保税区的各种政策措施，引导高水准项目入区，促进综合保税区高质量发展，海关总署结合新兴业务发展情况，制定《综合保税区适合入区项目指引（2021 年版）》并印发各省、自治区、直辖市人民政府。该指引从综合保税区的基本政策（税收政策、贸易管制政策、保税监管政策、外汇政策）、贸易便利化措施、适合入区企业类型等方面进行阐释，还筛选出 16 个典型案例，为各地开展综合保税区申建、产业规划、招商选资、政策宣讲等工作提供参考。

关于《综合保税区适合入区项目指引（2021 年版）》的宣传资料较多，本文不再进行赘述，现将 5 类适合入区企业类型及项目、经营模式、特点等予以总结，如表 2-3 所示。

表 2-3　适合入区企业类型及项目

企业类型	经营模式	料件、成品流向及业务类型	特点
加工制造类企业	1. 成品全部外销模式	产品全部出口境外	企业主要利用基建物资及设备免税、境外货物入区保税和境内货物入区退税等政策开展生产加工，产品出口后对保税和退税货物予以核销

表2-3（续1）

企业类型	经营模式	料件、成品流向及业务类型		特点
加工制造类企业	2. 成品全部内销模式	原料全部进口型、全部内购型、内外采购型（生产原料全部来自境外或境内，或者部分来自境外、部分来自境内）	成品出区按实际状态纳税或选择性缴纳关税	企业主要利用基建物资及设备免税、境外货物入区保税、境内货物入区退税和成品出区按实际状态征税或选择性征收关税等政策，综合税收成本有优势
	3. 成品内外兼销模式		产品全部内销或出口	企业主要利用基建物资及设备免税、境外货物入区保税、境内货物入区退税和成品出区按实际状态征税或选择性征收关税等政策，综合税收成本有优势
	4. 成品保税流转模式（成品保税结转型）	成品结转给境内加工贸易企业，或结转到另一个海关特殊监管区域、保税监管场所		企业主要利用基建物资及设备免税、境外货物入区保税、境内货物入区退税等政策，保税货物结转手续便利，综合税收成本有优势
研发设计类企业	1. 生产性研发型	研发原料来自境外、境内或区内	研发产品为有形产品或无形产品（包括试验结果、成果报告等），用于出口、内销或服务生产需要	企业主要利用基建物资及设备免税、境外货物入区保税、境内货物入区退税等政策，保税货物结转手续便利，除禁止进境的外，区内企业从境外进口且在区内用于研发的货物、物品，免于提交许可证件，进口的消耗性材料根据实际研发耗用核销，综合成本有优势
	2. 专业研发型		针对各个科技创新领域进行研发设计，研发产品为有形产品或无形产品（包括试验结果、成果报告等）。	
物流分拨类企业	1. 出口集拼型	货物全部来自境外或境内，在区内仓储，拆、集拼后全部出口境外		企业主要利用基建物资及设备免税、境外货物入区保税、境内货物入区退税、进口自用设备免税、区内企业免征增值税、区内保税货物无存储期要求和仓储货物按状态分类监管等政策，综合税收成本有优势
	2. 进口配送型	货物全部来自境外或境内，在区内存储，拆、集拼后向境内配送		
	3. 简单加工型	货物来自境外或境内，在区内开展刷唛、分拣、分装、改换包装等流通性简单加工后，再出口境外或进口到境内		

表2-3（续2）

企业类型	经营模式	料件、成品流向及业务类型	特点
物流分拨类企业	4.境内流转型	货物全部来自境内，在区内存储后，再全部进口到境内	企业主要利用基建物资及设备免税、境内货物入区退税、区内保税货物无存储期要求、货物出区办理进口手续和仓储货物按状态分类监管等政策，综合税收成本有优势
	5.物流综合型	货物来自境外或境内，在区内存储，或折、集拼，或开展刷唛、分拣、分装、改换包装等流通性简单加工后，再出口到境外或进口到境内，或结转到其他海关特殊监管区域、保税监管场所	企业主要利用基建物资及设备免税、境外货物入区保税、境内货物入区退税、进口自用设备免税、区内企业免征增值税、区内保税货物无存储期要求、仓储货物按状态分类监管、货物出区办理进口手续等政策，综合税收成本有优势
检测维修类企业	1.检测机构型	从事检测认证服务的企业，检测对象来自境外、境内或区内，检测后的产品返回境外、境内或区内，检测企业出具检测认证结果	企业主要利用基建物资及设备免税、境外货物入区保税、境内货物入区退税等政策，保税货物结转手续便利，综合成本有优势
	2.售后维修型	维修对象是自产或本集团的产品，维修用的材料来源于境外、境内或区内，维修后的产品返回原客户	
	3.全球维修型	从事高技术、高附加值、符合环保要求的专业维修，维修对象符合维修产品目录，维修对象来自境外或境内，维修用的材料来源于境外、境内或区内，维修后的货物根据其来源复运至境外或境内区外	企业主要利用基建物资及设备免税、境外货物入区保税、境内货物入区退税等政策，保税货物结转手续便利，综合成本有优势
	4.再制造型	从事高技术含量、高附加值的航空航天、工程机械、数控机床等再制造业务的企业，用于再制造的货物来自境外或境内，再制造用的材料来源于境外、境内或区内，再制造后的货物根据需要出口或内销	
销售服务类企业	1.贸易型	区内企业开展国际采购、分销业务，其采购、分销的货物依托区内仓库储存	企业主要利用境外货物入区保税和境内货物入区退税等政策，开展境内外分销，综合税收成本有优势

表 2-3（续 3）

企业类型	经营模式	料件、成品流向及业务类型	特点
销售服务类企业	2. 保税展示型	企业在区内或经海关批准的区外特定场所，开展进口商品展示活动；也可拓展到综合保税区围网外开展保税展示交易活动	企业主要利用境外货物入区保税政策，开展保税展示交易退换货灵活，综合税收成本有优势
	3. 服务外包型	企业在区内开展有关信息技术外包（ITO）服务、业务流程外包（BPO）服务和文化创意、软件测试等国际服务外包业务，以及有关外包设备的维护	企业主要利用进口自用设备及维修零部件免税、区内企业免征增值税等政策，综合税收成本有优势
	4. 进出境运输工具服务型	企业在区内存储货物，为进出境运输工具（飞机、船舶、火车、汽车等）提供物料及有关服务	企业主要利用境外货物入区保税、境内货物入区退税、进口自用设备免税、区内企业免征增值税、区内保税货物无存储要求和货物出区办理进口手续等政策，综合税收成本有优势
	5. 产品推广服务型	企业为推广产品，在区内展示货物并提供使用培训、性能试用等服务	
	6. 跨境电商型	电商企业依托综合保税区以保税模式开展跨境电商零售进口业务或特殊区域出口业务	企业主要利用境外货物入区保税、境内货物入区退税等政策，可以享受跨境电商网购保税零售进口税收政策，综合税收成本有优势
	7. 期货保税交割型	企业将货物在区内仓库保税储存，交割业务在期货交易场所进行	企业主要利用境外货物入区保税和期货交割政策，综合税收成本有优势
	8. 租赁型	企业用区内的保税货物作为标的物，开展进出口租赁业务	企业主要利用境外货物入区保税和境内货物入区退税政策，其中对飞机、船舶和海洋工程结构物等大型设备不具备实际入区条件的，可实行海关异地委托监管，综合成本有优势
	9. 生产性服务型	企业用区内的设备、货物提供教育培训、医疗健康、影视制作、数字贸易等与生产相关的服务	企业主要利用设备免税、境外货物入区保税等政策，综合成本有优势

第三章

综合保税区主要业态

第一节 综合保税区的货物和业务模式概述

进出综合保税区的货物和业务模式多样，基本形态有十几种，再加上衍生的新型业态（如期货保税交割、飞机融资租赁）以及政策叠加后的新型业态（如平行进口汽车保税展示交易），林林总总，笔者估算至少在三十种以上，但万变不离其宗，综合保税区的业务模式、作业流程、具体监管要求会根据外部环境进行调整和优化，但综合保税区基本功能、进出货物性质、业务内核和运作机理、国家监管政策是长久不变的。

因为进出综合保税区的货物和业务模式是不同的基础业务模块组合使用的结果，且随着时间而不断丰富和发展，是积木般排列组合的关系，因此一一介绍全部业务和作业形态是一件困难且没有必要的事情。在此，笔者将进出综合保税区的货物类型和基本业务形态进行罗列，如图 3-1 所示，以供读者参考和借鉴。

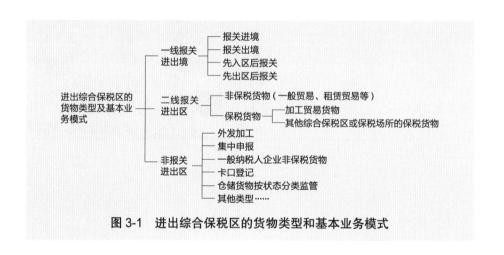

图 3-1 进出综合保税区的货物类型和基本业务模式

第二节 综合保税区的保税加工

一、综合保税区保税加工概述

综合保税区的保税加工是指综合保税区内加工制造企业进口全部或者部分原辅材料、零部件、元器件、包装物料，经加工或装配后，将制成品复出口的经营活动。按照海关总署印发的《综合保税区适合入区项目指引（2021年版）》，根据料件来源、成品销售模式，加工制造类企业业务模式可以进行如图 3-2 所示的分类。

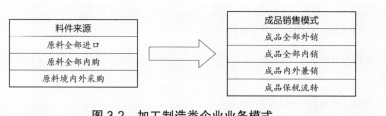

图 3-2 加工制造类企业业务模式

我国是制造大国，而保税加工则是综合保税区等海关特殊监管区域中最传统和最基础的业务之一，是综合保税区发展的支柱和基石。通过加工制造带动产业链发展，部分综合保税区成为产业集聚地，是我国产业转型升级的重要组成部分。综合保税区加工制造企业可以根据生产模式及料件来源、产品销售、境内外市场需求等因素，综合利用设备免（退）税、境外料件入区保税、境内料件入区退税、加工后的成品出区按成品征税或按照料件征收关税等税收政策，叠加使用委托加工、外发加工、保税研发、保税维修等海关支持贸易便利化措施，全面提升企业综合竞争力和经济效益。

企业可以根据业务模式及《综合保税区适合入区项目指引（2021年版）》，查找适合入区的业务类型及项目。除法律法规另有特殊规定外，下列情况不得在综合保税区开展加工业务：

（一）市场主体禁止准入或需要境内生产许可

《市场准入负面清单》由国家发展改革委和商务部联合发布实施，将我国市场准入事项类型分为禁止和许可两类：对禁止准入事项，市场主体不得进入；对许可准入事项，由市场主体提出申请，行政机关依法依规作出是否予以准入的决定，或由市场主体依照政府规定的准入条件和准入方式合规进入。例如，根据《中华人民共和国工业产品生产许可证管理条例》，国务院会不定期调整工业产品生产许可证管理目录，对需要生产许可证的重要工业产品予以列明。

海关在综合保税区依法实施监管，不影响地方政府和其他部门依法履行其相应职责，即综合保税区是属于我国政府多个部门的共管区域，海关、商务、市场监督管理、环保、应急管理等各单位依法共管。以综合保税区内从事食品生产为例，根据《中华人民共和国食品安全法》《食品生产许可管理办法》《中华人民共和国工业产品生产许可证管理条例》规定，企业应当依法取得境内食品生产许可，市场监督管理部门是监督的责任主体。

（二）禁止进出口的货物物品

国家禁止进口及禁止出口的货物及物品，不得在综合保税区与境外之间进出。

（三）加工贸易禁止类货物

我国对高耗能、高污染及较低技术含量的产品禁止开展加工贸易，详细情况见商务部、海关总署颁布的 2014 年第 90 号、2015 年第 59 号、2020 年第 54 号、2021 年第 12 号等加工贸易禁止类商品目录公告。需要注意的是，不得为种植、养殖等出口产品而进口种子、种苗、种畜、化肥、饲料、添加剂、抗生素，也不得生产出口仿真枪支。在相关公告发布之日前，已经在特殊区域内设立从事相关商品加工贸易的企业不受影响，可以继续开展业务。列入加工贸易禁止类进口商品目录的，凡用于深加工结转转入，或从特殊区域内企业经实质性加工后进入区外的商品，不按加工贸易禁止类进口商品管理。列入加工贸易禁止类出口商品目录的，凡用于深加工结转转出，或进入具有保税加工功能的特殊区域内企业加工生产的商品，不按加工贸易禁止类出口商品管理。特殊区域内外企业均不得将禁止类商品外发进行实质性加工。

二、区内企业注册或备案

区内企业及其分支机构在根据《中华人民共和国市场主体登记管理条例》取得市场主体资格后，依法向海关办理注册或者备案手续。区内企业可以通过"多证合一"改革，在办理市场主体登记时勾选报关单位（进出口收发货人或报关企业）备案并填写备案信息，也可以通过"中国国际贸易单一窗口"或"互联网＋海关"单独向海关提交报关单位备案申请。海关作业完毕后，企业可登录"中国海关进出口企业信用公示平台"或"中国国际贸易单一窗口"查询备案结果，取得 10 位海关报关单位编码。

三、加工账册备案

企业通过"中国国际贸易单一窗口"或"互联网＋海关"相应模块向综合保税区主管海关提交加工账册备案申请。需要注意的是，企业应根据自身生产经营模式、实际需求及海关监管要求选择匹配的账册类型及用途。海关核批后，加工账册备案成功，若属于单耗账册，企业后续在账册中备案与实际生产相对应的料件、成品、单损耗关系等信息。

四、进出区通关作业

以进口货物为例，企业申请进口保税核注清单后，再申报进境货物备案清单，口岸海关对货物放行后（如果有口岸布控指令，口岸海关会对货物实施查验），企业将货物自行提离码头，申报核放单进入综合保税区。成品生产完毕后，如果销售至境外，则申报保税核注清单、出境货物备案清单，在申报核放单出区后，自行运输至口岸，在口岸进行相应作业后（如查验）运输出境。

五、加工账册核销

报核是企业根据加工账册报核周期，申报本核销周期内保税核注清单及库存情况，以进行账册滚动核销，即企业在加工生产一定时期后（原则上不超过 1 年），应在加工账册核销周期到期后对账册及时申报核销。报核前，企业要进行库存料件、（半）成品折料等实货盘点，确认保税核注清单的状态为已核扣、成品单耗申报状态为已申报、删改保税核注清单作业全部完成、对碰类保税核注清单已经正常处理、保税核注清单对应报关单已经结关、保税核注清单在核销周期内纳入及周期外剔除、边角料（包含国体废物）依法处置完毕等事宜后报核，海关初审后对存在差异的情形退单，企业进行相应处置后（如对合理的盘亏情况进行后续补税，保税核注清单纳入本核销周期）再次申报，海关审核无误后核销通过。

需要注意的是，仅有加工账册存在核销要求，物流账册无此要求。

六、加工账册注销

企业拟注销或者因数据量过大造成系统反应较慢等原因，需向海关申请账册注销。对办结所有保税业务的账册，海关可进行注销作业。账册注销并不意味着海关监管的结束，如果后期海关发现企业存在违法违规情况，仍可以根据通关、稽查、缉私等领域有关规定启动相应程序，进行处罚乃至追究刑事责任。

企业详细作业指南可以通过"中国国际贸易单一窗口"下载《"单一窗口"标准版用户手册》（海关特殊监管区域）、《"单一窗口"标准版用户手册》（加工贸易担保管理系统）等资料。

第三节　综合保税区的保税物流及"保税一日游"

一、综合保税区的保税物流

保税物流，是指经营者经海关批准，将未办理纳税手续进境的货物从供应地到需求地实施空间位移过程的服务性经营行为。随着经济全球化及国际物流多元化发展，保税物流功能及业态从单一仓储、物流配送转向供应商管理库存、全球配送、大宗散货混配、展示交易、金融质押等高端业态，以满足跨国采购、区域配送中心、高端制造等现代物流及生产企业需求。保税物流的功能及业态如下：

（一）保税仓储

国际、国内生产及消费所需的大到海上钻井平台、大型远洋货轮、飞机、大宗矿石、玉米棉花等农产品、工业原料如各种塑料颗粒等，小到笔记本电脑、手机、高端游戏机甚至芯片，以及奶粉、食品饮料、化妆品等电商热销商品，除国家禁止进出口货物外，保税仓储货物几乎涵盖了生产及生活的全部商品。综合保税区内货物可以来源于境内、境外，也可以来自区内生产。

（二）缓征税款

相对于一般贸易进口时一次性支付货物全部税金，货物进入综合保税区后缓税，待境内客户有需求时，再纳税出区销售；在境外行情较佳时，可以出区运至境外销售。例如，贸易商将天然橡胶运入临近境内外交通枢纽、我国橡胶集散地的某综合保税区内，根据行情在我国卖出或运往其他国家（地区）销售。

（三）国际及国内物流配送

在保税仓储的基本功能上，可以综合利用综合保税区临近境内外物流枢纽、境内外货物同时聚集、暂缓征税、整进分出、分送集报等优势，发展面向国际及（或）境内的配送中心。例如，某高端品牌汽车生产商，在综合保税区内建立汽车维修零部件亚太地区配送中心，将从欧洲采购的零配件集中运往综合保税区仓储，根据境内分销商及 4S 店、亚太地区十多个国家或地区的订单需求，提供 24 小时配送服务。与将配送中心设在欧洲或者零部件采用一般贸易完税后进口相比，以上做法可以同时响应我国及亚太其他国家或地区需求，缩短配送时间，降低配送成本。

（四）一线进出境免证

综合保税区与境外之间进出的货物，除有特殊规定的少量商品外（如精神药品、特殊种类冻鱼），原则上不实行进出口配额、许可证件管理。属于配额、许可证件管理的货物，出区进入境内或者境内货物出口入区时，才需要提供配额、许可证件。企业可以将进口时需要提交许可证件、配额的商品先行进口至综合保税区内，为办理相关许可证件争取时间，获得证件后再通关进口至境内。除了配额、许可证件管理外，减免税货物也可以享受有关优惠，如我国远洋渔业自捕水产品，在国外海域捕获并运回境内后，先行存入综合保税区或者保税仓库等保税监管场所，待办理完相关减免税手续后再进口至境内销售。

（五）物流增值服务

综合保税区内物流企业可以对保税货物开展流通性简单加工和提供增值服务，主要是分级分类、组合包装、打膜、刷帖标志、改变包装、拼装等辅助作业，以更利于运输或实现商品增值。例如，有的企业将从我国香港地区或者毗邻国家或地区进口的大理石或花生等在综合保税区进行挑选（筛选）、分级、重新装箱后，再运至香港，虽产生额外仓储及运输费用，但相比在香港作业，成本仍然较低。

（六）展示交易

区内企业可以在综合保税区规划面积以内、围网以外综合办公区专用的展示场所，或者综合保税区以外其他固定经营场地举办商品展示、销售活动。企业开展展销活动招商，供潜在境内客户或消费者进行实物测评、贸易洽谈，节省出境考察成本。双方达成交易后，再办理纳税等通关手续进入境内流通；如果货物无法在境内交易，可以返回综合保税区内择机再次进入境内展示交易，或者转运至其他国家或地区。

（七）进口货物预检测

例如，某境内工厂进口电子元器件，因生产需要对料件精度要求极为严格，进口至厂内检测发现质量问题后退运出境、调换后再次进口，作业及退换周期长且成本高。后来工厂改变运作模式，先将元器件进口至综合保税区内自行进行质量预检测，对质量合格的料件进口报关后运至工厂投产，不良品在综合保税区内暂存，积累到定量后退运回原产国（地区）修复，操作手续简便，有效降低了成本。

（八）货物整进分出

货物可以大批量从境外或者境内入区，根据客户需求零星出区，实现货物小批量、多批次地运往境外或境内，避免整批货物一次销购、纳税的压力。

二、综合保税区"保税一日游"

综合保税区"保税一日游"要追溯到区外的加工贸易。加工贸易在促进我国经济发展上起到了重要作用，这在广东等东南沿海地区尤甚，如被誉为"制造之都"的东莞市，就与加工贸易发展密切相关。

在加工贸易深加工结转模式下，上游厂家成品即为下游厂家料件，通过深加工结转延长加工链条，成品最终加工完毕后出口至境外。以珠三角为例，经过几十年的培育发展，企业间配套协作密切，产业链契合度高，加工贸易企业之间货物来往频繁，但因为当时的贸易、税收和监管等政策配套不足及各地监管联动手续复杂且人工作业效率低下等原因，深加工结转存在诸多不便，于是产生"香港一日游"：加工贸易企业先将加工贸易成品出口到香港，以核销手册、获取退税，然后再以加工贸易方式申报进口，货物在保税状态下进入珠三角另外一家厂家进行下一道工序生产。但此种方式面临作业周期长、手续复杂、运力浪费等难题。

随着我国综合保税区、保税物流园区、保税物流中心（B型）等在全国落地开花，企业可以轻松利用特殊区域或保税物流中心（B型）开展"保税一日游"。

综合保税区"保税一日游"是俗称，也被称为即进即出业务、"一日游"、出口复进口等，是行业对国产货物出口至综合保税区等海关特殊监管区域或保税物流中心（B型）后复进口业务模式的称谓，具体操作为：货物出口到特殊区域即视同离境，进行出口收汇、办理退税、核销手册等作业；货物在区内短暂停留，下游企业从综合保税区进口货物，根据需求灵活进行保税、免税或征税进口等多重选择。同"香港一日游"相比，"保税一日游"不但出口、进口手续简化，节省大量运输费用，还因为作业时间较短，通常一天内（甚至数小时内）即可完成货物出口入区、进口出区通关作业。

综合保税区"保税一日游"是将货物出口入区、进口出区两个作业密集关联并配合使用，综合叠加利用综合保税区多项政策，在短短数小时或数天内进行信息流、货物流、资金流密集操作，有报关、货款、外汇等核心节点，开创性地解决因加工贸易深加工结转手续复杂、增值部分不予退税、货物必须按照外商要求先出口再进口等而产生的"国产产品复进口"难题，是作业集成度及价值很高的物流模式。

（一）参与主体

随着保税物流业态丰富发展，"保税一日游"涵盖的企业、货物及运作模式也更为多元化，参与方有出口企业、进口企业、承运商、综合保税区内企业、银行、外商等不同类型，区外主要参与企业大致分为一般贸易企业、加工贸易企业。进出区货物性质有一般贸易、加工贸易等。

"保税一日游"出口、进口通关作业（申报、查验等）同正常进出区没有区别。物流路径是：出口申报—车辆过卡口入区（可能会被布控查验）—进口申报—车辆过卡口出区（可能会被布控查验）—运往境内目的地。货权转移路径是：出口企业（外商、外商代工厂）—区内中间商（或外商）—区内另外的中间商或外商（可以继续流转）—进口企业（外商、外商代工厂）。相关流程，如图3-3所示。

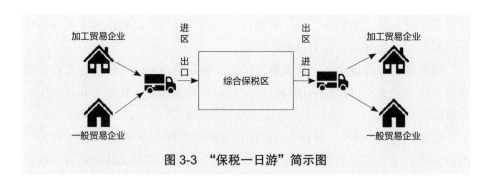

图 3-3 "保税一日游"简示图

（二）运作模式

笔者以货物税收状态为纽带，将"保税一日游"运作模式梳理如下。

1. 一般贸易货物—加工贸易货物

源自境内企业与加贸企业货物转厂：出口企业将货物卖给外商或区内企业，以一般贸易方式（0110）出口至综合保税区，收取货款、获取退税；境内企业或单位再以加工贸易方式［进料对口（0615）、进料非对口（0715）、来料加工（0214）］进口，享受保税政策优惠，货物作为保税货物出区。例如，境内出口企业以一般贸易方式将液晶显示器出口至综合保税区后，再由境内液晶电视企业以进料加工方式申报进口后生产为电视机出口。

2. 一般贸易货物——一般贸易货物

入区申报同上，进口方申报一般贸易（0110）纳税后出区。这属于出口转内销，通常原因是外商产品在中国生产，但产权、销售权等由境外总部或指定贸易供应商决定，境内企业根据外商指令作业。

3. 加工贸易货物—加工贸易货物

这是最为常见的"保税一日游"形态，主要是为解决国购料件退税、出口方加工贸易手册核销、改变加工贸易属性等深加工贸易需求。加工贸易出口企业将加工贸易货物出口至综合保税区，以核销手册（进料加工企业还可以收取货款、获取退税），进口企业再以加工贸易方式进口。出口入区申报贸易方式为加工贸易［进料对口（0615）、进料非对口（0715）、来料加工（0214）］，进口出区申报同样为加工贸易。

4. 加工贸易货物——一般贸易货物

这也属于出口转内销，申报分别见"加工贸易货物—加工贸易货物"的出口入区及"一般贸易货物——一般贸易货物"的进口出区。例如，某知名日用品零售商，全球范围采购商品以供应中国众多卖场，国外品牌商品中有80%在各自的中国代工厂生产，该公司在综合保税区设立全国配送中心，代工厂生产的货物通过"保税一日游"出口至综合保税区内，该企业同国外品牌商结算、缴税进口后在境内配送。

（三）"保税一日游"作用

一是代替"香港一日游"及深加工结转。货物进入综合保税区即视同离境，可办理退税、收汇、核销手册等业务。尤其是相比"香港一日游"，综合保税区"保税一日游"通关速度更快，正常情况下1个工作日就能完成进出口（区）作业，节省物流运输成本，缩短供货时间。

二是实现（跨国）多方贸易。通过"保税一日游"，可以实现三方、四方等多方货权转移、外汇收支等情况。例如，某知名品牌商指定境内企业贴牌生产货物后，先以一般贸易方式出口到综合保税区，再要求境内批发商以一般贸易方式进口，属于三方贸易。企业还利用区内交易免征增值税、消费税优惠，对货物进行买卖并收付汇。

三是加快加工贸易手册核销。区外加工贸易企业手册已经到核销周期但仍需要继续执行，企业可以申请延期或余料结转，也可以选择"保税一日游"解决。

四是尽快获得出口退税。在一般贸易出口方式下，出口企业需要货物实际离境后才能向税务部门申请退税。而在"保税一日游"模式下，货物申报进入综合保税区即视为离境，可取得退税，缩短了退税时间。同时，货物可以在区内无限期保税存储，待机会合适再出区向境内外销售。

五是深加工结转境内料件取得退税。区外的加工贸易深加工结转业务中增值部分，不能取得退税。利用"保税一日游"，上游进料加工企业货物出口入区后，生产中使用的境内料件即可申请退税，解决了深加工结转业务使用境内料件无法退税难题，提高了境内料件的使用率。

六是转换加工贸易方式。加工贸易分为来料加工、进料加工两种类型，两者在海关监管、货物产权、收付汇、退税等政策方面存在差异，两者货物开展深加工结转存在诸多不便。但通过"保税一日游"，从加工链条上可以实现加工贸易方式的转变。

七是解决加工贸易成品内销税率倒挂问题。加工贸易进料加工料件或成品内销时，是以料件原进口价格及税率征税，如果成品价格同料件变化不大且进口料件税率远大于成品时（如进口电子元器件加工成电器），采用加工贸易方式内销成品，缴税较多。针对此类情况，采用"保税一日游"方式从综合保税区复进口时，按照规定对成品缴税，扣除运输费用等额外费用，可能比采用加工贸易成品内销税负成本更低。

（四）违规情事

综合保税区"保税一日游"是出口入区、进口出区作业的高度关联，是解决贸易、税收、监管制度面临难题的方案，其运行全部在海关、外汇、国税等监管体系内，符合法律法规要求。但也有不法企业违规操作，这一直是各个部门高度关注、保持打击态势的对象：

一是伪洋货、中国造。例如，前些年的某家具事件，企业利用特殊区域洗白国产家具身份，再以外国高档家具名义进口，进行虚假宣传，误导消费者高价购买。

二是利用"道具柜"骗取手册核销。这主要体现在大宗商品加工贸易（如棉花）。据媒体报道，不法企业使用同一辆车采用"保税一日游"方式循环进出区，以达到非法核销手册目的。

三是虚假贸易。不法企业左手倒右手方式增加账面流水，虚增贸易数额，美化财务报表，提高信贷授信额度。此前，有的不法企业利用境内外利率、外汇差价，同一商品开展"保税一日游"作业密集往返，实现跨境贸易套利。

第四节　综合保税区的机电设备

一、机电产品分类

机电产品是指机械设备、电气设备、交通运输工具、电子产品、电器产品、仪器仪表、金属制品等及其零部件、元器件。《机电产品进口管理办法》附件列明了机电产品具体范围及海关商品编码。

国家对进口机电产品实行分类管理，分为禁止进口、限制进口和自由进口三类：

一是禁止进口。包含：《禁止进口的旧机电产品目录》列名产品；旧玻壳、旧显像管、再生显像管、旧监视器等；带有以氯氟烃物质为制冷剂、发泡剂的旧机电产品等。

二是限制进口。主要分为限制进口机电产品及重点旧机电产品两类，具体商品种类及海关商品编码见《进口许可证管理货物目录》，该目录由商务部会同海关总署于每年12月发布公告调整。

三是自由进口。国家基于进口监测需要，对部分自由进口的机电产品实行进口自动许可。具体机电产品的货物种类、名称及海关商品编码见《自动进口许可管理货物目录》，该目录由商务部会同海关总署于每年12月发布公告调整。

二、旧机电产品

旧机电产品是指具有下列情形之一的机电产品：

一是已经使用（不含使用前测试、调试的设备），仍具备基本功能和一定使用价值的；

二是未经使用，但超过质量保证期（非保修期）的；

三是未经使用，但存放时间过长，部件产生明显有形损耗的；

四是新旧部件混装的；

五是经过翻新的。

国家对进口旧机电产品实行严格管理。其中，国家限制进口的旧机电产品称为重点旧机电产品，是指涉及国家安全、社会公共利益、人的健康或者安全、动植物的生命或者健康、污染环境的旧机电产品。

三、享受减免税优惠的机电设备

机电设备通常指机械、电器及电气自动化设备。根据海关管理规定及业务领域，享受税收优惠的机电设备大致可分为减免税设备（含综合保税区的减免税设备）、加工贸易不作价设备两大类。

现行的进口减免税政策包括三类：法定减免税、临时减免税和特定减免税。

法定减免税是指按照《中华人民共和国海关法》《中华人民共和国进出口关税条例》等规定，对进出口货物实施的减免税。如进出境运输工具装载途中必需的燃料、物料和饮食用品，海关对此类货物一般不进行后续管理。

临时减免税是指法定减免税和特定减免税以外的其他减免税，国务院根据某个单位、某类商品、某个时期或某批货物的特殊情况和需要，给予特别的临时性减免税优惠。如国务院给予某震后地区三年进口税收优惠。

特定减免税（又称为政策性减免税）是指海关根据国家规定，对特定地区、特定用途和特定企业给予的减征或者免征关税、进口环节海关代征税的优惠。现行特定减免税政策可以细分为 20 余类，其中一类为特定区域物资，对综合保税区、出口加工区等特定区域进口的物资免征进口关税和进口环节海关代征税即属于该类减免税。

虽然综合保税区免税设备属于减免税设备的一种，但综合保税区进口免税设备的优势，仍明显大于区外的减免税设备：

一是免税主体资格。区外减免税政策多对免税主体资格有明确规定，如只有符合国家产业指导目录中鼓励类条目的企业才能享受鼓励项目进口生产设备减免税政策。综合保税区内企业进口免税设备则对主体资格没有要求。

二是减免税额度。部分区外减免税政策有免税额度限制，如鼓励项目减免税总额不能超过其投资总额。综合保税区内企业进口减免税设备无额度限制。

三是减免税商品范围。区外减免税因政策依据不同而享受免税商品的范围不同，如鼓励项目政策进口设备受《外商投资项目不予免税的进口商品目录》《国内投资项目不予免税的进口商品目录》《进口不予免税的重大技术装备和产品目录》限制，目录列明商品不予免税；重大技术装备免税政策则规定，只有符合《重大技术装备和产品进口关键零部件、原材料商品目录》的进口商品才能够免税。而综合保税区进口设备不受上述正面和负面清单的限制。

四是免税税种。区外减免税根据政策不同免税税种不一，如鼓励项目仅免征关税，照章征收进口环节增值税。综合保税区进口设备的关税及进口环节海关代征税，通常均免征。

四、综合保税区的机电设备

综合保税区机电设备被广泛用于加工生产、物流作业、保税研发等领域，区内设备来源有：一是从境外进口；二是从境内区外采购（分为报关及非报关两种情况）。

目前综合保税区免征进口关税和进口环节海关代征税（主要是增值税、消费税两种）的进口机电设备范围有：一是区内企业生产所需的机器、设备、模具及其维修用零配件；二是区内企业和行政管理机构自用合理数量的办公用品；三是区内生产性基础设施建设项目所需的机器、设备。

五、进境机电设备的管理

对综合保税区从境外进口的机电设备，海关按照减免税设备进行管理。

（一）设备进境入区

1. 免征税款。综合保税区进口的机电设备，通常均免征进口关税和进口环节海关代征税，但进口交通运输工具、生活消费用品须照章征税。

2. 免许可证件。需要"进口许可证"或"自动进口许可证"的，免于提交许可证件。

3. 贸易方式。海关通过金关二期特殊区域系统 TD 账册管理机电设备，企业申报设备进境入区，保税核注清单贸易方式为"境外设备进区"（全称"海关特殊监管区域从境外进口的设备及物资"，监管方式代码"5335"）。

4. 监管年限。监管年限自设备进口放行之日起计算，为 3 年。

5. 检验检疫。属于旧机电产品的，必须办理检验检疫手续。

（二）设备退运出境

进口设备使用完毕，原则上应退运出境，保税核注清单申报贸易方式为"区内设备退运"（全称"海关特殊监管区域设备及物资退运境外"，监管方式代码"5361"）。

（三）设备出区进口

1. 在监管年限内进口。在 3 年监管年限内出区内销的，海关按照实际监管月份折旧征收关税及进口环节海关代征税。完税价格计算公式如下：

补税完税价格＝设备原进口时价格 ×［1- 设备已进口月份数 /36（个月）］

设备已进口月份自放行之日起按月计算。不足 1 个月但超过 15 日的，按 1 个月计算；不超过 15 日的，不予计算。

2. 监管年限届满进口。满 3 年监管年限的，自动解除监管，出区时不再征收税款。

3. 上述设备不论监管年限是否届满，出区进口时必须提交与其入境状态一致的机电产品进口许可证件验放。

4.设备解除监管时，保税核注清单申报监管方式为"设备进出区"（全称"设备及物资进出海关特殊监管区域"，监管方式代码"5300"）。

企业不得申报代码是"BBBB"的"不作价设备解除监管"，该方式仅适用于区外的加工贸易不作价设备。

六、境内采购入区机电设备的管理

海关对从境内区外报关入区并享受出口退税的从境内采购的机电设备，比照减免税设备进行管理。

（一）设备出口入区

1.出口入区退税。根据规定，境内区外设备以出口报关方式进入综合保税区的，其出口退税按照国家有关规定办理；若设备来源于进口的，原已缴纳的关税、进口环节海关代征税海关不予退还。

2.贸易方式。区内企业保税核注清单申报贸易方式为"设备进出区"。

3.监管年限。亦是3年。

4.特殊情况。对境内入区的不涉出口关税、不涉贸易管制证件、不要求退税且不纳入海关统计的区内企业生产经营使用的仪器、工具、机器设备，以及区内的基础设施、生产厂房、仓储设施建设过程中所需的机器设备、基建物资，可以使用"简化综合保税区进出区管理"的便捷进出区模式：企业不需要报关，设备不纳入综合保税区免税设备监管体系；企业仅需要做好便捷进出区日常记录，相关情况可追溯即可。

（二）设备出区进口

上述设备进入境内区外时，不需要提交进口许可证件。其他事宜，可参照上文"五、进境机电设备的管理"中的"（三）设备出区进口"的作业要求处理，其中涉及检验监管要求的，经海关核实确认，可以不实施检验。

七、机电设备结转

综合保税区机电设备，如果转为加工贸易不作价设备，或者流转至符合条件的（本）综合保税区或保税监管场所的，企业分别按照加工贸易不作价设备、保税货物流转（设备结转）的规定办理手续，机电设备的监管年限连续计算。

设备结转主要注意事项如下：一是保税核注清单申报"设备进出区"；

二是设备商品编码前 10 位或者至少前 8 位一致，且法定数量相同；三是根据实际需要，流转双方可以不办理报关手续，双方仅申报保税核注清单即可；四是在 TD 账册中，每项商品有"存储（监管）期限"，对上述结转设备，转入企业应向主管海关申请调整存储监管期限。

反之，如果加工贸易不作价设备，或者其他（及本）综合保税区或保税监管场所的设备，需要结转为综合保税区设备，也按照上述要求办理手续，监管年限亦连续计算。

八、机电设备出区检测及维修

综合保税区内使用的机电设备及模具，可以运往区外进行检测及维修，但不得在区外用于加工生产和使用，并应在运出之日起 60 日内原物运回综合保税区（可以申请延期，不能超过 30 日），海关比照进境修理货物进行监管：企业在金关二期特殊区域系统申报表业务类型中选择"设备维修"，按照相关要求办理出区手续。

有更换新零件、配件或者附件的，原零件、配件或者附件应当一并运回。对在区外更换的国产零件、配件或附件，需要退税的，按照出口货物有关规定办理手续。

九、机电设备抵押

根据《中华人民共和国海关事务担保条例》《中华人民共和国海关进出口货物减免税管理办法》规定，经海关许可，并提供担保后，区内监管设备可以抵押贷款。经海关认定的高级认证企业可以申请免除担保，按照海关规定办理有关手续。

具体操作参照《中华人民共和国海关进出口货物减免税管理办法》第五章第二十二条至第二十六条、第三十条关于减免税货物贷款抵押手续。

十、增值税一般纳税人资格试点企业的进口设备

区内增值税一般纳税人资格试点企业的进口设备，有单独的管理规定和要求：暂时享受关税、增值税和消费税的优惠；后续将 3 年监管年限平均分摊到各个年度，每年年终按照内销占内外销合计比例补征税款。

此外，区外加工贸易企业使用的不作价设备，在监管期限届满后，还需

要到海关办结解除监管手续后方能处置设备。实践中，经常出现企业在未办结不作价设备解除监管手续情况下处理设备（如买卖、租赁）而导致买卖纠纷、违规，进而受到处罚。

第五节　综合保税区的分送集报（集中申报）

一、保税货物的集中申报

根据《中华人民共和国海关进出口货物集中申报管理办法》规定，保税货物的集中申报可以分为以下两种情形：

一种是一线进出境。公路口岸进出境的保税货物，经海关备案，可以适用集中申报。因公路口岸在全国较少，此类情况仅在深圳、呼和浩特等少数关区存在。

另一种是二线进出区（场所）。需要办理集中申报的进出海关特殊监管区域或保税监管场所的货物，除另有规定以外，参照《中华人民共和国海关进出口货物集中申报管理办法》办理。此类情况被称为"分送集报"，是海关特殊监管区域和保税监管场所最为常见的便捷通关模式之一，下文将以综合保税区为例进行介绍。

二、综合保税区的分送集报

（一）分送集报

"批次进出、集中申报"，简称"分送集报"，是指在满足一定条件并经海关允许下，海关特殊监管区域、保税监管场所与境内区（场所）外企业之间分批次进出的货物，可以先办理货物实际进出区（场所）手续，再在规定期限内集中办理海关报关手续的一种便捷通关模式。

传统的通关模式是先报关单申报、后实货放行。分送集报则在海关防控风险的前提下扩大了企业申报自主权，将实货进出海关特殊监管区域或保税监管场所前置、报关手续后移，货物由分散式"一批次一报"变为集约式"多批次一报"，不但降低了企业报关及海关作业频次，提升了物流效率，节省了通关时间和费用，还将纳税时限延迟，缓解了企业资金压力，极大地满足了企业对供应商管理库存（VMI）模式、即时配送、准时制配送等现代物流的需求。分送集报可以在综合保税区等海关特殊监管区域及保税仓库等保税监管场所实施。以我国首款国产大型客机 C919 为例，其所用零部件和系统的国产化率逐年上升，其中部分零部件为国际采购、在仓库备用，通过保税仓库分送集报模式，解决了生产中需要根据指令随时出库使用的难题。

（二）开展分送集报的主要条件及要求

1. 企业为非失信企业，管理规范，计算机信息化程度较高，海关能够对货物实现有效监管。

2. 涉税、许可证、法检要求。进出区货物涉及税款征收的，海关可要求企业提供风险类保证金。涉及许可证件管理的，企业应提交相应的许可证件。对于出区的法定检验货物，则必须在分送前实施法定检验。

3. 检查存在异常。海关对分送集报货物在进出区时检查发现异常的，该批货物不得进行集中申报，应当逐票申报。

4. 集中申报时限。企业可以对 1 个自然月内的清单数据进行归并，在次月月底前向海关办理集中申报手续，也可以在每季度结束的次月 15 日前办理集中申报手续（12 月除外），即在每年 4 月 15 日、7 月 15 日、10 月 15 日、12 月 31 日前进行申报。上述申报不得晚于账册核销截止日期，且不得跨年度申报（通常在年底会面临税号、税率、汇率等调整）。

此外，企业应在报关单备注栏中注明"分送集报"字样。

5. 税率汇率调整。计征税款的税率和汇率日期适用报关单集中申报之日实施的税率、汇率。如果税率或者汇率发生调整的，企业应当区分政策调整前后的货物，分别办理申报手续。

三、分送集报作业流程

现以综合保税区出区进入境内货物的分送集报为例，介绍相关作业流程，如图 3-4 所示。

（一）申报业务申报表

区内企业申报业务申报表，一个申报表须对应一个区外企业，业务类型为"分送集报"，货物流向为"出区"，填报申报表合理有效期、货物名称（加工账册下该项货物产生的边角料也可以开展分送集报）、税号等信息。

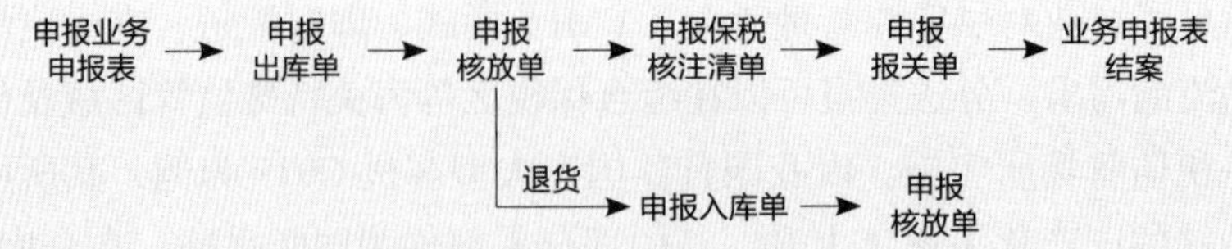

图 3-4　分送集报作业流程

如果货物涉及进口许可证管理，建议在"随附单证明细"栏或者以其他海关认可的方式向主管海关提交相应许可证件。如果货物涉及税款征收的，企业在缴纳保证金后，填报保证金征收单编号。

（二）申报出库单

货物分批送货出区前，在该业务申报表项下不超过许可证、保证金、法检商品数额等前提下，区内企业可以申报一个或多个出库单，表头填报货物总的净重、毛重、件数等要素，表体从申报表调取货物信息后填报本批次出区数量、单价等信息后申报。货物需要征收保证金的，系统会根据出库单自动扣减保证金征收单相应额度。货物是进口法定检验商品的，必须在分送前实施法定检验，未经检验或者检验不合格的法定检验商品不得出区。

如果存在某个出库单下的出区后货物需要全部或者部分退货返区的情况，企业填报相反方向的入库单，在关联出入库单编号中录入原出库单号，其他要素参考出库单填报后申报。

因作业链条较长，为便于区分、回溯进出仓货物情况，尤其是每批次运输数量，建议企业利用好出入库单的备注栏功能，填报该批货物运单号，同时在库存管理系统做好进出仓货物登记。

（三）申报核放单

核放单类型选择"非报关进出区"，关联单证编号选择该出库单号，填报其他信息后提交海关审核，车辆可以凭此出区。退货的入库单参考此要求填报。

一个出库单可以关联一个或多个核放单，也可以一个核放单关联多个分送集报类型的出库单。

（四）集中申报保税核注清单、报关单

集中申报时限应严格按照海关规定的时间节点开展，企业也可以根据自身需求提前申报，即集中申报时间可以提前但不能延迟。

在海关规定的时限内或者因汇率税率发生变化需要申报的，企业通过申报表编号查询并选择相应出库单号后（系统会自动获取反向的退货入库单），汇总生成保税核注清单，企业补填有关信息后申报；海关审核通过后，企业申报报关单，进行通关作业。如果存在保证金征收单，出库单对应保证金金额会自动释放回保证金征收单，额度可以继续使用。

（五）业务申报表结案

申报表有效期到期时，企业应及时提交结案申请，海关审核相关信息正常的，予以结案。对前期提交保证金的情况，企业可申请退还保证金。

第六节 综合保税区的内销选择性征收关税

一、内销选择性征收关税

内销选择性征收关税是指对海关特殊监管区域内企业生产、加工并经二线内销的货物，根据企业申请，按其对应进口料件或按实际报验状态（即成品）征收关税，进口环节增值税、消费税按照成品照章征收。

通常情况下，综合保税区由保税料件生产加工制得的成品内销，纳税义务人应按照货物出区时实际状态（即成品）缴纳税款。如果成品价值较高或者成品关税税率较高导致成品税负高于相应进口料件内销时税负，企业承担税负较重。

为降低综合保税区内销货物税负，国家陆续推出选择性征收关税、海关特殊监管区域企业增值税一般纳税人资格试点等改革，均可实现成品内销时按照对应进口料件征税。两项政策比较而言，若区内企业采用增值税一般纳税人资格试点，需要对采购定价、财务作业乃至合作友商运作模式等予以整体调整，且保税成品内销要全部按照进口料件纳税，不能按成品纳税。但采用内销选择性征收关税政策的企业，整体运营不需要进行调整，对内销成品可以灵活按成品或对应进口料件纳税，故内销选择性征收关税政策具有较强的成效预见性和操作便利性。

在国际上，欧盟有选择性征税的实践经验。我国早在 2011 年就明确在珠海市的横琴新区、福建省的平潭综合实验区开展选择性征收关税政策；2013 年扩大至中国（上海）自由贸易试验区内 4 个海关特殊监管区域；2015 年扩大到天津、福建、广东 3 个自由贸易试验区的海关特殊监管区域；2016 年进一步扩大到天津、上海等 4 个自由贸易试验区所在省（市）的其他海关特殊监管区域（保税区、保税物流园区除外）及河南新郑综合保税区等 5 个海关特殊监管区域；2020 年 4 月 15 日起，该政策适用范围扩大到全部的综合保税区。

二、税款计征原则及公式

（一）选择按照成品内销

货物内销时，若企业选择按货物实际报验状态（即成品）征收关税，则按现行规定办理内销纳税手续，这也是目前综合保税区货物内销的惯常做法。成品若涉及反倾销、反补贴或保障措施（简称"两反一保"），企业还应缴纳相应税款或保证金以及相应的增值税、消费税或保证金。

（二）选择按照料件内销

若企业选择按料件征收关税，则关税按对应进口料件缴纳并补缴关税税款缓税利息，消费税、增值税按成品缴纳。若料件涉及"两反一保"，企业应按料件缴纳相应税款或保证金，再缴纳相应的增值税、消费税或保证金。有关计算方法如表 3-1 所示。

表 3-1　按料件内销计征税费公式

税种	计征方式	应纳税额计算公式
关税	从价计征	料件完税价格 × 料件关税税率
	从量计征	料件数量 × 单位关税税额
消费税	从价计征	[（成品完税价格 + 实征料件关税税额）/（1 − 消费税税率）] × 消费税税率
	从量计征	成品数量 × 单位消费税税额
增值税	—	（成品完税价格 + 实征料件关税税额 + 实征消费税税额）× 增值税税率
关税税款缓税利息	—	关税应征税额 × 计息期限（天）× 缓税利息率 /360

三、实操案例

以综合保税区内某电子加工制造企业为例，其进口液晶显示屏、偏光板、集成电路等近百种原材料制造液晶显示器。假如成品完税价格为 120 万元，关税税率为 20%。其中，进口核心料件 A 完税价格为 50 万元，关税税率为 2%；B 为 10 万元，关税税率为 5%；为方便计算，将剩余料件笼统归为 C，完税价格为 40 万元，关税平均税率为 3%；料件及成品的消费税税率均为 0，增值税税率均为 13%。

（一）测算综合税负

1. 企业选择按照成品纳税测算如下：

成品缴纳税款合计 = 成品关税 + 成品消费税 + 成品增值税 = 120×20% + 0 +（120 + 24 + 0）× 13% = 24 + 0 + 18.72 = 42.72（万元）

2. 如果企业选择按照进口料件缴纳关税，测算如下：

全部进口料件的关税 =（料件 A 完税价格 × 料件 A 关税税率 + 料件 B 完税价格 × 料件 B 关税税率 + …… + 料件 C 完税价格 × 料件 C 关税税率）=（50 × 2% + 10 × 5% + 40 × 3%）= 2.7（万元）

进口环节消费税 =［（成品完税价格 + 实征料件关税税额）/（1 − 消费税税率）］× 消费税税率 =［（120+2.7）/（1 − 0）］×0=0（万元）

进口环节增值税 =（成品完税价格 + 实征料件关税税额 + 实征消费税税额）× 增值税税率 =（120 + 2.7 + 0）×13% = 15.951（万元）

料件关税税款的缓税利息 = 关税应征税额 × 计息期限（天）× 缓税利息率 /360 = 2.7（万元）×90（此处假设 90 天）×0.35%（缓税利息率参照同期中国人民银行公布的活期存款利率）/ 360 = 23.6（元）

因该票缓税利息不足 50 元起征点，根据规定免予征收。

综上，料件缴纳税费合计 = 关税 + 消费税 + 增值税 + 关税税款缓税利息 = 2.7 + 0 + 15.951 + 0 = 18.651（万元）。

通过上述测算可见，企业如果选择按照进口料件征收关税，税负成本显著降低。企业作出按照进口料件征收关税选择后，可首先告知主管地海关，在双方共同完成相应准备后，企业再行申报。

（二）申报保税核注清单

区内企业在"中国国际贸易单一窗口"或"互联网＋海关"平台海关

特殊监管区域模块下，选择保税核注清单（出口），清单类型选"A- 选择性征关税"，除常规要求外，主要信息根据实际情况进行如下填报：

通常情况下，料件成品标志选择"成品"，监管方式为"成品进出区"（5100），运输方式为"其他运输"（9），报关类型填报"关联报关"，再按照模板导入或者录入表体成品及对应料件耗用情况。

个别企业的报关类型会根据实际情况选择"对应报关"，监管方式为"保区进料成品"（0444）或"保区来料成品"（0445），运输方式为"其他运输"（9），横琴新区或平潭综合实验区运输方式为"综合试验区"（T）。

（三）申报报关单

纳税企业根据进口报关单填制规范录入相关信息，其中商品栏填报成品信息，监管方式为"一般贸易"（0110），征免性质填报"选择征税"（899），运输方式为"保税港区"（Y）。报关单电子审结后，企业查询、缴纳有关费。

（四）申报核放单

核放单在按照目前要求录入完毕后，货物即可出区进入境内流通。

第七节　综合保税区的委托加工

一、委托加工

委托加工是指综合保税区内企业接受境内区外企业的委托，利用区内海关监管期限内的免税设备，对区外企业提供的入区货物进行加工，加工后的产品全部运往境内区外，收取加工费并向海关缴纳税款的行为。

综合保税区、出口加工区等海关特殊监管区域的制度设计初衷之一是发展"两头在外"的加工贸易模式，即利用区内的进口免税设备，对境外原材料进行加工（后来原料国产替代率逐渐变大），成品出口至境外市场的贸易形态。

随着境内外市场变化及单纯依靠境外订单"吃不饱"情况的出现，区内企业逐渐不满足"两头在外"的经营模式，出现利用国际订单缺乏的生产淡季、发挥剩余产能、承接境内生产的诉求。2019 年 1 月，《国务院关于促进综合保税区高水平开放高质量发展的若干意见》（国发〔2019〕3 号）提出：

"允许综合保税区内加工制造企业利用剩余产能承接境内区外委托加工。"同年1月，海关总署发布《关于支持综合保税区内企业承接境内（区外）企业委托加工业务的公告》（海关总署公告2019年第28号），为企业利用境内外生产资源，拓展国内国际两个市场提供了便利，极大地满足了市场需求。

二、委托加工的作用

（一）区外企业避免重复建设

区外企业委托区内企业加工的方式，本质是间接使用区内现成各种生产要素开展生产，不需要另行投资建设新的生产线，节省建设新产线面临的厂房、设备、人工、供应链调整等成本，极大地减轻企业经营压力。

此外，综合保税区内企业的设备、生产技术、管理等综合实力较高，利用区内先进设备、管理体系、技术和工艺、供应链体系等优良条件，可以使境内委托企业及消费者拿到优质产品。

（二）助力区内企业开拓境内市场

区内企业此前遇到外贸市场动荡、国际市场订单短缺情况，只能进入待工甚至停工状态。而委托加工打通了境内订单市场，充分利用生产线闲置的剩余产能开展生产，境内外市场协同发展、生产量增大带来的规模效应进一步降低企业生产成本，提升产品竞争力，增强企业抵御风险能力。

三、开展委托加工的条件及要求

（一）开展条件

区内企业应当具备以下条件：企业为非失信企业；具备开展该项业务所需的场所和设备；对委托加工货物与其他保税货物分开管理、分别存放。

（二）有关要求

除经有关法律法规准许或者国务院有关部委特别批准外，区内企业不得开展国家禁止进出口货物的委托加工业务。

委托加工用料件原则上由区外企业提供；对需要使用区内企业保税料件的，区内企业应当事先如实向海关报备。

委托加工产生的边角料、残次品、废品、副产品等应当运回境内（区外）。保税料件产生的边角料、残次品、废品、副产品属于固体废物的，应当按照生态环境部、海关总署等部门联合发布的《关于全面禁止进口固体废物有关事项的公告》（公告 2020 年第 53 号）相关要求办理手续。

区内增值税一般纳税人资格试点企业，按照有关规定执行。

（三）暂停委托加工的情形

区内企业有下列情形之一的，海关可暂停其委托加工业务：不再符合委托加工开展条件及有关要求；未能在规定期限（规定期限由海关根据委托加工合同和实际情况予以确定）内将委托加工产生的边角料、残次品、废品、副产品等按照有关规定处置；涉嫌走私被立案调查、侦查。

四、进出区申报

（一）电子账册设立

区内企业提交电子账册设立申请，账册类型选择"H 账册"，用途选择"委托加工"。申请后，海关会在 5 个工作日内审核完毕。

委托加工电子账册核销周期最长不超过 1 年，区内企业应当按照海关监管要求，如实申报企业库存、加工耗用等数据，并根据实际加工情况办理报核手续。

（二）非保税料件入区申报

委托加工用非保税料件由境内区外入区时，区内企业先申报进口保税核注清单，监管方式为"料件进出区"（5000），运输方式为"其他运输"（9）；区外企业申报出口报关单，监管方式为"出料加工"（1427），运输方式为"综合保税区"（Y），征减免方式为"全免"。

若委托加工用非保税料件属于征收出口关税商品的，区外企业应当按照海关规定提供税款担保。

（三）成品出区申报

成品加工完毕出区时，区内企业先申报出口保税核注清单，监管方式为"成品进出区"（5100），运输方式为"其他运输"（9），商品名称及商品编码按照成品实际情况填报。

区外企业申报进口报关单，监管方式为"出料加工"（1427），运输方式为"综合保税区"（Y），成品和加工增值费用要分列商品项填报：

1. 成品的填报要求。成品的商品名称、商品编码、数量按照成品实际情况填报，征减免方式为"全免"。

2. 加工增值费用的填报要求。商品名称填报为"XX（成品名）加工增值费用"，商品编码同成品的商品编码，法定数量为 0.1，征减免方式为"照章征税"。

加工增值费用完税价格应当以区内发生的加工费和保税料件费为基础申报。其中，保税料件费是指委托加工过程中所耗用全部保税料件的金额，保税料件包括成品、残次品、废品、副产品、边角料等。

（四）剩余非保税料件出区

委托加工剩余料件运回境内区外时，区内企业申报出口保税核注清单，监管方式为"料件进出区"（5000），运输方式为"其他运输"（9）；区外企业申报进口报关单，监管方式为"出料加工"（1427），运输方式为"综合保税区"（Y），征减免方式为"全免"。

（五）保税料件申报

使用区内企业保税料件的，应当事先如实向海关报备。保税料件来源可以是境内区外或境外采购、本企业保税账册流转、区内或区区间保税货物流转等多种途径。

建议企业在申报保税料件的进口保税核注清单时，将保税料件在商品名称中增加"（保税料件）"字样，为后续申报、计算加工增值费用完税价格中的保税料件费提供便利（具体请以主管海关要求为准）。

相关申报要素如表 3-2 所示。

表 3-2 委托加工申报要素表

申报情形	申报企业	监管方式	运输方式	征减免方式
非保税料件入区（剩余料件出区）	区内企业	料件进出区（5000）	其他运输（9）	—
	区外企业	出料加工（1427）	综合保税区（Y）	全免
成品出区	区内企业	成品进出区（5100）	其他运输（9）	—
	区外企业	成品：出料加工（1427）	综合保税区（Y）	全免
		加工增值费用：出料加工（1427）	综合保税区（Y）	照章征税
保税料件	区内企业	料件进出区（5000）、保税间货物（1200）等	其他运输（9）	—
	区外（内）企业	一般贸易（0100）、保税间货物（1200）等	综合保税区（Y）	按照实际情况填报

第八节　综合保税区的保税展示交易

一、进口货物的常见零售模式

境外进口货物通常可通过以下模式进入境内市场面向消费者零售：

一是一般贸易进口模式。这是最为常见的商业模式，进口货物通过一般贸易方式办理纳税、查验等进口通关手续后，经"进口商—分销商—零售商—消费者"等分销渠道，最终在境内销售。

二是展览品模式。在我国开展或参加展览会、交易会、会议及类似活动的办展人、参展人，将符合要求的展览品以暂时进出货物（需提供税款担保）或ATA单证册方式申报入境，在规定期限内按要求复运出境或办理进口手续，即在符合条件的情况下，展览品办理进口手续后可以在境内销售。

三是免税品模式。免税商店是指经海关总署批准，由经营单位在国务院或其授权部门批准的地点设立符合海关监管要求的销售场所和存放免税品的监管仓库，向规定对象销售免税品的商店，具体可分为口岸免税商店、运输工具免税商店、市内免税商店、外交人员免税商店和供船免税商店等类型。免税品是指经营单位按照海关总署核准的经营品种，免税运进专供免税商店向规定对象销售的进口商品，包括试用品及进口赠品。简而言之，免税品仅对特定的消费者销售。

四是跨境电商零售进口模式。跨境电商零售进口是指我国境内消费者通过跨境电商第三方平台经营者自境外购买商品，并通过网购保税进口、直购进口等方式运递进境的消费行为。通俗地讲，跨境电商零售进口是境内消费者通过境内外电商平台下单后，电商货物自境外或我国特殊区域、保税物流中心（B型）等地，由快递送达境内消费者的模式，目前深受我国消费者喜欢。

总体来看，上述4种模式各自存在不足：一般贸易模式进口纳税后如果再出口，手续烦琐且可能无法获得全额退税；展览品进口数量及留购种类通常存在要求和限制；免税品的消费者群体有条件限制，受众较少且商品多为中高端奢侈品；跨境电商零售进口受个人购买限额及"白名单"商品限制。而保税展示交易模式则避免了上述模式的缺陷，本节以下对其做详细介绍。

二、保税展示交易

展示具有汇聚信息流、物流、人流、技术流的作用，促进贸易、结算、物流、投资等衍生业务发展，有助于延伸产业链。按照会展经济学理论，展览场馆的收入若是一份，则带动相关产业的社会收入为九份，社会整体效益较高。而展示与交易相结合，可以最大化实现经济辐射效应。

保税展示交易模式是指在综合保税区等海关特殊监管区域内经海关注册登记的企业，将特殊区域内保税货物按照有关要求办理相关手续后，凭保运至特殊区域规划面积以内、围网以外综合办公区专用的展示场所或者海关特殊监管区域以外的其他固定场所，进行展示、销售的经营活动。

保税物流中心（B型）开展保税展示交易参照特殊区域规定执行。保税物流中心（A型）、保税仓库、出口监管仓库等保税监管场所内不得开展保税货物的展示交易业务。

通过保税展示交易（中心），可以开展保税展示、销售交易、仓储分拨、商务咨询、品牌代理、国际贸易等服务，极大地丰富、拓展了综合保税区等特殊区域的功能和业态。

三、保税展示交易模式的优势

在实践中，保税展示交易商品主要是以美妆、保健、母婴、食品、红酒等日用消费品（部分为电商商品）为主，全国多数综合保税区业务属此类范畴，以上海外高桥保税区、重庆两路果园港综合保税区为先进典型。其他开展的主要商品类型及场地为：文化艺术品（重庆西永综合保税区、天津东疆综合保税区、沈阳综合保税区）、汽车整车（洋山特殊综合保税区、浦东机场综合保税区、重庆两路果园港综合保税区）、工程机械（上海外高桥保税区）、奢侈品［上海虹桥商务区保税物流中心（B型）］、铬矿铁矿（天津东疆综合保税区）等。保税展示交易的优势如下：

一是展示商品范围限制少。保税展示交易的商品有日用消费品、医疗设备、矿产品、机械设备、奢侈品汽车、游艇、钻井平台等类型，办理手续通常没有特殊要求。但特殊商品需要根据有关规定办理手续，如艺术品出区展示需要文旅部门的批准文件。

二是节省企业资金。与一般贸易模式相比，保税展示交易的保税商品享受保税政策，先销售后缴纳税款，无须提前缴纳进口税费，降低了企业资金占用的压力，尤其是对于标的较大的奢侈品（如高端油画、豪华汽车），缓解了企业资金垫付压力和市场风险。例如，保税展示交易模式下的美国某品牌摩托车，进口商无须交付每辆5万~11万元的进口税费，对于动辄几十辆起步的进货总量，可极大地减轻企业的资金压力。

三是价格优势。进口贸易商直面消费者，直销模式减少了进口商品中间流通环节和各级代理商的费用，降低的成本可以直接让利于企业或消费者。有关资料显示，保税展示交易产品价格通常比同类产品低10%~30%。有的保税展示交易依托综合保税区或保税物流中心（B型），通过在综合保税区或保税物流中心（B型）设立分拨仓库、线下店面搭建展销中心、线上构建交易中心，构成"前店后仓"模式。例如，依托上海虹桥商务区保税物流中心（B型），上海的虹桥进口商品展示交易中心常年作为保税展示交易的场所，两者仅一条马路之隔，形成"前店后仓"联动，物流及补货成本较低，集保税展示、商品交易、物流仓储、通关服务、商务办公为一体，承接上海进博会溢出效应作用明显。

四是办理手续简便。企业可以先行销售，在规定时限内根据销售记录一次性集中申报即可，无须逐单申报，手续简单，有效提升了整体运行效率。

五是提升购买体验。展示商品"看得见、摸得着"，企业或个人消费者可以提升现场比对、选购的直观体验，便于买卖双方答疑交流，尤其是对于机器设备、机床等高价值货物，还可以现场进行操作。对个人消费者而言，与跨境进口电商相比，则没有了购买金额和商品种类的限制。

六是商品可以回调至境外。对于未发生交易的滞销保税展示品，可以利用保税物流优势退回综合保税区等特殊区域内，重新纳入全球调拨体系转口至其他国家或地区销售。例如，加拿大某品牌羽绒服，部分款式在我国销路很好，部分款式则畅销日本、韩国，在保税展示交易的状态下，企业将在我国未交易的存货羽绒服运回综合保税区后，再运往日本、韩国销售，降低了滞销风险。

七是提升升值潜力。这主要是对特定的商品（如艺术品）、周期性价格涨跌较大的商品而言，可以长期保税存储于综合保税区等特殊区域或保税物流中心（B型）内，承担较低风险，提高升值空间。

八是开拓我国市场的路径。对于厂商需要精准了解我国消费者喜好、使用效果的商品，或者消费者对品质要求较高的进口生鲜、水果等农产品，保税展示交易有利于境外厂商近距离接触、培养消费群体，扩大品牌在我国市场的知名度及影响力，为品牌进入我国市场进行"试水"，为后续大规模销售"铺路"。例如，某外企根据展示交易反馈，将大容量包装商品改为小包装，正式推出后受到我国消费者欢迎。

九是政策叠加效应明显。保税展示交易可以同其他政策综合运用，取长补短使用，形成制度集聚效应。例如，与增值税一般纳税人资格试点政策结合，开展境外保税艺术品、境内艺术品同台展示、拍卖、交易；与大贸车、平行进口汽车政策叠加，开展高端汽车保税展示、交易；与跨境电商政策叠加，开展"保税电商＋保税展示"业务。

四、开展保税展示交易的条件及要求

（一）企业资质

开展保税展示交易企业应为综合保税区等海关特殊监管区域内企业、保税物流中心（B）型内企业。

企业要对保税展示交易货物实施账册管理，详细记录保税展示交易货物在展示期间的进、出、存、销等情况。开展出区保税展示的区内企业应当严格管理展示货物，不得将其用于展示、交易以外的其他用途。原则上应在展示经营企业所在直属关区范围内开展。

（二）对商品的要求

目前，我国对保税展示交易并未限制商品种类，除国家禁止进口的商品外，几乎所有的进口商品都可用于开展保税展示交易业务。

保税展示货物涉及税款征收的，企业在货物出区前应提供担保；涉及许可证件管理的，企业应提前向主管海关提交相应的许可证件；涉及检验检疫的，应办理检验检疫手续。

（三）展示场所

区内企业需要在特殊监管区域规划面积以内、围网以外的综合办公区专用的展示场所，或者特殊区域以外的固定场所开展出区保税展示交易业务。

展示交易场所应具备固定的经营场地，符合海关监管要求。在展示期间，展示经营企业需变更展示地点的，应当经主管海关同意。

综合办公区展示。区内企业可在特殊区域的围网外、规划面积内的综合办公区开展保税展示活动（海关特殊监管区域围网内不得开展该业务），其优势是展示场所在特殊区域围网外，人员进出自由。不利之处是通常综合保税区等特殊区域位置比较偏远、客源不足；受已有综合办公区面积及条件限制，企业选择的范围相对较小。

区外展示。企业可在特殊区域外的人流较大的商超、综合购物中心、热门商圈等开展业务，自由选择展示场地及展示所需硬件条件，选址地点通常位置优越、人流密集，不过店面租金较高。

（四）展示时间

主管海关通常要求保税展示交易货物自出区之日起 6 个月内复运回区。因特殊情况需要延长期限的，区内企业应当向主管海关办理延期手续，延期最多不超过 3 次，每次延长期限不超过 6 个月。延长期届满，货物应当复运回区或者办理进口征税手续。

（五）审价征税

保税展示交易货物销售时，海关按照《中华人民共和国海关审定内销保税货物完税价格办法》有关规定审定完税价格。对于货物涉及适用协定税率或特惠税率的，可以享受优惠贸易协定项下税率。

（六）损毁或灭失处置

保税展示交易货物在展示期间受损或灭失，对因保管不善（如偷窃）等非不可抗力因素造成的，企业应按照一般贸易进口货物的规定办理相关手续；对因不可抗力造成的，根据货物灭失、损毁等不同情况，企业可以办理核销、内销、退运等手续，具体可参考《中华人民共和国海关综合保税区管理办法》有关规定。

五、保税展示交易作业流程

（一）申报业务申报表

区内企业申报业务申报表，业务类型为"保税展示交易"，货物流向为"出区"，填报合理的申报表有效期（通常为 6 个月）、展示地等，从账册调取相关货物的商品名称、商品编码等信息。

如果货物涉及许可证管理，建议在"随附单证明细"栏或者以其他海关认可的方式向主管海关提交相应许可证件。涉及税款征收的，企业缴纳保证金后填报保证金征收单编号。涉及检验的情况，海关应视情况综合考量后（如货物展示后是否全部返区、是否会销售）办理相关手续。

（二）申报出库单

区内企业申报出库单，在业务申报表项下不超过许可证件数量、担保金额等前提下，区内企业可以申报一个或多个出库单，表头填报货物总的件数、毛重、净重等要素，表体从业务申报表调取货物信息后填报本批次出区数量、单价等信息后申报。货物需要征收担保的，系统会根据出库单自动扣减保证金征收单相应额度。

（三）申报核放单

核放单类型选择"非报关进出区"，在关联单证编号里选择出库单号，填报其他信息后提交海关审核，车辆可以凭此出区。一个出入库单可以关联一个或多个核放单，一个核放单也可以关联多个出入库单。

（四）货物返区申报

展期届满后，企业应及时将保税展示货物复运回区或办理进口通关手续。对复运回区的货物，企业根据返区货物情况申报相应的入库单并关联原出库单号，申报入区核放单，货物完成复运回区作业。

（五）销售货物的申报

对展示期间发生销售的货物，经海关核准后，企业应根据要求及时集中申报，办结进口通关手续。建议企业自销售之日起 30 日内集中申报，不需勾选出入库单，径直申报"保税展示交易"类型的保税核注清单即可。相应报关单备注栏录入"保税展示"字样，且申报不得跨年度办理。

对涉及许可证件、检验等的特殊商品，建议企业在办结通关手续后再进行销售。

（六）业务申报表结案

申报表有效期到期时，企业应及时提交结案申请，海关审核总体数量平衡及相关信息正常的，予以结案。对前期提交保证金的情况，企业可申请退还保证金。

保税展示交易作业及金关二期特殊区域系统操作流程如图 3-5 所示。

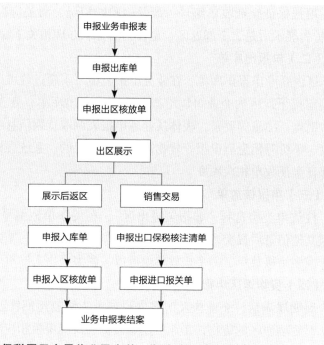

图 3-5 保税展示交易作业及金关二期特殊区域系统操作流程

六、注意事项

国家考虑到电商对线下实体店的冲击，规定跨境电商货物不得开展线下自提业务，即不能即买即提。部分地方叠加运用"保税展示交易"和"跨境网购保税进口"制度，打造线上购物、线下展示体验、快递邮寄到家的"保税展示交易＋跨境保税电商"新零售模式，在提升消费者现场选购直观体验的同时，还可享受跨境电商网购保税进口税收及价格优惠，这是保税展示交易叠加其他政策的综合应用典范。

第九节　综合保税区的仓储货物按状态分类监管

一、综合保税区关于"非保税货物"的常规要求

根据我国财税规定、海关监管法规要求及货物状态内涵等情况，我国进出综合保税区的货物可以大致分为保税货物、非保税货物、口岸货物（综合保税区内含有口岸功能）主要3类。

保税货物是未尽缴纳税款义务的货物，主要指自境外进口入区的货物、入区退税尚未离境的境内货物等，体现为根据保税制度要求，纳入保税账册管理的保税物流和保税加工等货物。非保税货物是已经办结海关手续的进口货物或者不与保税业务存在关联关系的境内货物，特点是无须再向海关办理纳税查验等通关手续。口岸货物是通过综合保税区口岸进出口或国际中转、过境等不在区内停留或短暂停留的货物。除此外，区内自境外进口的机器、设备、模具等，虽纳入设备账册管理，但属于免税货物。境内货物入区加工后返回境内区外的委托加工货物，或者一般纳税人企业的非保税货物等，因与保税业务存在关联关系，故不是通常意义的非保税货物，笔者将其归为"保税货物的关联货物"，这类不属于"仓储货物按状态分类监管"制度（以下简称"分类监管"）涉及的非保税货物范畴。

因保税货物同非保税货物在货物性质、财税外汇、监管要求等方面存在本质区别，除特殊规定外，境内以出口报关方式进入综合保税区的货物予以保税，区内不允许存储非保税货物。在实施分类监管制度之前，区内企业的非保税货物需要在区外存放，对于综合保税区的物流企业而言，货物在区内外两个仓库存放，两套管理团队、工人队伍、作业机械车辆的分头管理模式，不但租金、作业时间及费用、人力成本、申报时间等总体运营成本较高，还会存在一个爆仓、另一个即使有闲置存储能力但无法调配使用的情况，仓库利用率无法充分发挥。此外，如果在综合保税区内进行保税及非保税货物的集拼，则要将非保税货物（如衬衫）报关进入综合保税区变为保税货物，同其他保税货物（如裤子）集拼（变为衣服套装）后，再按照出口货物（衣服套装）报关出境，手续繁杂。

随着经济发展，"按单生产""零库存""即时制造"等多样化的业务

需求、内外贸协同发展的经营模式和发展趋势，对物流效率及海关监管模式提出更高要求，尤其是对存在建立"全球中心仓""亚太分拨中心""地区分拨中心"等诉求的大型现代物流企业，急需将现代化生产经营方式与海关管理衔接，以达到高效运作与有效监管的统一，降低企业管理和物流成本。

二、国外经验

（一）美国对外贸易区的"区域货物状态"管理模式

美国对外贸易区（Foreign Trade Zone）的主要功能与我国综合保税区相关功能类似，可以在区内开展储存、出售、展示、分割、更改包装、组装、分销、分类、分级、清理、混装、加工、销毁等活动。

美国海关把进入对外贸易区的货物分为 4 种状态进行分类监管（但并非区内所有货物均适用该政策，如临时存储在区内处理、中转货物、尚未准许入区的过量商品等，要按照不同法律规定处理），分别是：特惠外国地位货物、非特惠外国地位货物、受限地位货物、国内地位货物。前 2 种状态适用于进口货物，后 2 种状态适用于出口货物。

1. 特惠国外地位（Privileged Foreign Status）货物

特惠国外地位货物是指享受特殊优惠政策的从国外运入对外贸易区的货物，国外货物入区后，在未经任何加工前，进口商可以选择为货物申请特惠国外地位，申报货物的特定种类、具体数量、所适用的关税税率及税号。该政策的核心是，如果对外贸易区内某件制成品的关税税率高于它运入对外贸易区内一部分或者全部部件的关税税率时，申请人可以选择适用较低的入区部件税率纳税。

2. 非特惠国外地位（Non-Privileged Foreign Status）货物

非特惠国外地位货物包括：不具有特惠国外地位或对外贸易区受限地位的国外货物、废弃料件（对外贸易区内特惠国外地位货物或非特惠国外地位货物经过加工或制造后所回收的废弃料件）、区内由于不符合法律法规而失去国内地位的那部分货物三类。进口商选择非特惠国外地位后，货物将被推定为转移至海关关境以及申请报关用于消费。除非法律禁止，不能报关用于消费的非特惠国外地位的限定货物，可以在对外贸易区内转化为能够申请报关用于消费的货物。非特惠国外地位货物可以转移到关境内用于仓储、出口、供给船舶或飞机、暂时保税进口或转运至其他对外贸易区或者口岸。

3. 受限地位（Zone-Restricted Status）货物

从海关关境运入对外贸易区并仅用于出口、销毁（烈酒、葡萄酒与发酵麦芽酒除外）或者储存的任何货物将被视为出口，并授予受限地位，且不能随意放弃该地位。以出口或者转运出口为目的而运抵港口的货物通常被授予对外贸易区受限地位。除非对外贸易区委员会认为符合公众利益，受限地位货物不得再被运回用于国内消费。

4. 国内地位（Domestic Status）货物

国内地位货物主要包括：完全在美国国内生长、生产或制造的且已缴纳所有国内税费的商品；进口到美国且已经缴纳关税和税费的货物；先前免税进口进入美国的货物。当国内地位货物运入对外贸易区内，无论是否与区内其他商品混合或者成为其他商品的部分，都可以被运回关境之内而无须支付关税或其他税费。

（二）欧盟自由区的欧盟货物、非欧盟货物管理模式

欧盟的自由区（Free Zone）是欧盟成员方指定的关境内的部分区域。欧盟海关对自由区的管理与我国综合保税区等海关特殊监管区域类似：欧盟成员方明确每一自由区的区域范围并界定自由区的入口与出口；自由区实施封闭管理；自由区的四至范围和出入口应受海关监管；海关可对进出自由区的人员、货物和运输工具进行监管。

根据 2016 年 6 月 1 日起实施的《欧盟海关法典》，自由区货物按照不同的状态分为欧盟货物和非欧盟货物两类，海关分别实施不同的监管措施。

1. 自由区内的欧盟货物

欧盟货物（Union goods）是指运入自由区的欧盟货物、在自由区内经过加工的欧盟货物、在自由区内办理自由流通放行的货物。欧盟货物可进入自由区，在自由区内储存、移动、使用、加工或消费。海关对于此类货物的监管体现了充分自由的原则。

2. 自由区内的非欧盟货物

非欧盟货物（Non-Union goods）是指除欧盟货物之外的货物，或者已经办理海关出境手续的欧盟货物。非欧盟货物在自由区期间可根据相应程序规定的条件办理自由流通放行、进境加工、暂准进口或最终用途程序。

三、我国综合保税区的"仓储货物按状态分类监管"

"仓储货物按状态分类监管"是指允许非保税货物以非报关方式进入综合保税区等海关特殊监管区域，与保税货物集拼、分拨后，实际离境出口或出区返回境内的海关监管制度，简称"分类监管"。

（一）实施意义

1. "同仓共管"，盘活仓储资源，提升运营效能

保税货物与非保税货物在同一仓库实现集拼、分拨、管理和配送，将多地多仓的管理模式转变为统仓统配、统一管理，能充分发挥综合保税区物流配送功能，根据境内外订单最终确定出口或内销，方便企业充分对接国际、国内两个市场。"同仓共管、整体配送、一套班子、两类货物、两个市场"的集约化管理及作业模式，有效提高仓库利用率，减少中间环节费用和时间，提升配送效率，节省运营及物流成本，是企业从传统仓储物流向分拨集拼、物流集散中心转型的重要抓手。

2. 非保税货物进出区便捷，降低流通成本

按现行综合保税区管理规定，境内货物出口入区需按照出口通关手续进行；当其从综合保税区返回境内时，需要按进口货物办理进口纳税查验等通关手续，进区、出区的通关环节多、要求高、时间长，并且出口退税、进口征税会存在部分税差。在分类监管模式下，非保税货物进出综合保税区时无须办理出口及进口报关手续，仅需申报（不是报关手续）即可进出区，手续简便，缩短进出区时间。

3. 拓宽业务类型及客户资源，提升增值服务能力

分类监管制度实现了两种性质货物的整合存储、运输、配送，扩大综合保税区内企业的仓储范围、货源和客户群体，有助于企业向集拼分拨等增值含量更高的生产服务领域拓展，满足了现代生产经营灵活多样的需求，降低了企业运营成本，增强了企业竞争力和发展活力，个别企业以此为契机建立了地区性物流配送中心甚至亚太区配送中心。

（二）典型案例

1. 全球分拨中心

上海某综合保税区企业，依托德国母公司在工业自动化领域为全球30多万家客户服务的优势，在综合保税区内建设为亚洲市场服务的亚太物流和

定制产品生产中心、亚洲技术中心，发货对象不但包含境内多个分拨中心、最终客户，还包括日本、韩国、新加坡、印度尼西亚、印度、澳大利亚等众多国家和地区的集团旗下物流中心和最终客户。分类监管制度支持其将进口保税货物同国产非保税货物放在同一地点管理运营，按照境内、境外客户的订单要求集中发货，减少此前多地多仓的跨地区管理及物流成本，大大提高针对大项目订单的周转能力和亚太地区产品供应链运营能力，提升订单履约时效性和灵活性，目前形成以上海为中心、辐射境内其他地区及周边国家和地区的全球分拨中心。

2. 地区分拨中心

厦门某综合保税区内物流综合型企业，在综合保税区内自建 4 万平方米综合仓库，该企业利用分类监管制度，允许非保税货物以非报关方式进入综合保税区，与保税货物集拼、分拨后，实际离境出口或出区销往境内，将原闲置的 2 万多平方米仓库用于存储非保税货物，极大地增强了企业发展活力。

四、开展要求和作业流程

各地海关在利用金关二期特殊区域系统监管"保税货物"的同时，通过各自的综合保税区信息化辅助管理系统对"非保税货物"受理申报和管理，专账专管，非保税货物进出区不办理报关手续，入区不退税，出区不征税。

因各个综合保税区经济发展情况各异、区内企业所使用 WMS 系统（Warehouse Management System，仓库管理系统）开发厂家不一、综合保税区信息化辅助管理系统功能不同，所以在落实分类监管制度时，主管海关因地制宜的推出适合本综合保税区的标准和要求，如作业环节存在先后之别，但整体上，殊途同归，各关监管理念、核心要求和基本运作逻辑是一致的。下面是笔者梳理多个直属海关规定及基本要求得出的流程，仅供参考，实践时务必以主管海关的规定和要求为准。

（一）综合保税区管委会准入评估

主管海关已经实施分类监管制度，综合保税区管委会配置具备分类监管模块功能的综合保税区信息化辅助管理系统，则资质优良的物流企业在具备下列条件时，可以向综合保税区管理委员会申请开展业务：

1. 企业资质及营业范围

非失信企业并且企业不存在涉及较大的违法违规案件情况，尤其是不得存在因涉嫌走私、违规被海关立案侦查调查、尚未审结案件情形。此外，营业执照经营范围应包含"仓储物流"等（类似）内容。

2. 企业使用 WMS 系统

企业应当使用符合海关、管委会要求的 WMS 系统管理仓库，且已预留能够按照海关要求报送满足监管要求的库存、库位、货物性质等数据的接口；报送数据必须从系统直接获取，不允许进行加工转换。在系统中标注非保税货物和保税货物的实时存放位置，并向海关、管委会开放可实时查询、核查的端口。

3. 仓库配备视频监控系统

仓库设置可以与海关联网的全方位视频监控系统（有的海关不要求联网但要求提供随时查看的权限），供海关需要时通过监控探头查看库内货物情况；不间断实时录像存储（保存时限不少于90天）。

4. 仓库管理

库内设置库位标识；货物必须与 WMS 中的库位信息对应；根据各综合保税区信息化辅助系统情况及上下作业环节协同要求，部分海关要求保税货物与非保税货物分区存放、物理隔离、不许混放，部分海关则要求系统里标注即可、不要求物理隔离。

5. 内控机制

企业岗位职责分工明确，相关管理制度健全，制定灾害或紧急安全事故等异常情况报告及处置等应急机制，具备协同海关监管的管理机制和能力。

企业向综合保税区管委会提交相关资料，申请开展分类监管业务；管委会审核后，出具相关意见。

（二）主管海关审核同意

综合保税区管委会评估同意后，企业向海关提交资料，申请开展业务，通常包括：

1. 申请开展的书面报告，包括仓库平面图（仓库名称、面积、库区、库位、标识）、货物情况、进出区物流模式、集拼内容等；

2. 管委会同意开展业务的批复意见及相应全套资料；

3. 主管海关要求的其他资料。

主管海关对上述资料审核后，可以现场验核仓库的库位信息、WMS 系统、视频监控系统等是否符合监管要求，相关内容是否同申请资料一致。现场验核无误的，海关同意开展该业务。

海关、管委会、企业三方技术人员要对综合保税区辅助管理系统、WMS 系统、视频监控系统等开展联调接入或开放权限，实现数据交互，以满足主管海关、综合保税区管委会后续管理要求。

（三）账册设立及非保货物要求

主管海关在金关二期特殊区域系统对保税货物设立保税账册，在综合保税区辅助管理系统对非保税货物设立非保税账册。主管海关及综合保税区管委会对非保税货物存在要求：如不得涉及国家禁止进出口的货物物品，不得存在危及综合保税区安全、卫生情况或相关隐患。

（四）货物进区

非保税货物采取非报关方式进区的，区内企业通过综合保税区辅助管理系统向海关等发送入区核放单，经审核后，通过卡口专用通道进入综合保税区。

保税货物按照目前规定及金关二期特殊区域系统信息化作业要求办理。

（五）货物不同状态转换

如果非保税货物转换为保税货物或者保税货物转换为非保税货物的，区内企业应按照主管海关规定办理进出口申报手续并进行状态转换，办结手续后再相应调整货物的系统标识、库位标识等信息。

主管海关可以抽查企业 WMS 系统和视频监控系统，部分管委会会抽查非保税货物库存情况。对有重大风险的事项，海关可依据相关规定对区内企业与保税货物有关的货物流、资金流、信息流开展稽核查。

（六）（集拼）货物出区

各关根据本综合保税区整体发展水平、企业实际需求、综合保税区辅助管理系统功能支持等情况，部分允许两类货物由一个（队）车辆运输出区、分别放行两类核放单；部分会放行保税货物核放单，但要求提前注明非保税货物情况；部分允许一个（队）车辆运输同类货物（另外类型货物前期已经转换为同类型货物）。

上述货物应按照主管海关规定和要求办理出区离境或进口手续。海关（或管委会）会对非保税货物进行抽查。

（七）暂停或终止业务情形

对企业不再满足资格条件、涉嫌走私违规被立案调查、危及综合保税区安全或卫生、影响海关监管秩序、存在违反分类监管规定的情形（如抽查发现账货不符、未将货物存放在规定区域）等情况，海关及管委会会视情暂停其业务要求整改或终止其业务。

第十节　综合保税区的增值税一般纳税人资格试点

一、企业增值税一般纳税人

我国企业增值税纳税人按照企业选择意愿、经营规模及会计核算健全程度，分为一般纳税人、小规模纳税人两类。其中，增值税一般纳税人的特点是增值税进项税额可以抵扣销项税额，其出口货物适用的增值税退（免）税政策分别如下：

一是生产企业实行"免抵退"办法。对生产型企业等实行"免抵退"，即免征增值税，相应进项税额抵减应纳增值税额（不包括适用增值税即征即退、先征后退政策的应纳增值税额），未抵减完的部分予以退还。

二是外贸企业实行"免退"办法。对外贸型企业等实行"免退"，即免征增值税，相应进项税额予以退还。

综合保税区的制度设计初衷是原料及成品"两头在外""大进大出"，财税部门在税收制度上对区内企业的定位是等同于境外企业、不具备一般纳税人资格，实行进口设备及基建物资免关税及进口环节税、出口货物入区退税、进口货物出区征税、区内交易免征增值税和消费税等税制。

随着全球经济形势变化和国内经济结构调整、消费升级要求，该模式逐渐不能满足同时对接国内国际两个采购及销售市场的企业诉求，区内企业因不具备增值税一般纳税人资格而无法进入境内增值税链条，割裂了同境内市场的联系，此情况自2016年5月我国全面推行"营业税改增值税"后愈显突出，主要体现在以下6个方面：

一是区内企业不能直接参与境内贸易。区内企业不能开具增值税发票，货物在境内销售时需要通过区外贸易公司以三方贸易方式完成内销，或者在区外另设立增值税一般纳税人公司以方便开展境内贸易，运营成本较高。

二是境内采购成本较高。区内企业从境内采购原料及物流、维修、保养、检测、劳务等生产性服务，以及承接委托加工等业务产生的增值税无法抵扣，增加了额外成本。

三是区外合作企业承担额外成本。境内货物进出区需报关，区外合作企业须具备进出口经营权或委托贸易公司报关，增加交易环节及成本。

四是非保税货物进区手续严格。境内非保税货物通常需要报关转换为保税货物才能入区，进入综合保税区成本较高。

五是内销时对成品征税。除适用选择性征收关税的企业外，区内加工生产货物进入境内销售时，按照成品税率征收税款，这对料件货值合计远低于成品货值的企业极为不利。

六是地方政府税收造血能力不足。区内企业内销货物增值税归中央，区外企业销售货物给区内企业，由中央承担退税。如果上述情况纳入境内增值税体系，则地方政府对增值部分可以分成 50% 税收。

鉴于此，国家税务总局、财政部、海关总署于 2016 年在昆山综合保税区等 7 个特殊区域开展海关特殊监管区域企业增值税一般纳税人资格试点工作。2018 年、2019 年，分别将 17 个、24 个特殊区域纳入试点范围。2019 年 8 月，扩大至全国综合保税区。

二、试点优劣分析

（一）有利因素

综合保税区增值税一般纳税人资格试点企业兼营综合保税区及境内两大类业务，且部分购销纳入境内增值税体系，享受下列优惠：

一是货物及设备的税收政策极为丰富，根据不同情况及条件，分别适用保税、退（免）税、征（补）税、免税等政策。

二是向境内销售的货物（未经加工的保税货物除外）及承接委托加工业务，可以开具增值税专用发票，相关购买企业获得增值税抵扣。

三是从境内购买的原料、生产性服务，可以取得增值税专用发票用于抵扣。

四是实现对保税料件纳税或间接对成品纳税。试点企业货物内销时要对所含保税料件缴税，并补缴数额较小的缓税利息。如果料件的货值合计远低于成品货值，或者两者货值差距不大，但料件税率远低于成品税率，货物按照料件内销划算。但若使用成品内销更加划算，则试点企业可以先将保税货物以加工贸易方式流转至区内非试点企业后，再以一般贸易方式将成品纳税进口，间接实现对成品征税。

五是境内非保税货物由企业自行管理，入出区时无须报关，物流更为便捷。

此外，部分试点企业将政策灵活运用，通过叠加保税检测、保税展示等业务类型，提升了开拓国内国际两个市场的能力。例如，区内某国际艺术品公司，既以保税方式进口境外画作，又以非保税方式进口境内画作，中西方文化艺术品分别以非保税、保税的形式同台展示，丰富了艺术品来源，降低了展会成本。

（二）不利因素

试点后，因涉及企业的增值税纳税申报、进销项税及抵扣、退（免）税、设备补税等新增作业，还要对财务流程、采购及定价模式、上下游供应链体系、境内合作企业运作模式等予以调整，试点企业需要对整体成本及收益统筹核算。试点后对税负成本主要影响如下：

一是增加缴纳税种。试点企业需要承担增加的增值税、城市维护建设税、教育费附加和地方教育附加等税种。

二是每年对监管年限内进口设备免征的税款按照内销比例缴税。试点企业每年要对监管年限内的进口设备暂免征收的税款，按照当年内销占内外销合计的比重补征，直至设备的监管年限届满。

三是试点企业采购境内货物，需要缴纳增值税、消费税。

四是出口货物离境退税。出口货物由入综合保税区即可退税改为实际离境退税，退税时间相对延后。

三、试点操作流程

（一）综合保税区进行试点备案

综合保税区所在地的省级税务、财政、海关部门，将该区一般纳税人资格试点需求、市（地）级政府牵头建立的多方协同推进试点工作机制、税务及海关的联合监管和信息共享机制、税务部门驻区机构及人员情况等向国家税务总局、财政部、海关总署备案。

（二）企业申请成为一般纳税人资格试点企业

区内企业先向综合保税区税务机关办理增值税一般纳税人资格登记及申请试点，再凭税务部门同意开展试点材料向海关申请。海关要求如下：企业信用等级为非失信企业；根据会计法及海关要求，设置能够如实记录企业生产经营活动的账簿、报表、单证；企业对保税货物与非保税货物实施分开管理。此外，海关视情况需要会下厂验核厂库是否具备保税与非保税货物分开管理条件。

（三）试点企业开设专用电子账册

企业对暂免进口税收的自用设备，在金关二期特殊区域系统开设 TD 设备账册；对保税货物，在金关二期特殊区域系统开设"账册用途"为"一般纳税人"的 H 账册。

（四）试点企业自行管理非保税货物

企业自行管理非保税货物，不采用报关单、备案清单方式进出区，并如实记录非保税货物进出转存情况，留存 3 年相关记录。

四、试点企业税收政策

为便于理解，除个别政策外（如加工后保税货物的保税流转），建议读者可以将试点企业视为综合保税区外的加工贸易企业，以便于理解相关政策。

（一）设备免税及补税情况

试点企业进口自用设备（包括机器设备、基建物资和办公用品），暂免征收进口关税和进口环节增值税、消费税。

试点企业应在试点开始后的次年 3 月底前，将在海关监管年限内的上一年度进口自用设备暂免征收的税款，按照产品的内销比例补缴（外销比例部分免于缴纳），计算公式如下：

年度进口自用设备补征税额 =（设备原进口时的完税价格 × 税率 × 上年度设备在区内月份数 /36）×［内销金额 /（内销金额 + 外销金额）× 100%］

其中，计算月份数时，设备在区内时间不足 1 个月但超过 15 日的，按 1 个月计算，不超过 15 日的，不予计算；内销金额是企业向税务部门申报的增值税应税销售收入；外销金额是离境出口，以及向海关特殊监管区域（试点区域、保税区除外）或海关保税监管场所（不具备退税功能的保税监管场所除外）销售，以及向试点区域内非试点企业销售货物的总金额。

（二）保税情况

一是从境外购买的货物。企业根据贸易实际，按照"进料对口"（0615）、"来料加工"（0214）等监管方式申报。

试点企业也可以使用"一般贸易"（0110）方式申报入境货物，缴纳税款后成为非保税货物。

二是购买或销售某种状态的保税货物。试点企业从区域内非试点企业及保税场所购买的保税货物，或者从其他试点企业购买的未经加工的保税货物，或者向特殊区域或保税场所销售的未经加工的保税货物，按照"进料对口""来料加工"等监管方式申报。

（三）内销征税情况

试点企业向境内区外，或者向保税区及不具备退税功能的保税场所，或者其他试点企业销售的货物（未经加工的保税货物除外），向主管税务机关申报缴纳增值税、消费税。

上述货物中若含有保税货物，按照保税货物进入综合保税区时状态（即料件状态）向海关申缴进口税收，并按照规定补缴缓税利息，企业需在报关单备注栏注明"活期"字样，笔者建议在备注栏增加"一纳成品 ××（货名）"字样，以方便查验。缓税利息计算公式如下：

应征缓税利息 = 应征税额 × 计息期限（天）× 缓税利息率 / 360

分送模式下，企业在金关二期特殊区域系统申报"一纳企业进出区"类型的申报表、出入库单后，再申报核放单。货物过卡后，再申报类型为"一纳成品内销"的保税核注清单、报关单，保税核注清单的监管方式为"进料料件内销"（0644）或"来料料件内销"（0245）（保税区企业申报为保区进料料件"0544"或保区来料料件"0545"），运输方式为"其他运输"（9），报关类型为"对应报关"。

（四）出口免税情况

试点企业未经加工的保税货物离境出口，实行增值税、消费税免税政策，试点企业申报监管方式"进料料件复出"（0664）、"来料料件复出"（0265）出境。

（五）退（免）税情况

试点企业销售的货物（包含加工过的保税货物），如果离境出口，或者向非保税区的特殊区域或具备退税功能的保税场所销售，或者向特殊区域内非试点企业销售，适用出口退（免）税政策，企业按照"一般贸易"或"进料对口"等方式申报。

试点企业将本企业的非保税货物转为保税货物的，申报监管方式为"一般贸易"的报关单等进行转换。

区外加工贸易企业销售给试点企业的加工贸易货物，适用现行的出口退（免）税政策。区外企业以"进料对口""来料加工"等监管方式申报报关单，区内企业以"料件进出区"申报保税核注清单。

（六）其他情况

1.区外企业销售给试点企业的其他货物（包括水、蒸汽、电力、燃气），不再适用出口退税政策，按照规定缴纳增值税、消费税。

2.除财政部、海关总署、国家税务总局另有规定外，试点企业适用区外关税、增值税、消费税的法律、法规等现行规定。

因各地税务部门会根据当地情况对试点企业使用的监管方式提出不同要求，故本文提到的监管方式仅供参考，建议试点企业根据货物及对方企业性质、销购流向等提前咨询税务部门可以适用的税收政策及监管方式。

五、违规惩罚

试点企业存在试点资格条件缺失、涉嫌走私被海关立案调查、货物进出区多次发生单货不符、未在规定时间内办理自用设备补税手续等情况，海关会暂停试点企业专用电子账册并要求企业进行整改。违规构成走私行为或犯罪的，按照有关规定处理。

六、其他事项

若进口设备价值较高、内销比例较大，企业转为一般纳税人资格试点则设备补征税款较多，则建议暂不参加一般纳税人资格试点，先使用内销选择性征税或委托加工等方式解决面临情况。待设备监管年限到期后，再申请成为一般纳税人资格试点企业。

第十一节　综合保税区的全球维修

一、维修的意义

按照微笑曲线理论，产业链的左端是研发、技术、专利，右端是品牌、营销、售后服务，中段是加工制造、组装，左右两端附加值、利润率要远大于中段环节。而维修属于服务范畴，居于微笑曲线的右端。

发展维修业务，企业无须再投资就可利用现有生产资源和技术条件开展工作，能降低企业经营成本，争取更多订单；保护自身核心技术，促进生产工艺改进，增强产品竞争力；以维修带动产业链条延长，推动产业升级和创新发展。

二、海关对维修的监管

维修大致可以分为两类：一类是作为本企业或本集团产品的售后服务，如日本某著名企业将其中国100多家企业产品实行集中维修；另一类是提供第三方维修服务，维修企业对非自产产品进行专业维修，典型代表是飞机维修。

而按照维修商品流向划分，可以分为出境维修和进境维修。

目前海关对维修业务的监管，大致可以分为如下领域和模式：综合保税区等海关特殊监管区域内的保税维修（监管方式为修理物品、保税维修），海关特殊监管区域外的保税维修（监管方式为保税维修），货物维修（监管方式为修理物品），船舶维修，飞机维修。

同特殊区域之外的货物维修相比，综合保税区内的全球维修（及保税维修）审批流程简单、难度小，不需要企业缴纳保证金，查验率较低，维修用设备享受免税政策，因此占有较大优势。

三、特殊区域维修的发展脉络

为适应不同时期对外开放和经济发展需要，我国的海关特殊监管区域借鉴国际自由贸易港（区）的通行做法和成功经验，先后设立保税区、出口加工区、保税物流园区、跨境工业区、保税港区、综合保税区等多种类型，国家正逐步将上述不同类型特殊区域统一整合为综合保税区。

在特殊区域不同发展时期或类型内，区内维修业务也经历了国产出口货物售后维修、区内企业内销产品返区维修、境内外维修、保税维修、全球维修5个主要模式和形态，总体上呈现出部委间监管共识渐渐凝聚、维修商品渠道及范围慢慢放开、监管制度不断推陈出新和迭代升级的态势。

第一个阶段是外销货物售后维修。2007年开始，出口加工区内企业可开展国产出口货物的售后维修业务。随后，保税港区可对我国出口的机电产品进行售后维修。

第二个阶段是内销产品返区维修。2012年年底，北京天竺综合保税区、上海松江出口加工区等区内个别企业，开展对内销产品运回区内进行维修后复运回境内区外试点。2014年试点工作扩大，辐射特殊区域及企业更广。

第三个阶段是境内外维修。2014年年底，全国推广中国（上海）自由贸易试验区"境内外维修"海关监管创新制度，维修项目经海关总署核准后，区内企业可以对高附加值、高技术、无污染、来自境内外的待修理货物进行维修。

第四个阶段是保税维修。2015年，海关总署发布第59号公告，在全国特殊区域内全面开展保税维修业务，并将内销产品返区维修适用商品范围由区内企业自产，扩大为包含本集团内其他境内企业生产、在境内销售的产品。2018年年底，海关总署发布第203号公告对特殊区域之外的加工贸易企业开展保税维修进行规定。

在上述4个阶段里，国家相关部委态度较为审慎，本着维修项目属"高技术含量、高附加值、环境风险可控"原则，一般以个案审批方式同意维修项目开展。

第五个阶段是全球维修。2020年5月及2021年12月，商务部、生态环境部、海关总署分别发布2020年第16号公告、2021年第45号公告，就在综合保税区内开展高端产品全球维修进行详细规定，将允许维修的产品制定详细目录，要求各地监管部门联合制订监管方案，公告的实操性强，便利了实践作业。

目前，我国特殊区域内的维修业务主要集中在航空、船舶、电子产品、机电产品等领域，其中上海的航空、船舶发动机、机电产品维修，天津及厦门的航空领域维修，珠海的航空维修，苏州的机电产品维修，在综合保税区等特殊区域中发展较好，已形成配套发展、产业链完整的维修产业。

四、综合保税区的全球维修

综合保税区的全球维修是以保税方式将存在部件损坏、功能失效、质量缺陷等问题的货物，从境外或境内区外运入综合保税区内进行检测、维修，使原产品（件）局部受损功能恢复或原有功能升级后复运返回来源地的生产活动。

根据规定，维修过程涉及的产品可以分为以下5类：待维修货物、已维修货物（含经检测维修不能修复的货物）、维修用料件、坏件及旧件（替换下的坏损零部件）、维修边角料（维修用料件产生的边角料）。

（一）企业确认项目是否可以开展全球维修

区内企业首先需要确认该项目是维修业务，而非再制造、拆解或报废。其次，查阅待维修货物是否在商务部、生态环境部、海关总署相关公告附件的维修产品（增列）目录内，目录共包含航空航天、船舶、轨道交通、工程机械、数控机床、通信设备、精密电子、医疗设备等产品，并注意部分商品在备注栏的要求。根据《机电产品进口管理办法》，在符合环境保护、安全生产的条件下，区内企业可开展列入维修产品目录的禁止进口旧机电产品的保税维修业务。自由贸易试验区内的综合保税区企业开展本集团境内自产产品的维修，不受维修产品目录限制。

若待维修产品不在目录内，但属于"高技术、高附加值、符合环保要求"的产业，建议企业咨询当地商务部门，向上级部门反映情况。

（二）监管机构共同制订维修方案

区内维修企业应遵守环保、安全生产等法律法规，制订维修操作规范、安全规程和污染防治方案，履行达标排放、土壤及地下水污染防治等义务；建立固体废物管理台账，通过全国固体废物管理系统申报所产生固体废物的种类、数量、流向、存储、利用和处置等信息；建立符合海关监管要求的管理制度和计算机管理系统，能够实现对维修耗用等信息全程跟踪；与海关联网并按照要求进行数据交换；能对前述待维修货物、坏旧件等5类产品进行专门管理。

综合保税区管理委员会牵头商务、海关、环保等部门共同研讨、确定维修项目，制订包含企业已具备上述条件、各部门监管举措、明确坏件旧件及边角料处置期限、维修终止情形的维修监管方案。

（三）海关建立保税维修电子账册

企业申请在金关二期特殊区域系统开设电子账册，账册用途为"保税维修"。对于同时承接境内区外、境外维修业务的企业，可以根据待维修货物来源分别设立两个电子账册；也可以设立一个电子账册，但要实现对来自境内区外、境外货物的区分管理。

（四）待维修货物及维修用料件入区

从境内区外入区的待维修货物，区内或区外企业申报的报关单监管方式为"修理物品"（1300），区内企业申报的保税核注清单监管方式为"保税维修"（1371）。从境外入区的待维修货物，区内企业申报的进境备案清单及保税核注清单监管方式均为"保税维修"。海关对维修用料件按照保税货物实施管理，企业按照现行规定申报（监管方式为料件进出区、区内来料加工、区内进料加工、保税间货物等），办理入区手续。

上述货物入区后应严格按照维修方案要求开展检测、维修业务。

维修产品在进出境或进出区环节涉及许可证件管理的，企业应当向海关如实申报并交验许可证件。

（五）已维修货物出区

维修完毕后，货物必须按照来源复运返回，具体情况如下：

1.已维修货物复运回境内区外的。区内企业申报的保税核注清单监管方式为"保税维修"，区内或区外企业申报报关单的监管方式为"修理物品"，且已维修货物和维修费用分列商品项填报：已维修货物商品项数量为实际出区域数量、征减免税方式为"全免"；维修费用商品编号栏目按照已维修货物的 HS 编码填报，商品项数量为"0.1"、征减免税方式为"照章征税"。海关以保税维修业务耗用的保税料件费和修理费为基础审查确定完税价格、征收税款。

2.已维修货物复运回境外的。区内企业申报的进境备案清单及保税核注清单的监管方式均为"保税维修"。

（六）坏旧件、维修边角料处置

监管方案中对坏旧件、维修边角料会有处置期限及要求，企业若不遵照执行会被终止开展维修业务资格。

进境维修过程中产生或替换的坏件、旧件、边角料，原则上应全部复运出境，监管方式为"进料边角料复出"（0865）或"来料边角料复出"（0864）；

确实无法复运出境的，一律不得内销，应参照 2014 年海关总署关于加工贸易货物销毁处置的第 33 号公告进行销毁处置。如果属于固体废物，按照国内固体废物相关规定进行管理。需出区进行贮存、利用或者处置的，应向所在地海关特殊监管区域地方政府行政管理部门办理相关手续，海关不再验核相关批件

境内区外维修过程中产生的坏旧件、边角料，按照监管方案列明要求进行处置。

（七）部分工序发包

个别产品会因工艺复杂，单个企业无法承担全部工序维修，以飞机维修为例，有时需要根据情况将发动机、起落架、电脑等发包至其他公司维修。

区内维修企业可以根据需要，将待维修货物或经维修货物发至本综合保税区或其他综合保税区维修企业进行部分工序维修，双方申报保税核注清单的监管方式为"保税间货物"（1200）、运输方式为"其他运输"（9）。转入企业需要符合在综合保税区内开展维修业务的条件，不得将货物再次转至其他企业。维修后按原路径返回，坏旧件、边角料等应随同一并运回。

待维修货物来自境内区外的，转出企业在已完成所有维修工序出区时，以包含转入企业在内的、全部的修理费及保税料件费为完税价格向海关申报。

五、其他事项

对已经在特殊区域内开展的维修业务，应按照海关总署公告 2015 年第 59 号《关于海关特殊监管区域内保税维修业务有关监管问题的公告》继续开展。

第十二节　综合保税区的期货保税交割

我国的期货交易所受中国证券监督管理委员会统一监管，目前共有上海期货交易所（SHFE）、大连商品交易所（DCE）、郑州商品交易所（ZCE）、中国金融期货交易所（CFFEX）、广州期货交易所（GFE）等。除中国金融期货交易所外，其余 4 家交易所均以商品期货为主，上市种类涵盖关系国计

民生的期货品种，如原油、铁矿石、铜、黄金、稻谷、玉米、棉花等。

期货保税交割是商品在保税状态下进入期货商品交割环节，简而言之就是：进口期货商品处于保税状态，不需要缴纳进口关税和增值税，交割后，提货进入境内时再缴纳或者复运出境；出口期货商品则在取得出口退税、处于保税状态后再进行交割。期货保税交割应在经期货交易所指定的、具有保税仓储功能、履行期货保税交割的海关保税监管场所（通常是保税仓库）或综合保税区等海关特殊监管区域内的保税仓储企业开展，上述仓库被称作为指定交割仓库。指定交割仓库、指定检验机构名称等信息可以在上海期货交易所（及其子公司上海国际能源交易中心）、大连商品交易所、郑州商品交易所官方网站查询。

国际期货市场普遍采用净价交易（不含关税及增值税等）。此前，我国的期货价格都是包含进口关税及增值税的完税价格，这样形成的国内期货价格不利于同国际期货市场接轨，无法提升我国期货市场在国际上的定价权和影响力。自 2010 年年底起，上海试点铜、铝期货保税交割并取得经验后，我国期货市场逐渐探索引入境外投资者，目前已对原油、铁矿石、PTA（精对二苯甲酸）、20 号胶（"20 号天然橡胶"的简称）、低硫燃料油等多个品种实现对外开放，最终将实现全部期货品种的对外放开。如天然橡胶是重要的战略物资和工业原料，依据新浪财经于 2021 年 11 月 30 日发布的《衍生品市场助力天然橡胶产业发展》，经过多年的发展，我国橡胶轮胎产量、天然橡胶消费量和进口量均已位居世界第一。1993 年，天然橡胶期货在上海上市，目前天然橡胶期货价格已成为国产天然橡胶国内贸易定价基准。上海国际能源交易中心（INE）20 号胶期货价格已被多家境内外产业链头部企业在跨境贸易中作为定价基准。

一、期货交割方式

整体来看，期货交割可以分为以下方式，如表 3-3 所示。

表 3-3　期货交割方式

划分依据	交割方式
交割载体	现金交割或实货交割
交割场所性质	仓库交割或厂库交割

表 3-3（续）

划分依据	交割方式
完税状态	完税交割或保税交割
交割频次	集中交割或滚动交割

目前，虽然我国的原油、铁矿石等对外开放期货品种的具体交割方式略有不同，如铁矿石有提货单交割，但普遍采用的是"实物交割＋仓库交割＋保税交割"的混合交割方式。

二、期货交易流程

期货交易大致分为建仓、持仓、平仓或实物交割等几个环节。各个期货品种的交易流程会因品种属性及交易所交易规则存在不同，但大致脉络及流程是一致的。

现以相对复杂的进口原油期货保税交割为例进行介绍，作为我国第一个对外开放的期货品种，其制度亮点是国际平台（允许境外投资者参与交易）、净价交易（报价不含关税、增值税）、保税交割（保税仓库交割，非完税交割）、人民币计价（国际上原油普遍以美元计价），标志着中国期货市场国际化迈出实质性一步。其交易流程如下：

（一）建仓及持仓

原油期货合约在上海国际能源交易中心挂牌上市后，投资者按照一定要求买卖期货合约，即建仓。

（二）平仓

在最后交易日结束之前买卖方择机通过数量相等、方向相反的交易来冲销原有合约、了结期货交易叫平仓。未平仓的合约，则进入交割环节。国际上通常进入交割流程的合约不超过 5%，中国则在 3% 以内。

原油期货合约最后交易日前第 8 个交易日收市后，个人客户的该期货合约持仓应为 0 手；若持有，自最后交易日前第 7 个交易日起，该个人客户的交割月份持仓将会被强行平仓。

（三）实货入库

一是货物入库申请。境内外的货主委托期货公司会员、境外特殊经纪参与者或者境外中介，通过能源中心的标准仓单管理系统提交入库申请，能源中心根据指定交割仓库库容等情况批准同意。

二是向海关申报及指定检验机构检验。货主通常在进口原油到港前向海关提前报关，经批准后卸货。在原油到港前，指定检验机构会对岸罐内已有的原油进行检验并取样；到港后，检验船舱原油、取样；卸油完毕后，再对岸罐内原油检验、取样，以检验混合后的原油品质。指定检验机构会出具包含数量证书、岸罐计量计算报告、品质证书、取样报告等内容的检验报告。

三是生成标准仓单。检验合格后，指定交割仓库将检验结果及报关单、原产地证明等信息录入标准仓单管理系统，能源中心审核确认后，仓库签发标准仓单，货主验收标准仓单。原油等大宗货物基于商品属性，在入库及出库时均会存在溢短，需要进行二次报关。

（四）实物交割

标准仓单可以用于实物交割、作为保证金使用、质押、转让、提货等。目前只允许通过会员办理实物交割，期货的实货来源可以是自境外进口，也可以是在库现货。

到期原油期货合约的实物交割，必须在期货合约最后交易日后的连续5个交易日内完成，该5个连续交易日分别被称为第一、第二、第三、第四、第五交割日。每个交割日的作业有严格要求，具体为双方申请（第一交割日）、配对（第二交割日）、交款取单（第三交割日）、收开发票、清退卖方保证金（第四、第五交割日）。

（五）提货出库

按照原油出库的流向不同，可以分为进口、复运出口、转关、转为在库保税货物等方式。

以进口至境内为例，货主（即标准仓单持有人）向指定交割仓库申请货物出库，仓库确认后仓单注销。货主向海关提交保税交割结算单及保税标准仓单清单等报关，海关放行后，原油提货出库或者转为在库保税货物。待检验机构出具实际出库数量证书后，货主向海关进行二次报关，就原油实货出库数量同仓单数量产生的溢短数量（目前交易所要求不得超过 ±2%）等进行二次报关，缴纳关税及增值税后，完成通关手续。

（六）海关审价

不同的交易或交割方式，海关据以征收关税及增值税的完税价格不同。如铁矿石采用提货单交割的，以配对日的保税交割结算价加上升贴水为基础确定完税价格。原油期货的审价规定如表 3-4 所示。

表 3-4　原油期货审价规定

交易（交割）方式	海关审定完税价格依据
保税标准仓单到期交割	以上海国际能源交易中心原油期货保税交割结算价加上交割升贴水为基础确定完税价格
保税标准仓单未到期进行期转现交割	以期转现申请日前一交易日上海国际能源交易中心发布的原油期货最近月份合约的结算价加上交割升贴水为基础确定完税价格
非标准仓单期转现交割	按现行保税货物内销有关规定确定完税价格，即按照货物出库内销时的价格确定完税价格
保税标准仓单未经保税交割而转让	同上
交割进口（出库）时的溢短	以保税原油出库完成日前一交易日上海国际能源交易中心发布的原油期货最近月份合约的结算价加上交割升贴水为基础确定完税价格

（七）仓单质押与解除

仓单持有人在提交保证金或银行保函等单证后，可以向海关申请办理仓单质押备案手续。经海关批准后，仓单持有人及金融机构提交质押登记申请，指定交割仓库审批后，海关在标准仓单管理系统审核同意质押登记申请。指定交割仓库对在质押合同有效期内已质押的保税标准仓单进行登记管理，该保税标准仓单不得办理实物交割、转让、提货等业务。

需要解除质押时，仓单持有人提出解除质押申请，经海关批准后，仓单持有人及金融机构提交质押解除申请，指定交割仓库审核同意后，海关办理解除质押确认。

三、其他事项

标准仓单的交割分为到期交割和期转现交割。期转现在期货市场上也是主流的交割形式，它可以解决非标准品质、非指定交割情况下的交割，节省交割成本。

本文所称溢短是指原油入（或出）库完成后指定检验机构出具的数量证书与保税标准仓单生成（或注销）数量的差。

交割升贴水是指由期货交易所规定的，因交割商品的品种、品级、质量、产地、交割地的不同，在交割结算价基础上相应增加或减少的价格。

第十三节　综合保税区的保税租赁

一、租赁及分类

根据租赁公司回收投资的角度和程度，租赁可基本分为融资租赁和经营租赁两大类。租赁是融资租赁还是经营租赁，取决于交易实质及合同条款规定，其中融资租赁是集融资与融物、贸易与技术为一体的新型、综合性金融产业，涉及购买、融资租赁两个合同及出租人、承租人、出卖人三方当事人。在此基础上，按照交易出资比例、融资来源和付款对象、是否享受税收优惠、租赁对象、附带服务、交易双方国籍、租赁期限长短、特种租赁等不同标准，租赁又衍生出单一投资租赁、杠杆租赁，直接租赁、分租（转租赁）、售后回租，减税租赁、有条件销售，动产租赁、不动产租赁，湿租、干租、净租，国内租赁、国际租赁，长期租赁、短期租赁，以及人才租赁、抽成租赁、矿地租赁等特种租赁。

根据我国最新的《企业会计准则第 21 号——租赁》定义，融资租赁，是指实质上转移了与租赁资产所有权有关的几乎全部风险和报酬的租赁，其所有权最终可能转移，也可能不转移；经营租赁，是指除融资租赁以外的其他租赁。该会计准则还列举了租赁存在某种情形或迹象的，会被认定为融资租赁。此外，《中华人民共和国民法典》第三编合同编对租赁合同、融资租赁合同分别进行规范。《中华人民共和国海关进出口货物征税管理办法》则对租赁进口货物征税提出要求。

此前，我国融资租赁企业由原银监会、商务部等按照企业性质分别管理。2018 年 4 月，我国的融资租赁公司统一划归原银保监会监管，改变了此前金融、中资、外（合）资租赁公司分别由原银监会、商务部及国家税务总局分头监管的状况。

二、保税租赁

从海关角度，根据货物性质及租赁流向，租赁可以分为进口租赁和出口租赁。其中，进口租赁以租赁标的物是否为综合保税区保税货物为标准，可以分为境外直租和保税租赁两种模式。

境外直租是出租方在境外购置租赁标的物，从境外不经过我国综合保税区而进入关境内，由承租方向海关申报进口的业务。

保税租赁是设立在综合保税区内的租赁企业，同承租企业以综合保税区内保税货物为租赁标的物开展的进出口租赁业务。保税租赁也可以分为保税进口租赁、保税出口租赁、离岸租赁、境内非保税租赁等多种形态。其中，保税进口租赁又可分为保税进口成品租赁（如从境外购买飞机成品，飞机进境后可以直接投入使用）和加工贸易成品租赁（如某综合保税区内的空客总装线，将空客 A320 飞机大部件及料件由境外进口至区内组装、喷漆、内部装饰后，再以保税租赁方式出区给境内航空公司使用）两种模式。

保税进口成品租赁也可细分为融资租赁和经营租赁两大类，目前两者均已在境内综合保税区落地。相比而言，保税进口飞机融资租赁是运作较早、社会效益大、作业较为典型、实践次数最多且涉及海关异地委托监管等制度，具有重要样本意义及实践参考价值。

三、飞机融资租赁

在传统模式下，对飞机、船舶、海洋工程结构物等大型资金密集、高价值标的物来说，租赁公司同制造商、承租方分别签订买卖、租赁合同会使其承担巨大的资产管理风险，如购买一架 400～500 座级的运输客机需花费 1 亿～2 亿美元，航空公司直接购买需要巨额贷款、产生负债，面临较大运营风险。而飞机融资租赁是以"融物"形式实现"融资"，不需一次性支付大额购买资金，即可获得长期使用权，租赁结束后一般（但非必须）以象征性价格购买所租飞机，从而获得所有权；租金分期支付，有效平摊成本，节省了航空公司现金流出，有益于财务结构及风险控制。同时也要看到，经营租赁也因其独特优势起到了不可替代的作用，如飞机经营性租赁通常租金较高，但可以短时期提高航空公司运力、满足季节性运力需求。

SPV（Special Purpose Vehicle，特殊目的公司）作为融资交易的重要载体和工具，目前是飞机租赁行业普遍采用的模式，得到了广泛应用。国际上最早在爱尔兰和开曼群岛利用其自由港优势采取 SPV 模式从事租赁业务。我国的金融租赁公司自 2009 年起，探索在天津、北京等地保税区、出口加工区（均系综合保税区前身）成立 SPV 开展飞机融资租赁业务。

具体来看，SPV 又被称作项目子公司，是指因经营及融资、隔离风险需要，而以公司形式单独设立、持有某项基础资产（如单架飞机、单艘轮船）并独立承担法律责任的法人机构。每个项目公司对应一个租赁合同，单独管理、单独核算；实现 SPV 同母公司、SPV 之间资产隔离，避免一方破产引起的风险蔓延，起到"破产隔离"作用；融资方式灵活，租金及税金相对较低；出租人能享受地方政府税收优惠，承租方具有优先购置权、降低税负并节省大量利息支出。

四、进口飞机保税融资租赁

我国中资飞机租赁公司可以分为金融租赁公司、航空公司附属租赁公司、独立飞机租赁公司、飞机制造商附属租赁公司四大类，其中金融租赁公司因为资本实力雄厚、融资成本低、覆盖面广、风控能力强已经成为业内主导力量。而飞机融资租赁是境内航空公司最早和最广泛使用的租赁方式，涉及交易方广泛、流程复杂，具有较强代表性。在综合保税区内开展其他进口租赁物的融资租赁或者经营租赁业务，相关金融财税政策、海关监管理念、作业流程同其大致相同，故本文以金融租赁公司在综合保税区内设立 SPV 开展进口飞机保税融资租赁为例进行说明，相关流程如图 3-6 所示。

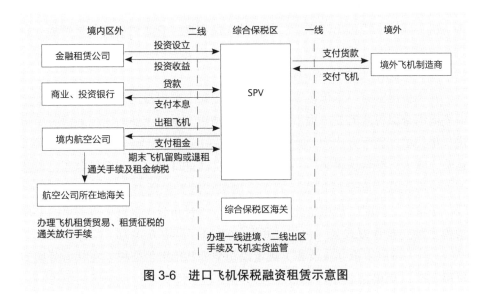

图 3-6 进口飞机保税融资租赁示意图

（一）成立 SPV 项目公司

确定项目操作结构及交易成本后，金融租赁公司首次在综合保税区内设立 SPV 项目公司的，需要获得国家金融监督管理总局审批（后续则不需要审批），获得开展融资租赁业务资格；再向综合保税区主管海关申请办理海关注册登记手续，并开设物流账册。

（二）签署合同并支付货款

项目公司作为租赁企业分别与承租企业（境内航空公司）、出卖人（境外飞机制造商）签署飞机购买合同、租赁合同，并向境外支付飞机货款。

（三）飞机进境入区

出租方申报进口保税核注清单及进境货物备案清单，贸易方式为"区内物流货物"（5034），运输方式为"航空运输"（5），飞机从境外机场直飞进入综合保税区内，综合保税区主管海关办理进出区通关、查验手续。

按照规定，保税租赁货物应当实际进出综合保税区。但对在综合保税区内注册的租赁企业进出口飞机、船舶和海洋工程结构物等不具备实际入区条件的大型设备，按照物流实际需要，综合保税区主管海关可以委托租赁货物所在地海关或进出境口岸海关，实行异地委托监管。以进口飞机保税融资租赁为例，一般涉及综合保税区、航空公司所在地、飞机进境口岸 3 个海关职责，三方海关通常签署合作备忘录，各司其职、通力协作开展工作，确保飞机异地进境，节省异地调机成本。综合保税区主管海关负责开设账册，并办理飞机一线、二线进出区手续；航空公司所在地主管海关负责租赁贸易、租赁征税通关手续及后续监管；进境口岸海关负责实货监管（查验）。

（四）飞机出区投入境内运营

在飞机出区时，承租企业（境内航空公司）要申报两份报关单：租赁企业先向综合保税区海关申报出口保税核注清单，承租企业向所在地海关申报进口报关单，监管方式为"租赁贸易"（1523）或者"租赁不满一年"（1500），运输方式为"综合保税区"（Y），并提交自动进口许可证、租赁合同、税款担保（海关认为必要时提供，有关金融机构签署保证书、承担连带担保责任）等单证。同时，承租企业要对第一期应支付租金申报进口报关单、办理纳税手续，监管方式为"租赁征税"（9800）、运输方式为"综合保税区"（Y），海关按照审价办法及相关规定以租金为基础审价征税。在其后分期支付租金时，承租企业办理纳税手续应当不迟于每次支付租金后的第 15 日，未及时纳税会被按日加收滞纳金。

（五）租赁期间海关监管要求

承租企业对租赁货物的进口、租金申报纳税、续租、留购、租赁合同变更等相关手续应当在同一海关办理。

飞机自出综合保税区进入境内投入运行之日起至租赁结束办结海关手续之日止，应接受海关监管，海关进行跟踪管理。航空公司作为纳税义务人应按期向海关申报纳税，确保税款及时足额入库。

（六）租赁货物（到期）后续处置

租赁末期（通常在租赁期届满之日起30日内），承租企业按照飞机留购或退租情况，进行如下作业：

1. 租赁货物需要办理留购的，承租企业支付全部租赁款项、期末购买价款和其他应付款项后，按照留购价款申报进口货物报关单。对同一企业提交的同一许可证件项下的飞机，企业可不再重新出具许可证件。

2. 租赁货物需要退回租赁企业的，承租企业应将租赁货物复运至综合保税区内，原申报监管方式为"租赁贸易"的，监管方式申报为"退运货物"（4561）；若原申报监管方式为"租赁不满一年"的，复运回区时申报监管方式不变。

（七）租赁资产发生交易

租赁企业发生租赁资产交易且承租企业不发生变化的，承租企业应当凭租赁变更合同向海关办理合同备案变更、担保变更等手续：

1. 区内租赁企业间发生资产交易。承租企业及变更前的租赁企业申报办理货物退运回区手续；租赁企业办理货物保税流转手续；承租企业及变更后的租赁企业申报租赁进口货物出区手续。

2. 租赁企业与境外企业发生资产交易。承租企业或租赁企业可采取形式申报、租赁货物不实际进出境的通关方式办理进出境申报手续，运输方式填报"其他运输"（9）。

对同一许可证件项下的租赁进口货物，企业可不再重新出具许可证件。

（八）注销项目公司

租赁项目到期终止后，项目公司向海关及相关部门办理注销手续，该项目结束。

五、保税出口租赁

保税货物由综合保税区租赁至境外时，租赁企业申报出境货物备案清单，监管方式为"租赁贸易"（1523）或者"租赁不满一年"（1500），运输方式按实际情况填报。租赁货物由境外退运至综合保税区时，租赁企业申报进境备案清单，监管方式为"退运货物"（4561）或者"租赁不满一年"（1500），运输方式按实际情况填报。

第十四节　综合保税区的跨境电子商务

一、进出境 3 类包裹

根据进出我国包裹的性质、配送渠道、法律法规制度等，可以将进出境的包裹分为以下 3 类：

（一）国际邮件快递

国际邮件传递是由两个或两个以上国家（地区）的邮政部门共同完成的，邮件必须经由国际邮件互换局封成邮件总包，交由国际邮件交换站与外国的交换站（或通过交通部门）进行交换。以我国进境国际邮件通关为例，经历邮件运抵邮局、邮件申报、海关审单、海关查验、境内投递等环节最终送达收件人。

万国邮政联盟（Universal Postal Union，缩写为 UPU）和有关国际协定对国际邮件的种类、资费、规格、封面书写、处理、费用结算等做出统一规定。万国邮政联盟，简称"万国邮联"或"邮联"，是商定国际邮政事务的政府间国际组织。万国邮联建立各个国家（地区）统一的邮政区域并互换邮件，共有近 200 个成员方、70 多万个邮局，成员方用最佳传递邮件方法传送其他成员方邮件，使全世界享受挂号信、邮政包裹、速递邮件等服务。

国际邮件按照传递时限可分为普通邮件和特快专递邮件（Express Mail Service，EMS）；按产品类型可分为函件（2 千克以内，如国际小包）、国际包裹（30 千克以内）、国际 EMS（30 千克以内，优先级别高）。其中，国际小包是指重量在 2 千克以内，外包装长、宽、高之和小于 90 厘米且最长边小于 60 厘米，通过邮政空邮服务寄往境外的小邮包，分为普通空邮（Normal Air Mail）和挂号（Registered Air Mail）两种——前者费率较低，邮局不提供网上跟踪查询服务；后者费率稍高，可提供跟踪查询服务。国际邮件运送时效慢，且存在一定丢包情况，但有绝对的价格优势，且寄递方便。

我国海关监管的进境邮递物品是指境外邮政企业经邮政网络承揽，使用万国邮联规定单式并交由中国邮政在我国境内投递的物品。截至 2019 年年底，我国进境邮件大部分为 EMS；出境邮件主要以国际小包为主，在出境中占比七成左右。

根据我国有关规定，除禁止进出境物品（如武器、毒品、毒药等）或禁止邮寄进境的动植物及产品（如宠物、新鲜水果等）、限制进出境物品（如烟酒、无线电收发信机、货币等），以及对中药材及中成药、印刷品及音像制品有价值或数量限制外，个人寄自或寄往港、澳、台地区的物品，每次限值为 800 元人民币；寄自或寄往其他国家或地区的物品，每次限值为 1000 元人民币。应征进口税税额在人民币 50 元（含 50 元）以下的，免征进口税。但邮包内仅有 1 件物品且不可分割的，虽超出规定限值，但经海关审核确属个人自用的，可以按照个人物品规定办理通关手续。个人邮寄进出境物品超出规定限值的，应退运或者按照货物规定办理手续。

（二）进出境快件

进出境快件又被称为国际快件、国际商业快递，是指进出境快件运营人以向客户承诺的快速商业运作方式承揽、承运的进出境货物、物品，其特点是通关效率高、派送时效快、货物保障度高，缺点则是费用较高。

我国对国际快件实行分类管理，分为文件类、个人物品类和货物类 3 种。其中文件类主要是无商业价值的文件、单证、票据及资料，个人物品类主要是以快件方式进出境的包裹，货物类按照货物进出口监管模式通关。我国海关对个人物品类快件的监管同个人物品类邮件监管要求基本一致，执行相同的禁限类物品目录、个人物品归类和完税价格表、货值限额和个人自用合理数量标准。

（三）跨境电商

跨境电商融合互联网、国际物流、生产制造、金融等多个行业，涉及跨境电商企业、电商平台、银行或互联网金融机构、物流仓储企业、国际物流、境内配送、货运代理公司、海关监管、税务所得税征收及出口退税、外汇管理等主要参与主体或职责。

根据商品流向分类，跨境电商可分为跨境进口和跨境出口；根据贸易性质及交易模式分类，可分为 B2B（商家—商家）、B2C（商家—消费者）、C2C（个人—个人）、O2O（线上交易、线下体验）；根据物流模式分类，可分为普通国际物流、专线物流、海外仓模式等。

根据经营模式、监管实践及监管方式代码等分类，可分为直购进出口（9610）、网购保税进出口（1210）、网购保税进口 A（1239）、跨境电商B2B 直接出口（9710）、出口海外仓（9810），分类详见图 3-7。

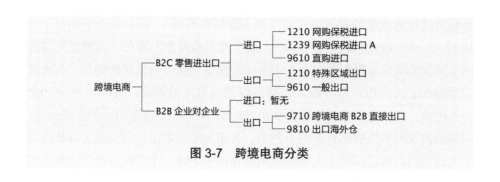

图 3-7　跨境电商分类

此外，根据实践及运输方式分类，还有国际专线物流，业内对此并无明确或规范定义。它是一种集货运输方式，仅为某国或某地区提供物流服务，通常在航空包舱或海运快船运至境外后，通过境外合作公司派送，包含空运专线、海运专线、铁路专线。根据承运人、物流路线和承运商品属性，有国际邮件、国际快件、跨境电商、普通货物等清关方式。

国际专线可以分为两类：一类是针对大件货物如家具；另一类是针对重量在 2 千克～30 千克之间的小型货物，称为专线小包。以航空运输为例，大部分专线通过向航空公司租用客机舱位进行运输，少量头部公司会租用或利用自有货机进行运输。国际专线特点如下：

一是因固定物流运输特点，集中货量发货降低了单个包裹运输成本。

二是承运商品种类丰富，可以满足贵重物品、危险物品、大件物品等特殊商品的运输需求。

三是与国际小包相比较，国际专线的运费较高，但速度快且丢包率低；与国际快件相比较，国际专线的运费较低，速度也较慢。

四是空运专线成本较高，海运专线时效偏长。

二、跨境电商进口

跨境电商零售进口，是指中国境内消费者通过跨境电商第三方平台经营者自境外购买商品，并通过"网购保税进口"（1210）、"网购保税进口 A"（1239）、"直购进口"（9610）3 种方式运递进境的消费行为。

商务部、国家发展改革委、财政部、海关总署、国家税务总局、国家市场监督管理总局联合下发的《关于完善跨境电子商务零售进口监管有关工作的通知》（商财发〔2018〕486 号）仅适用部分城市，适用范围内城市开展网购保税进口业务使用"网购保税进口"，适用范围外城市开展网购保税进口业务使用"直购进口"。2021 年，上述部委联合下发《关于扩大跨境电商零售进口试点、严格落实监管要求的通知》（商财发〔2021〕39 号），根据该通知，目前全国范围内的海关特殊监管区域、保税物流中心（B 型）均使用"网购保税进口"（1210）开展网购保税进口业务，实践中不再使用"网购保税进口 A"（1239）进口。

（一）两种进口模式的特点

《关于扩大跨境电商零售进口试点、严格落实监管要求的通知》（商财发〔2021〕39 号）发布后，跨境电商零售进口实际仅存在"网购保税进口"（1210）和"直购进口"（9610）两种模式。其特点综述如下：

1. 两者税收政策相同

两种进口模式在税收政策上享受相同优惠，一般情况下，同普通货物相比，在税收上具有较大优势：在个人年度交易限值以内进口的跨境电商商品，关税税率全部是 0，进口环节增值税、消费税暂按法定应纳税额的70%征收。以奶粉为例，若按照普通货物进口，缴纳税款合计为销售价格的30%，而按照跨境电商方式进口则不到售价 10%，税收优惠显而易见。但是，如果商品最终售价同进口价格差异很大，则电商模式的税收优惠不明显。

2. 消费总（限）额政策相同

消费者单次交易不得超过 5000 元，年度交易限值不得超过 26000 元。如仅购买一件商品，完税价格超过 5000 元单次交易限值但低于 26000 元年度交易限值，享受相关优惠（如不需要提交许可证），但要按照货物税率全额征收关税和进口环节增值税、消费税，交易额计入年度交易总额；如果年度交易总额超过年度交易限值的，应按一般贸易要求管理，不享受任何电商政策优惠。

3.商品范围相同

两种模式进口商品应符合《跨境电子商务零售进口商品清单》要求。清单备注会对部分商品（如粮食、冻水产品）的进境方式、年度消费数量、有关限制等进行说明，如有的商品备注为"列入《进出口野生动植物种商品目录》商品除外"，有的为"仅限网购保税商品"。

不同进口模式适合进口不同商品。家庭长期且使用适宜囤货的商品，如奶粉、纸尿裤等，适合用保税模式进口；相比而言，直购进口商品的品类更加齐全，选择性更广泛。

4.实施地理范围不同

"网购保税进口"（1210）应在海关特殊监管区域或保税物流中心（B型）内开展。"直购进口"（9610）没有实施城市限制，原则上任何城市都可以开展，但开展直购进口的监管作业场所应按照快递类或者邮递类海关监管作业场所规范设置。

5.入境后的暂存地点及时间不同

"网购保税进口"（1210）商品进口后，作为保税货物存储在海关特殊监管区域或保税物流中心（B型），综合保税区等特殊区域存放时间可能长达数月（年），保税物流中心（B型）内存放通常最长不超过两年。"直购进口"（9610）在海关监管作业场所内暂存、即刻放行。

6.物流模式不同

"网购保税进口"（1210）商品一般通过海运方式批量运至特殊区域或物流中心，待境内消费者下单后，再运送至消费者。

"直购进口"（9610）俗称"集货模式"，即电商商品在境外已经根据每个订单打好小包，统一通过航空等国际物流运输至境内海关监管作业场所，按照小包逐个向海关申报（可能会被抽中查验）后，海关放行后运递至消费者。

直购进口商品运输时间长，运费高（主要是航空运输），时效性低；而网购保税进口模式，因已在境内备货，故响应订单快，运输时间短，综合运费低。

7.商品首次进口要求不同

海关对货物及个人物品，在数量、金额、许可证等方面执行不同的监管规定。"网购保税进口"（1210）与"直购进口"（9610）按个人自用进境物品监管，不执行有关商品首次进口许可批件、注册或备案要求。但对相关部门明令暂停进口的疫区商品和对出现重大质量安全风险的商品启动风险应急处置时除外。

8.退货管理

消费者对两种模式商品均可以申请退货。网购保税进口模式因在境内进行，退货手续简单；而直购进口则因面临国际物流操作、国外海关清关等情况，耗时较长。

（二）网购保税进口的场地条件

综合保税区等海关特殊监管区域、保税物流中心（B型）内应设置信息化系统、专用查验场地，配备非侵入式查验设备、视频监控等监管设施。企业应建立符合海关监管要求的仓储管理系统，设置专用区域存放电商商品，未经海关同意，不得与其他货物混存。专用区域按照作用可以大致分为以下类型：仓储理货区、打包区、查验等待区及查验区、配送作业区。

（三）网购保税进口的开展准备

1.企业备案

参与跨境电子商务进口的企业分为以下三大类：境外跨境电商企业及其境内代理人、跨境电商平台、境内服务商（提供支付、物流、仓储、申报服务的企业）。其中，支付企业应具有"金融许可证"或者支付业务范围包含"互联网支付"的"支付业务许可证"；物流企业应具有"快递业务经营许可证"。

上述企业需要向所在地海关办理注册登记备案。海关信息化系统将跨境电商企业的"跨境电子商务类型"分为五大类：电子商务企业、物流企业、电子商务交易平台、支付企业、监管场所经营人。需要注意的是，企业可以具备多重电商身份、进行多项选择。

2.系统对接

跨境电商平台企业或电商企业境内代理人、支付企业、物流企业、提供申报服务企业，应按照相关数据传输的格式及要求，分别同"中国国际贸易单一窗口"或跨境电子商务通关服务平台进行信息化系统对接，进而实现同海关系统对接，以向海关传输交易单、支付单、运单、《跨境电子商务零售进出口商品申报清单》等电子信息。

3. 税款担保

消费者为跨境电商商品的纳税义务人，而电商平台企业、物流企业、申报企业作为税款的代收代缴义务人，在开展业务前以保证或者保函方式，向海关提交足额有效的税款担保，并在跨境电子商务零售进境商品信息化系统中录入担保信息，海关予以确认。

4. 建立账册

企业在金关二期特殊区域系统建立跨境电商专用电子账册，为记录和核算商品进境、存储、出区等做好准备。

（四）网购保税进口流程

1. 商品入海关特殊监管区域［或保税物流中心（B 型）］

电商商品同普通货物一样，入境后向海关申报。监管方式应填报"网购保税进口"（1210）。

商品在进境口岸进行海关检查（检疫）后，放行入海关特殊监管区域［或保税物流中心（B 型）］，进行理货、存储。

2. 销售出综合保税区

商品在电商平台销售后，相关企业分别向海关传输交易、支付、物流"三单"电子信息，并申报《跨境电子商务零售进出口商品申报清单》，货物打包、海关放行后出特殊区域或中心，运送至消费者。

3. 退货管理

允许境外跨境电商企业境内代理人或其委托的报关企业对订单内的部分或全部商品申请退货，退货商品应在海关放行之日起 30 日内申请退货，并在 45 日内运抵原特殊区域或物流中心（B 型），相应税款不予征收，并调整消费者年度交易累计金额。

详细退货要求可见海关总署公告 2020 年第 45 号及 2021 年第 70 号。

4. 汇总征税

海关放行后 30 日内未发生退货或修撤单的，税款代收代缴义务人在放行后第 31 日至第 45 日内向海关办理纳税手续，缴纳税款后担保额度自动恢复。

（五）注意事项

1. 禁止线下自提

原则上不允许网购保税进口商品在海关特殊监管区域外开展"网购保税＋线下自提"模式。

2. 禁止二次销售

对于已购买的跨境电商零售进口商品，不得进入境内市场再次销售。

3. 优惠促销价格

海关以电商商品的实际交易价格（包括商品零售价格、运费和保险费）征税。如果有针对所有消费者的直接打折、满减等优惠促销价格，海关会以优惠后的价格征税。如果是使用电商代金券、优惠券、积分等虚拟货币形式支付订单，则海关仍然按照原价格征税。

三、跨境电商出口

（一）跨境电商出口4种模式

跨境电商出口模式可以分为以下4种：特殊区域出口（1210）、一般出口（9610）、跨境电商B2B直接出口（9710）、跨境电商出口海外仓（9810）。其中，特殊区域出口的增长态势尤为明显。4种模式的相关情况如表3-5所示。

表3-5　跨境电商出口4种模式比较

模式	特殊区域出口（1210）		一般出口（9610）	跨境电商B2B直接出口（9710）	跨境电商出口海外仓（9810）
	特殊区域包裹零售出口（1210）	特殊区域出口海外仓零售（1210）			
交易性质	B2C			B2B	
电子账册管理	是		—		
通关系统	金关二期特殊区域系统、跨境电商出口统一版	金关二期特殊区域系统、H2018通关系统	跨境电商出口统一版	清单申报为跨境电商出口统一版，报关单申报为H2018通关系统	
出境时申报单证	申报清单及保税核注清单	保税核注清单及出境货物备案清单	申报清单或汇总生成报关单	申报清单或报关单	

表 3-5（续）

			跨境电商综试区内不涉及出口征税、退税、许可证件管理且单票价值在人民币5000元以下的出口商品，可以按照4位HS编码简化申报	对于单票金额在人民币5000元以下且不涉证、不涉检、不涉税的货物，企业可报送申报清单；对其中不涉及出口退税的，可按照6位HS编码简化申报
简化申报	—	—		
通关优惠	入区退税（保税区除外）		—	可优先安排查验
物流模式	直接口岸出口或转关	适用全国通关一体化	直接口岸出口或转关	直接口岸出口或转关；H2018申报的，可适用全国通关一体化
商品特点	货物整批进综合保税区后分包裹出	货物整批进综合保税区后整批出	原包裹进海关监管作业场所后原包裹出	货物整批出口

1. 特殊区域出口（1210）

特殊区域出口又被称为保税备货出口，该模式依托于综合保税区等海关特殊监管区域开展，跨境电商企业享受入区即退税政策（保税区除外），提高了企业资金利用率，降低了物流成本。

2. 一般出口（9610）

境外消费者下单付款后，相关企业将交易、收款、物流等电子信息实时传输给海关，海关审核该包裹的申报清单，查验后放行包裹，再通过国际运输、境外配送交予境外消费者。企业采取"清单核放、汇总申报"方式办理报关手续；跨境电子商务综合试验区内符合条件的跨境电商零售商品出口，可采取"清单核放、汇总统计"方式办理报关手续；对不涉及出口征税、出口退税、许可证件管理且单票价值在5000元人民币以内的商品，企业可以按照4位税号简化申报（通常为10位）。

3. 跨境电商 B2B 直接出口（9710）

境内企业通过跨境电商平台与境外企业达成交易后，通过跨境物流将货物直接出口送达境外企业。

4. 跨境电商出口海外仓（9810）

境内企业先将出口货物通过跨境物流运达海外仓（Overseas Warehouse），再通过跨境电商平台实现交易后从海外仓送达境外购买者。海外仓有自营型海外仓、第三方海外仓、亚马逊物流模式（Fulfillment by Amazon，简称FBA）3 种类型。

9710 及 9810 出口模式，货物可直达境外企业或先运至海外仓，待实际成交后发货，使物流成本大幅降低，终端价格随之下降；同时也便于国家精准识别、统计 B2B 出口模式数据，为商务、财政、税务、外汇等部门出台配套政策提供支持。

（二）跨境电商特殊区域出口

跨境电商特殊区域出口，可以细分为特殊区域包裹零售出口和特殊区域出口海外仓零售。

特殊区域包裹零售出口是指货物通过一般贸易出口方式进入综合保税区等特殊区域，取得出口退税；通过电商平台完成销售后，在特殊区域内打包为小包裹，拼箱离境后送达境外消费者的模式。

特殊区域出口海外仓零售是指货物通过一般贸易出口方式进入综合保税区等特殊区域，在特殊区域内完成理货、拼箱，再批量出口至海外仓，在境外电商平台完成零售后，再将商品从海外仓打包后送达境外消费者的模式。

（三）特殊区域包裹零售出口流程

企业须先在综合保税区内设立符合要求的场地，进行电商资质备案，同海关等实现信息化系统对接，在金关二期特殊区域系统设立"出口跨境电商"用途的专用电子账册，此后可以开展特殊区域包裹零售出口业务。

特殊区域包裹零售出口流程如下：

1. 商品入综合保税区

区内企业在金关二期特殊区域系统申报进口保税核注清单，区外企业填报出口报关单（监管方式为一般贸易）；区内企业再申报入区核放单，货物入区。

2. 商品零售后出综合保税区离境

境外消费者通过跨境电商平台下单并支付，相关企业将交易、收款、物流等信息传输给海关，在跨境电商统一版系统申报《申报清单》（监管方式代码 1210），海关比对相关信息，放行《申报清单》。企业进行包裹打包后（包裹上会贴有为境外消费者配送的快递单），将该批次已放行的《申报清单》在金关二期特殊区域系统归并后生成出口保税核注清单（监管方式代码 1210），再申报出区核放单，该批次包裹出区。根据所在综合保税区是否包含出境口岸，企业选择直接出口或者办理转关手续至出境口岸后离境。

此外，对1210特殊区域出口海外仓零售而言，应在海关进行出口海外仓业务模式备案，提供海外仓证明材料，在金关二期特殊区域系统设立用途是"海外仓"的电子账册，其他要求及流程与特殊区域普通货物出口基本相同。

3. 退货要求

区内电商企业可以对出口电商所列全部或部分商品，自出口放行之日起1年内申请退运回原特殊区域、原跨境电商出口账册；退货商品必须符合检验检疫要求；在特殊区域包裹零售出口模式下，出口商品可单独或批量运回，缓解了电商出口退货逆向物流成本过高等难题。

详细退货要求可见海关总署公告2020年第44号。

（四）跨境电商出口面临的风险

侵犯知识产权、税务违法行为、虚假贸易、夹藏违禁品出口是我国电商出口面临的风险。

跨境电商热销"网络爆款"特点决定了其蕴藏侵犯知识产权风险，而知识产权纠纷是目前中国跨境电商出口遇到的最主要法律风险之一，尤其服装、玩具、中国强制性产品认证产品、灯具等畅销品是侵权"重灾区"。侵权可以分为侵犯商标权（如产品使用相同或类似商标）、侵犯版权（如"盗图"）、侵犯专利等，其中侵犯商标权产品占据全部侵权产品的95%以上。

再以税收征管为例，全球速递协会（GEA）将各国征税模式分为3类：综合税制、在边境征收关税、（销售环节）以消费税或增值税为重点（征收），且模式间非替换关系，可以合并使用。为此，我国跨境电商出口企业须基于出口目的地的具体税务政策，谨慎处理相关业务事宜。

此外，因各国法律制度、文化传统、个人信息保护情况的不同，在法律上体现为国外法律同我国法律对同一行为可能存在不同的认定结果，如在包裹内夹带卡片、传单等告知消费者给予好评后返现的行为，2021年就被美国亚马逊认定为"虚假评论"行为，大量中国商家因此被封号，并遭受了严重的损失。

第四章

保税监管场所

目前，企业间的竞争已经扩展到供应链之间，供应链管理（Supply Chain Management，简称"SCM"）成为现代管理学的重要分支。供应链是信息流、资金流、货物流的集合，其中物流运输与仓储是影响供应链整体顺畅运作的关键节点。

从我国海关监管角度出发，可以将物流大致分为国际物流（含口岸物流）、国内物流、保税物流3个部分。其中，保税物流是口岸物流的延伸，是国际、国内物流的交汇枢纽，是连接国外原料地、国际销售地、国内制造地和消费地的媒介，是融合国内传统物流、国际物流、口岸物流、保税功能、暂免许可证、增值服务等于一身的产物，是现代物流业顺应全球经济一体化发展的必然产物。

在经济全球化背景下，对生产要素在国家间的协调集成（全球采购、国际运输、跨国协作生产、各国通关、信息化服务等）成为供应链管理的巨大难题之一。在生产方式上，产品种类繁多、生产定制化和个性化、准时制生产（Just In Time）、降低成本压力等，促使"7×24小时"物流、"×小时物流半径覆盖"、供应商管理库存（Vendor Managed Inventory，简称"VMI"）等应运而生。而保税物流作为连接国际、国内物流的桥梁，可以满足国际、国内市场双重需求，极大地推动物流行业发展。

保税物流，是指经营者经海关批准，将未办理纳税手续进境的货物从供应地到需求地实施空间位移过程的服务性经营行为，在供应链上体现为采购、运输、存储、检测、分销、分拨、中转、转运、包装、刷唛、改装、组拼、集拼、配送、调拨等流通性简单加工业务及相应增值服务。从货物来源看，保税物流货物可以是享受退税的境内货物，也可以是来自境外的享受保税、免证优势的货物。从货物去向看，保税物流货物既可以征税后进入境内市场，也可以运输至其他国家（地区）。

保税物流运作模式及形态包括海关特殊监管区域和保税监管场所两部分。海关特殊监管区域包括综合保税区、保税港区、保税物流园区、保税区、出口加工区、跨境工业园区。海关保税监管场所包括保税仓库、出口监管仓库、保税物流中心（A型）以及保税物流中心（B型）。

在政策法规、管理规定、有关要求、地理范畴等方面，上述综合保税区、保税区、保税港区、保税仓库、出口监管仓库、保税物流中心（B型）等类型是并列关系，而非包含关系，因为涉及政策能否适用的情况，请务必严格区分。

第一节　保税仓库

一、保税仓库的定义

很多人将保税仓、保税区、保税仓库等混淆，其实三者在海关监管中属于不同规章制度调整范畴，其运作模式及要求存在很大差异。

如频繁出现于跨境电商报道中的"保税仓"，通常是指海关特殊监管区域及保税物流中心（B型）内的仓储场所，并非指保税仓库，"保税仓"虽然颇为精准地表达了对跨境电商开展场所的要求，但它不是海关专有名词或术语。有的则误认为设立在综合保税区、保税港区内的仓储场所就是保税仓库，其实两者在海关监管中有严格区分，如在运作主体、场所规模、验收主体、卡口及地磅、查验场地、视频联网、计算机系统等方面均存在不同要求。

"保税仓库"，是指经海关批准设立的专门存放保税货物及其他未办结海关手续货物的仓库。按照使用对象不同分为两类：一类是公用型保税仓库，专门向社会提供保税仓储服务；另一类是自用型保税仓库，仅存储供本企业自用的保税货物。

此外，保税仓库中专门用来存储具有特定用途或特殊种类商品的称为专用型保税仓库。专用型保税仓库可以是公用型的，也可是自用型的，可分为四大类：一是液体保税仓库，存储原油、航空煤油、植物油等油气液体化工品；二是备料保税仓库，是加工贸易企业存储仅限于供应本企业的进口原材料、设备及其零部件的保税仓库；三是寄售维修保税仓库，存储为维修外国产品所进口寄售零配件；四是其他专用型保税仓库，如存储黄金的专用型保税仓库。

二、保税仓库的功能

（一）保税存储

一般贸易进口货物要在缴纳税款、清关后，才能进入境内市场流通。而进口货物进境入保税仓库后，可以暂时免交进口关税及进口环节代征税，然后根据需要进口至境内或者复运出境，或者运往其他海关特殊监管区域或保税场所继续进行保税监管。保税仓库货物只有正式进口时，才需要缴纳相应税款，且因货物可以"整进零出"，即企业根据货物实际出库量而缴纳相应税款，相对于一般贸易进口货物的一次性纳税，极大地减轻了企业资金周转压力。尤其对高货值、税款动辄千万元人民币起步的进口大宗散货（如原油、矿石）而言，保税仓库不但缓解了一次性纳税压力，也为境内分销或转口境外赢得销售洽谈时间，增加了贸易灵活度。

（二）免领许可证（件）

一般情况下，进口货物进入保税仓库免于提交许可证（件），如"农产品进口关税配额证""黄金及黄金制品进出口准许证"等证件。保税仓库货物只有进口至境内时，才需要提交相关许可证件，这可以为进口商办理许可证（件）或者免税品进口手续赢得时间。

但也有少数进口货物需要在入境环节提供相关证件，如"两用物项和技术进口许可证"（涉及监控化学品、易制毒化学品、放射性同位素等货物）、"濒危物种允许进口证明书"（涉及濒危野生动植物种）、"合法捕捞产品通关证明"（涉及剑鱼、大眼及蓝鳍金枪鱼、银鲈等鱼类，以及源自俄罗斯的部分水产品）。

关于许可证件的具体要求，参考本书第二章"综合保税区概述"第一节的"二、贸易管制政策"相关内容。

（三）全球分拨配送

企业可以面向国际、国内两个市场开展采购、分拨、配送业务，且货物还可以在保税状态下在海关特殊监管区域、保税物流中心之间进行自由流转，有助于企业建立面向国际及国内的分拨配送中心。

具体而言，保税仓库货物既可以快速调拨出境，又可以将口岸"搬"到家门口，利用靠近本地制造业或商超的区位优势，通过加工贸易或一般贸易等方式及时配送至境内市场进行生产或消费，确保随时供应。

（四）国际转口贸易和国际中转

受历史、自然位置、税收优惠等多重因素作用，临近主要国际航线的港口容易形成本地优势工业和特色产业，如青岛港周边的原油、铁矿石、棉花、天然橡胶等，天津港的融资租赁、汽车、航空维修等，舟山港的原油及供船燃料油等。生产及物流要素、资源慢慢聚集后，特色产业会吸引更多的国内、国际（含中转）货物进入，形成互相依赖、相互促进的良性循环。

在枢纽港附近，保税仓库及国际贸易中间商可以利用处于国际主航线、发达的国内运输网络、暂不缴纳进口税费及免许可证等优势，开展国际转口及中转业务。进口货物进入保税仓库短暂仓储后，择机再出口到邻近国家或地区，获得可观的转口利润及仓储、运输、装卸等收入。

（五）简单加工

随着物流业发展，保税仓库只有从保税仓储堆放、向船舶飞机供油等单一物流模式向流通性简单加工及增值服务、全球采购分拨集拼、供应商管理库存、信息平台、金融服务等高层次转型，才能满足现代物流发展需要。

在保税仓库等海关保税监管场所中，不得开展实质性加工；经海关批准同意后，可以进行流通性简单加工和增值服务。"流通性简单加工和增值服务"，是指对货物进行分级分类、分拆分拣、分装、计量、组合包装、打膜、加刷唛码、刷贴标志、改换包装、拼装等辅助性简单作业的总称。这些增值服务为发展集拼配送、国际中转等提供有力支持，如铁矿石进行保税筛矿后，按照需求进口至境内钢厂或者转口日韩等周边国家（地区）。

（六）集中报关

"集中报关"，又称为"分送集报"，即"分批出库、集中报关"，是对保税仓库出库批量少、批次频繁的货物，向海关申请并注明发货流向、频率、合理理由；经海关同意后，货物可以先出库；待一段合理时期后，根据出货频次及货物价值等把某一时间段内的已经出库货物进行集中报关。海关根据企业资信状况和风险程度决定是否收取保证金。

集中报关将报关手续后置，缩短了通关时间，实现了保税货物随时出库，提升了货物调拨响应速度，使保税仓库"7×24小时"供货成为可能，有效满足了VMI管理需要。

三、进出保税仓库的货物

保税仓库不得存放国家禁止进境货物，不得存放未经批准的影响公共安全、公共卫生或健康、公共道德或秩序的国家限制进境货物以及其他不得存入保税仓库的货物。

按照保税仓库货物出库时的税款状态，现将货物出库途径分为3类：

一是免税出库（免征关税及进口环节代征税）。主要是：用于国际航行船舶和航空器的航空煤油和燃料油、物料；寄售维修保税仓库用于在保修期限内免费维修有关外国产品并符合无代价抵偿货物有关规定的零部件；国家规定免税的其他货物，如高校和科研单位进口科研教学用仪器设备。

二是保税出库。主要是：运往境外的国际中转或者国际转口贸易的货物；运往境内其他海关特殊监管区域或海关保税监管场所（出口监管仓库除外）货物；通过加工贸易方式进入境内的货物。

三是征税出库。主要是，通过一般贸易方式进口至境内市场流通的货物。

四、典型案例

我国的制造业对原料需求强劲、消费市场庞大、集疏运体系发达等优势，支持保税仓库的功能同各类商品、特色属性不断叠加、融合，催生出众多新兴业态，吸引境内外生产商、贸易商、物流商纷纷设立保税仓库。

（一）货物分拨

如某欧洲酒庄在广州设立葡萄酒保税仓库，根据订单发往东南亚国家，交货期比从欧洲发货缩短20多天，且仓储成本比我国香港地区、新加坡更有优势。同时，根据境内需求，可缴税进口后进入境内市场消费。

（二）期货保税交割

保税仓库获得上海、大连等期货交易所承认并取得相应资质，成为开展原油、天然橡胶等期货交割仓库，因保税仓库为期交所认可，其仓储能力及管理规范化、专业化水平不容置疑，故成为吸引境内外客户的"金字招牌"。目前，青岛、大连等地原油、铁矿石保税仓库的期货保税交割业务发展势头喜人。

（三）铁矿石保税筛分

因各国（地区）铁矿石的矿山开采、运输条件等不同，矿石的平均粒度及品质难以直接满足钢厂要求，钢厂需将不均匀部分筛出后才能投产使用，以降低对设备的不良影响，但筛分后的矿石不能全部被利用，造成矿石使用率低。河北等地保税仓库将钢厂的筛分作业前置，开展铁矿石不同粒级筛分的分级分类简单加工，将矿石筛分成符合不同钢厂需求的粒度，提升矿石交付质量和生产效率。同理，有的保税仓库对进口芝麻按照纯色与异色进行分拣，包装后再出口。

（四）船舶飞机的油料及物料供应

保税仓库依托枢纽机场或港口优势，向国际航行的船舶、飞机供应油料及物料，主要分为两类：一类是存储油料的保税油罐，向本地（或者异地）供应航空煤油或船舶用燃料油；另一类是存放可以供应国际航行飞机、船舶物料的自用型或公用型保税仓库，如供应一次性餐碟、果汁、油漆等物资。

（五）寄售维修

寄售维修保税仓库，是为在我国销售的半导体制造、医疗设备、航材等技术要求高、专业性强的高端精密设备的境外生产商，提供保修期内（最长不超过原设备进口之日起 3 年）的售后服务而设立的保税仓库。维修件由外商免费提供，结合保税仓库集中报关功能，可以先行发货供客户紧急维修使用或借用，替换下的废旧件再退运或放弃。相对于传统的无代价抵偿模式，寄售维修保税仓库具有全天 24 小时随时发货的巨大优势，满足境外供应商及时提供售后维修服务、配件随时进出库的特殊需求。

五、申请保税仓库的条件

（一）经营企业条件

1. 应取得市场主体资格且已办理海关备案手续。

2. 具有专门存储保税货物的营业场所。

3. 拟设立公用型保税仓库的，其经营范围中应有仓储业务，且不得有同拟仓储货物相悖的排他条款。如经营原油企业，因原油属于危险化学品，经营范围中不但要有仓储服务，且不能备注"危化品经营除外"。

4. 申请自用型仓库的，应仅存储供本企业自用的保税货物。

（二）保税仓库条件

1. 符合国家关于土地管理、规划、交通、消防、安全、环保等法律法规规定和直属海关对保税仓库布局的要求。

关于保税仓库及出口监管仓库的布局要求，各直属海关对保税仓库及出口监管仓库（统称"两仓"）进行科学布局、规划总量、控制增量、优化存量，并对社会发布。海关支持管理规范、资信良好、信息化系统满足海关监管要求的现代物流企业建设两仓；对两仓利用率较低的区域不支持新设仓库，以引导企业充分利用现有保税仓储资源。

2.建立符合海关监管要求的保税仓库管理制度。

3.具备符合海关监管要求的隔离设施、监管设施和办理业务必需的其他设施，且具备符合海关监管要求的保税仓库计算机管理系统。其中，对于新申请设立的保税仓库，按照《关于进一步规范保税仓库、出口监管仓库管理有关事项的公告》（海关总署公告 2023 年第 75 号）公告附件《保税仓库、出口监管仓库设置规范》进行建设。对于 2023 年 7 月 1 日前已设立的，如存在与设置规范不符情形，应及时整改，并在 2025 年 6 月 30 日前整改完毕（其间仓库注册登记证书到期，经企业申请，符合除设置规范外其他延期规定的，先予以延期），逾期未完成的，仓库注册登记证书有效期届满后不予延期。

4.公用保税仓库面积不得低于 2000 平方米；仓库建筑类型为储罐（筒仓）的，容积不得低于 5000 立方米。液体保税仓库容积不得低于 5000 立方米。寄售维修保税仓库面积不得低于 2000 平方米。

5.申请专用型保税仓库的，必须符合专门用来存储具有特定用途或特殊种类商品的定义；申请寄售维修保税仓库的，应有进口设备供应商和经营企业关于设备售后维修的协议或合同。

因保税仓库尚未建成、企业无法达到上述隔离监管设施、计算机系统、最低面积（容积）要求的，企业应在申请材料中承诺在仓库验收时达到上述要求。

六、设立保税仓库流程

保税仓库设立审批属于国务院部门行政审批事项，是行政许可行为。企业应向仓库地址所在地的主管海关办理申请设立手续。

（一）提出申请

企业可以通过主管海关行政审批窗口现场提交纸质资料，或者通过"互联网＋海关"网上提交申请。

申请材料包括："保税仓库申请书"（含附表"保税仓库申请事项表"）；保税仓库位置图及平面图；申请设立寄售维修保税仓库的，提交经营企业与外商的维修协议。

其中，"保税仓库申请书"样式可以查找各个直属海关门户网站的"保税仓库设立审批"服务指南或办事指南，或者查找海关总署公告 2018 年第

4号。

位置图及平面图应简洁明了,图示不能过粗或过细,以使用者仅凭两个图纸即可以找到仓库所在地址及具体位置、长宽及面积、所在楼房层数等为合格标准。

(二)海关审批

1.申请材料(含补正后)齐全、符合法定形式的,主管海关做出受理决定,出具"海关行政审批受理单"。申请材料不齐全或不符合法定形式的,海关应当场或者5个工作日内一次告知申请企业需补正的全部内容,逾期不告知的,自收到申请材料之日起即为海关受理。申请材料仅存在文字性、技术性或者装订等可以当场更正错误的,企业可以当场更正并签章确认。

2.仓库主管海关受理企业申请后,可以派员到保税仓库现场进行验核,并在收到企业申请之日起20个工作日内审查完毕,提出初审意见后报直属海关。直属海关自接到材料之日起20个工作日内审查完毕:对符合条件的,出具有效期限为1年的"准予行政许可决定书";对不符合条件的,出具"不予行政许可决定书"。

(三)实地验收

企业应按照海关总署公布的《保税仓库、出口监管仓库设置规范》要求建设保税仓库。

企业必须在"准予行政许可决定书"的1年有效期内书面申请保税仓库验收。企业无正当理由逾期未申请验收或验收不合格的,该"准予行政许可决定书"自动失效。

仓库主管海关在接到验收申请材料之日起10个工作日内进行实地验收。验收时,企业应为海关核实保税仓库面积(容积)是否符合批准的面积(容积)、保税仓库管理制度、隔离设施(堆场围墙围网)和监管设施(如存储油气液体化工品的,需要安装油气液体化工品物流监控系统)、计算机管理系统等提供相关方便及佐证资料。

保税仓库验收合格后,仓库主管海关将有关材料报直属海关审核;直属海关自收到报送材料之日起10个工作日内审核完毕,制发"保税仓库注册登记证书"。对验收不合格的,海关应告知企业。

(四)开设电子账册

主管海关的企业管理部门凭"保税仓库注册登记证书"及相关材料办理

保税仓库的注册登记后，经营企业获得保税仓库的 10 位数海关注册编码，其中编码第 7 位为"D"的为公用保税仓库、"E"为液体保税仓库、"F"为寄售维修保税仓库、"G"暂为空、"H"为其他专用型保税仓库、"I"为备料保税仓库。经营企业再向当地电子口岸申请办理虚拟法人卡，进行相关委托授权后，获得办理业务的操作权限。

然后，经营企业通过"互联网＋海关"的"加贸保税—保税仓库、出口监管仓库的货物管理"模块或"中国国际贸易单一窗口"的相关模块向海关申请设立保税物流 L 账册。账册设立后，即可以进行报关、开展货物入出库作业。

七、保税仓库的延期、变更、注销（撤销）

保税仓库延期、变更、注销作业可通过现场提交纸质资料或通过"互联网＋海关"网上进行申请。保税仓库的延期、变更、注销业务的办理程序同保税仓库设立一致。延期的海关作业时限为 30 个工作日；除特殊情况外，变更、注销的海关作业时限为 40 个工作日。

（一）保税仓库延期

"保税仓库注册登记证书"有效期为 3 年。经营企业应当在证书有效期届满 30 个工作日前向主管海关书面申请办理延期手续。

仓库主管海关在收到延期申请之日起 15 个工作日内审核完毕，将相关材料上报直属海关；直属海关在 15 个工作日内做出是否准予延期的决定。

海关对不再具备保税仓库设立许可条件的，不予办理延期手续。

企业必须注意的是，若在保税仓库证书有效期届满前 30 个工作日之后才向海关提出延期申请的，海关不予延期。建议企业在证书有效期届满前 2~3 个月申请延期。

（二）保税仓库变更

保税仓库变更按照所需单证、是否需要海关实地验收，具体情况可以分为 3 类：

1. 变更仓库地址、仓储面（容）积

经营企业提交变更申请及仓库地理位置、平面图等有关材料，上述材料齐全、有效且仓库变更后仍达到应具备条件的，隶属海关、直属海关分别在

20 个工作日内审核完毕并做出决定。

在批准变更 1 年内，企业向海关申请实地验收，验收程序及要求同仓库设立时的实地验收。

2. 变更仓库名称

经营企业仅提交变更申请即可；除不需实地验收外，其他程序同变更仓库地址和仓储面（容）积。

3. 变更经营企业名称、组织形式、法定代表人

经营企业应于变更前向海关说明上述变更事项、事由和变更时间，并自相关批准文件下发之日起 30 日内向主管海关提交变更申请，主管海关应在 10 个工作日内审核完毕报直属海关批准。

对于因企业主体资格变更导致经营企业名称变更，或保税仓库通过变更企业名称方式转给其他企业经营的，海关不予许可。

（三）保税仓库注销及撤销

1. 注销

保税仓库存在《中华人民共和国行政许可法》要求予以注销情形之一的（如证书有效期届满未延期），或者经营企业申请终止保税仓库业务的，海关办理注销手续。

保税仓库申请注销的，仓库经营企业应当办结货物进口征税、复运出境、退仓、出仓离境或销毁等出库手续，并办结保税核注清单、业务申报表、出入库单、担保等单证手续。经营企业提交注销申请时，应包含对保税仓库货物、账册情况的说明。

2. 撤销

保税仓库存在《中华人民共和国行政许可法》要求予以撤销行政许可的情形（如不符合法定条件但被准予行政许可的；企业使用隐瞒事实、伪造申请资料、贿赂等不正当手段获得行政许可的），海关应撤销行政许可，取消保税仓库经营资质。

上述企业在采用内销征税、复运出境、销毁等方式处置完毕库存货物，且主管海关盘查货物及账册无异常情况或者存在异常已经依法处置完毕的，主管及直属海关办理保税仓库注销手续。企业交回"保税仓库注册登记证书"，海关注销电子账册及保税仓库的海关注册登记。

八、货物进出要求

（一）货物进出库

货物进境入仓，或者出仓复运出境、出仓进口之前，需要申报保税核注清单及报关单。出仓流转至其他特殊区域或保税场所的，应按照先进行转入申报、再进行转出申报的次序申报保税核注清单，企业可以根据实际需要选择是否申报报关单。

除存储大宗商品、液体货物的保税仓库外，货物进出库应当向海关发送到货确认信息。仓库经营企业在货物完成实际进出库24小时内，通过金关二期保税物流管理系统向海关报送到货确认核放单。超过24小时报送的，应主动向海关说明有关情况。海关认为有必要加强管理的，可要求存储大宗商品、液体货物的保税仓库经营企业按上述要求进行到货确认。

保税仓库货物已经办结海关手续的，收发货人应在办结相关手续之日起20日内提离仓库。特殊情况下，经海关同意可以延期提离（特殊商品除外），延期后累计提离时限最长不得超过3个月。

特殊货物正式入库前，建议企业提前办理相应营业资质获得许可证件。例如对于危险化学品和危险货物，应提前取得"危险化学品经营许可证"或"港口危险货物作业附证"等，以避免出现无证经营、货物被相关部门禁止入库的情况。

（二）集中报关

办理集中报关手续的货物，仓库主管海关可视情收取保证金，按照合理的出货频率和数量价值设定集中报关时间，当月出库的货物最迟应在次月5个工作日前办理报关手续，且不得跨年度申报。

除办理集中报关手续的以外，货物不得先出库、后报关。

（三）盘库核查

主管海关每年至少对保税仓库盘查一次，查看实际库存，并同电子账册数据进行比对，核实有无异常情况。

（四）货物存储期限延期

保税仓储货物存储期限为1年。有正当理由的，经海关同意可予以延期，延期后一般不应超过2年。因存在特殊情况（如货物因涉及案件被法院查封的），延期后货物存储期超出2年的，需要直属海关或者直属海关授权的仓库主管海关批准。

（五）货物损毁或灭失

保税仓库货物在存储期间发生损毁或者灭失的，除不可抗力外，保税仓库应当依法向海关缴纳损毁、灭失货物的税款，并承担相应的法律责任。

九、注意事项

保税仓储货物，未经海关批准，不得擅自出售、转让、抵押、质押、留置、移作他用或者进行其他处置。

对境内航空公司国际及国内港澳台航班从保税仓库购进的保税航油，出库时企业应按照监管方式"国轮油物料"（1139）申报进口报关单；供应外国籍国际航行飞机的保税航油，使用"保税仓库货物"（1233）报关。

供应保税油的企业需要获得国家批准的特殊经营资质。保税仓库可以应上述企业要求，提供存储油料的商业服务，但绝非设立保税仓库即获得保税供油资质。

保税仓库不得开展跨境电商、保税展示交易业务。

经营企业可以同时经营不同类型保税仓库。在同一仓库地址不同库区的，经营企业应当在不同保税仓库间作物理隔断，并设置明显标识。

第二节　出口监管仓库

一、出口监管仓库的定义

出口监管仓库，俗称"出口仓"，是指经海关批准设立，对已办结海关出口手续的货物进行存储、保税物流配送、提供流通性增值服务的仓库。1988 年，我国第一家出口监管仓库在深圳设立。

出口监管仓库与保税仓库合称"两仓"，是保税物流的基本形态及载体。相对而言，保税仓库货物来源主要是进口（部分通过特殊区域及保税场所等以保税流转方式而来），出库是面向境内或境外。出口监管仓库主要存放已办结海关出口手续的货物，还可以存储为了集拼而进口的货物，出库也是面向境内或境外。

二、出口监管仓库的分类

出口监管仓库分为出口配送型仓库和国内结转型仓库两大类。

出口配送型仓库，是指存储以实际离境为目的的出口货物的仓库，即境内货物先出口至仓库，再分拨配送至境外。早期广东省沿海很多出口监管仓库，利用珠三角地区商贸业发达、临近香港枢纽港优势，采购鞋类、玩具等商品，在出口监管仓库内打包、集拼、组柜后，利用香港密集的国际航线出口至世界各地。

国内结转型仓库，是指存储用于国内结转的出口货物的仓库。通常是加工贸易货物出口至仓库，以核销加工贸易手（账）册；再通过进口报关手续回流境内（以一般贸易或加工贸易方式），以满足加工贸易核销、多方销售货权转移、转换贸易方式等多重市场需求。

三、存储货物

出口监管仓库的主管海关是仓库库址所在地海关，同经营企业的注册地或所在办公地址无关。

经主管海关批准，出口监管仓库可以存入下列货物：一般贸易出口货物；加工贸易出口货物；从其他海关特殊监管区域、场所转入的出口货物；出口配送型仓库可以存放为拼装出口货物而进口的货物，以及为改换出口监管仓库货物包装而进口的包装物料；其他已办结海关出口手续的货物。

出口监管仓库不得存放以下3类货物：一是国家禁止进出境货物；二是未经批准的国家限制进出境货物；三是海关规定不得存放的其他货物。

四、相关要求

（一）许可证件

存入出口监管仓库的出口货物，属于许可证管理的，货主应当按照规定的要求提交许可证件。

（二）出口关税

出口货物若按规定须缴纳出口关税的，货主应缴纳相应税款。

（三）退税

货物进入出口监管仓库时不予退税，只有货物实际离境后，海关才办理出口货物退税证明手续。货物流转涉及出口退税的，按照有关规定办理。但也存在两个例外：一是享受"入仓退税"政策的出口监管仓库，货物入库即可退税；二是对国际航行船舶加注税号为"27101922"的燃料油实行退税，只要是出口监管仓库即可享受该优惠政策。

（四）流通性增值服务

存入出口监管仓库的货物不得进行实质性加工。但经主管海关同意，可以在仓库内进行品质检验、分级分类、分拣分装、加刷唛码、刷贴标志、打膜、改换包装等流通性增值服务。对在出口监管仓库内开展流通性增值服务所需的境内设备、材料，经主管海关同意后方可运入仓库，海关对此实行登记管理。

（五）保税货物流转

出口监管仓库与海关特殊监管区域、保税监管场所之间的保税货物流转，应当符合海关监管要求，并经主管海关同意后，按照规定办理相关手续。具体要求如下：对转入出口监管仓库的货物，应符合存储货物的要求；出口配送型仓库若为拼装出口货物而进口货物，即为改换货物包装而进口的包装物料，不允许保税流转，也不得在境内销售；涉及出口退税的，按照国家有关规定办理。

（六）集中报关

集中报关，又被称作"分送集报"，即经主管海关批准，对入仓批量少、批次频繁的货物，可以办理集中报关手续。每批次货物入仓时，企业必须向主管海关申请，货物属于许可证件管理的，需提交相关许可证件。集中报关的期限不得超过 1 个月，且不得跨年度办理。

（七）自行或转关运输

在全国通关一体化模式下，企业可以自行运输有关货物。对符合海关总署公告 2017 年第 48 号要求的，企业可以申请按照转关运输业务的相关规定办理手续。

（八）货物存储期限

出口监管仓库所存货物存储期限为 6 个月。货物存储期满前，仓库经营企业应当通知发货人办理货物出仓手续。对于需要延期的，发货人应在货物储存期满 10 日前向海关提交延期申请，海关下库核查后决定是否延期，但延期不得超过 6 个月。货物超出规定的存储期限未申请延期或海关不批准延期申请的，企业应办理超期货物的出仓离境、退仓、征税、销毁等手续。

（九）货物更换

对已存入出口监管仓库因质量等原因要求更换的货物，企业提出申请并提交相关质量检验报告等材料，经主管海关批准后，可以更换货物。被更换货物出仓前，更换货物应当先行入仓，并应与原货物的商品编码、品名、规格型号、数量和价值相同。

（十）月报及盘库

经营企业每月向主管海关报送上月仓库货物的进、出、转、存、退等情况。海关每年会对出口监管仓库进行一次或多次盘查，核实实际库存及有无异常经营情况。

五、典型案例

实践中，发展较好的出口监管仓库往往对多个功能及政策交叉、叠加使用。例如，国际配送业务的货物来源可以是境内也可以是境外，境内货物采用集中报关方式入仓，进行分拆、分拣后，同境外货物进行打托缠膜等增值服务后，出仓分别运往世界各地。笔者归纳了下列典型做法：

（一）存储

包括加工贸易及保税流转出口货物等保税货物的存储；一般贸易出口货物的存储；为拼装出口货物而进口的货物，以及为改换货物包装而进口的包装物料的存储。

（二）流通性增值服务及国际配送

最迟是在 21 世纪初，沃尔玛等国际知名企业将境外拼箱业务迁移至深圳等地的出口配送型仓库，叠加入仓退税优势，在我国大量采购鞋类、电器、玩具、服装等货物，分门别类包装并拼装组柜后出口到欧美超市。

（三）贸易方式转换或（及）货权转移

例如，电脑显示器 A 企业通过来料加工方式先将产品出口至国内结转型仓库给香港公司 B 后，电脑品牌商 C 公司再以一般贸易方式从仓库进口至境内使用，实现货权转移及贸易方式转换，降低了此类"国货复进口"模式的物流及时间成本。

（四）提前退还加贸风险类保证金

例如，境内某轮胎加工贸易生产企业，办理加工贸易手（账）册时，交纳风险类保证金。企业在生产完毕，将成品轮胎出口至临近的出口监管仓库后，申请退还风险类保证金，以减少资金占用，且相比之前全部出口至距离较远的综合保税区或保税物流中心（B型），减少了物流及时间成本。同时，外商还从境内不同厂家分别采购刹车片、车毂，在出口监管仓库内同轮胎拼装成套后，再销往世界各地。

（五）分送集报等多种进出仓方式

货物进出仓方式灵活，体现在两点：货物可以整批进仓、分批出仓，分批进仓、整批出仓，分批进仓、分批出仓等；境内货物入仓时企业可以申请集中报关方式，货物先行入库，在合理时间段内累积至一定总量后再报关，实现报关时间后移，节省成本。

（六）入仓退税

通常出口监管仓库是在出口货物实际离境后，再办理退税手续。在2004年年底，经海关总署及国家税务总局同意，深圳、厦门符合有关条件（如上年度入仓货物的实际出仓离境率不低于99%）的个别出口监管仓库开展"入仓即予退税"试点，境内货物进入出口监管仓库即视同出口，海关在出口货物入仓结关后、实际离境前，予以办理出口货物退税证明手续。该政策后又扩大到部分地区的少量出口监管仓库。

（七）对国际航行船舶加注燃料油实行退税

自2020年2月1日起，国际航行船舶在我国沿海港口加注税号为"27101922"的燃料油，实行增值税出口退税率为13%的出口退（免）税政策。海关对进入出口监管仓库为国际航行船舶加注的燃料油出具出口货物报关单，纳税人凭出口货物报关单等相关材料向税务部门申报出口退（免）税。该政策发挥了境内炼厂低硫燃料油供应能力优势，降低了国产燃料油出口成本，改善了我国船用燃料油高度依赖进口局面，并使境内低硫燃料油更好地进军国际市场。

六、货物进出仓

（一）入仓申报

1. 出口货物报关

企业先申报进口保税核注清单，监管方式为"保税间货物"（1200），运输方式为"其他运输"（9），再申报出口报关单，监管方式按照实际情况填写（如一般贸易、加工贸易等），运输方式为"监管仓库"（1）。报关单结关后，入仓申报成功。出口货物按照国家规定应当提交许可证件或者缴纳出口关税的，货主或其代理人应当取得许可证件或者缴纳税款。

2. 进口货物报关

出口配送型仓库若为拼装出口货物而进口货物及为改换货物包装而进口包装物料，则企业先申报进口保税核注清单，监管方式为"保税仓库货物"（1233），运输方式为实际运输方式（如水路运输），报关类型为对应报关，报关单类型为进口报关单。再补录进口报关单信息，监管方式及运输方式同进口保税核注清单，申报后放行结关即可。

（二）出仓申报

1. 出口报关

企业先申报出口保税核注清单，监管方式为"保税仓库货物"（1233），运输方式为实际运输方式（如航空运输），报关类型为对应报关，报关单类型为出口报关单。再补录出口报关单信息，监管方式及运输方式同出口保税核注清单。货物拼装出口时，可按照原入仓货物的实际状态分别申报，但须在报关单备注栏内注明"拼装货物"。

2. 进口报关

企业先申报出口保税核注清单，监管方式为"保税间货物"（1200），运输方式为"其他运输"（9），报关类型为关联报关，报关单类型为进口报关单。再申报进口报关单，监管方式按照实际填写（如一般贸易、加工贸易等），运输方式为"监管仓库"（1）。

（三）保税流转申报

流转申报的原则是"先报转入、再报转出"，企业根据需求可以选择无需报关单的"非报关"模式，也可以选择需要报关单的"报关"模式。现以"非报关"模式为例，转入企业先申报进口保税核注清单，监管方式为"保税间货物"（1200），运输方式为"其他运输"（9），报关标志为非报关，关联手（账）册备案号为转出企业的账册号。进口保税核注清单申报通过后，转出企业申报出口保税核注清单，相关要求同转入申报基本一致，但关联手（账）册备案号为转入企业账册号。出口保税核注清单申报后，进出口保税核注清单将由系统自动比对后予以通过或者退单。

（四）到货确认要求

除存储大宗商品、液体货物的出口监管仓库外，货物进出库应当向海关发送到货确认信息。仓库经营企业在货物完成实际进出库24小时内，通过金关二期保税物流管理系统向海关报送到货确认核放单。超过24小时报送的，应主动向海关说明有关情况。海关认为有必要加强管理的，可要求存储大宗商品、液体货物的出口监管仓库经营企业按上述要求进行到货确认。

（五）办结手续货物的提离要求

出口监管仓库货物已经办结转进口手续的，收发货人应在办结相关手续之日起20日内提离仓库。特殊情况下，经海关同意可以延期提离，延期后累计提离时限最长不得超过3个月。

七、申请出口监管仓库的条件

出口监管仓库的设立、延期、变更、注销等行政审批要求、程序、法定办理时限同保税仓库基本一致。有关要求见《中华人民共和国海关对出口监管仓库及所存货物的管理办法》，也可以在各直属海关门户网站查找"出口监管仓库设立审批行政审批事项服务指南""出口监管仓库设立审批政务服务事项办事指南""出口监管仓库和保税仓库设立审批行政审批事项服务指南"等（各关标题略有不同），上述指南对此均有详细介绍。

企业可以通过主管海关行政审批窗口现场提交纸质资料，或者通过"互联网＋海关"网上提交申请。

（一）经营企业条件

1. 应取得市场主体资格且已办理海关备案手续。

2. 具有进出口经营权和仓储经营权。

3. 具有专门存储货物的场所，其中出口配送型仓库的面积不低于2000平方米；国内结转型仓库的面积不低于1000平方米；仓库建筑类型为储罐（筒仓）的，容积不得低于5000立方米。

（二）出口监管仓库条件

1. 出口监管仓库建设、运营应当符合有关安全、消防、土地等法律、法规要求；仓库依法开展需要批准或者核准的经营项目，应当在取得相关部门批准后开展。

2. 申请设立的出口监管仓库应当符合海关对出口监管仓库布局的要求，

关于海关对出口监管仓库的布局要求，见上节中"五、申请保税仓库的条件"中第（二）款第一项保税仓库的布局要求。

3. 具有符合海关监管要求的隔离设施、监管设施和办理业务必需的其他设施；具有符合海关监管要求的计算机管理系统。其中，对于新申请设立的出口监管仓库，按照《关于进一步规范保税仓库、出口监管仓库管理有关事项的公告》（海关总署公告 2023 年第 75 号）公告附件《保税仓库、出口监管仓库设置规范》进行建设。对于 2023 年 7 月 1 日前已设立的，如存在与设置规范不符情形，应及时整改，并在 2025 年 6 月 30 日前整改完毕（期间仓库注册登记证书到期，经企业申请，符合除设置规范外其他延期规定的，先予以延期），逾期未完成的，仓库注册登记证书有效期届满后不予延期。

4. 建立出口监管仓库的章程、机构设置、仓储设施及账册管理等仓库管理制度。

八、设立出口监管仓库的流程

企业可以到主管海关行政审批窗口现场提交纸质申请，或者通过"互联网 + 海关"网上提交申请。建议提交设立申请前，先电话咨询主管海关。

（一）企业申请

企业提交申请材料如下：

1. 出口监管仓库申请书及附表（系制式表格，格式见海关总署公告 2018 年第 4 号）；

2. 仓库地理位置示意图及平面图。

申请企业向仓库所在地主管海关递交申请材料，海关应当场或在 5 个工作日内决定是否受理：对申请材料不齐全或者不符合法定形式的，应当场或者在签收申请材料后 5 个工作日内一次告知申请人需补正的全部内容。决定受理的，制发"行政审批受理单"；决定不予受理的，制发"行政许可申请不予受理通知书"。

（二）海关审批

主管海关受理申请后，于受理之日起 20 个工作日内审查完毕，将初审意见和相关材料报上级直属海关，必要时主管海关可派员到仓库进行现场验核。

直属海关应自收到仓库所在地主管海关报送的审查意见之日起 20 个工作日内做出决定：批准设立的，制发"准予行政许可决定书"；不予批准的，制发"不予行政许可决定书"。

（三）实地验收

企业应按照海关总署公布的《保税仓库、出口监管仓库设置规范》要求建设出口监管仓库。

企业应当自海关出具批准文件之日起 1 年内向主管海关书面申请验收，无正当理由逾期未申请验收或者经海关验收不合格的，该许可决定书自动失效。

主管海关自接到企业申请之日起 10 日内进行实地验收，并将相关材料报直属海关审核。实地验收时，企业应为海关验核出口监管仓库面积（容积）是否符合批准的面积（容积）、仓库管理制度、隔离设施（围墙围网）和监管设施（存储油气液体化工品的，需要安装油气液体化工品物流监控系统）、计算机管理系统等提供相关方便及佐证资料。

直属海关自收到主管海关报送材料之日起 10 日内审核完毕，必要时可会同主管海关实地核实。对验收合格的仓库，直属海关核发"出口监管仓库注册登记证书"；对验收不合格的，海关书面告知申请企业。

（四）开设电子账册

主管海关的企业管理部门凭"出口监管仓库注册登记证书"及相关材料办理出口监管仓库的注册登记后，经营企业获得仓库的 10 位数海关注册编码，其中编码第 7 位为"J"的是国内结转型出口监管仓库，"P"的是出口配送型出口监管仓库。

经营企业再向当地电子口岸申请办理虚拟法人卡，进行委托授权后，获得办理业务的操作权限。然后企业通过"互联网＋海关"的"加贸保税—保税仓库、出口监管仓库的货物管理"模块或"中国国际贸易单一窗口"的相关模块向海关申请设立该库的保税物流 L 账册。

账册设立后，即可以进行报关、开展货物入出库作业。

（五）延期、变更、注销（撤销）

出口监管仓库的延期、变更、注销（撤销）等作业同保税仓库基本一致，建议参照上节保税仓库开展业务。

九、注意事项

企业可以同时经营出口配送型和国内结转型两种类型的出口监管仓库。

对在同一仓库地址不同库区的、同时经营两种类型出口监管仓库的情况，经营企业应对两类仓库做物理隔断，并设置明显标识。

出口监管仓库必须专库专用，不得转租、转借给他人经营，不得下设分库。

第三节　保税物流中心（B型）

为适应现代物流发展的需求，2004年，我国在保税区实施区港联动试点，但数量与沿海分布局面无法满足内陆地区需求，因此，海关总署等部委打破保税仓库、出口监管仓库功能单一、功能隔离的局面，探索建立保税物流中心，叠加出口退税政策，使内陆地区具有沿海开放口岸优势，创造性地满足内陆发展国际物流的需求。2004年8月，苏州工业园区保税物流中心（B型）试点获批，是我国第一家保税物流中心。

根据成立条件、审批单位、经营企业要求、是否享受出口退税政策、海关驻点监管、围网和卡口管理等规定，保税物流中心分为A型和B型两类，B型较A型在设立条件及要求方面更加严格、政策更加优惠、功能更为完善。

保税仓库、出口监管仓库、保税物流中心（B型）设立条件及主要政策对比如表4-1所示。

表4-1　保税仓库、出口监管仓库、保税物流中心（B型）设立条件及
主要政策对比

主要异同	保税仓库		出口监管仓库		保税物流中心（B型）
	公用型	自用型	出口配送型	国内结转型	
面积要求	仓库建筑类型为储罐（筒仓）的，容积不得低于5000立方米。寄售维修保税仓库面积不得低于2000平方米		面积不得低于2000平方米	面积不得低于1000平方米	东部地区面积不低于5万平方米，中西部及东北地区面积不低于2万平方米
	面积最低为2000平方米	—			

表4-1（续）

主要异同	保税仓库		出口监管仓库		保税物流中心（B型）
	公用型	自用型	出口配送型	国内结转型	
出口退税政策	—	—	除个别特批的以外，普遍没有退税功能		享受入中心即退税政策
运营机制	一家企业经营，面向社会开展业务	供本企业自用	一家企业经营，面向社会开展业务		一家企业经营，多家企业入驻，面向社会开展业务
货物存储时间	1年；除特殊情况外，延期通常不超过1年		6个月；延期不得超过6个月		2年；除特殊情况外，延期不得超过1年
申请设立受理单位	所在地主管海关				直属海关
审批部门	直属海关				海关总署等部委

截至2023年6月底，我国共有保税物流中心（A型）5家、保税物流中心（B型）84家。保税物流中心（A型、B型）与保税仓库、出口监管仓库共同构成我国保税监管场所体系，尤其是保税物流中心（B型），可实现内陆地区与出口口岸的联动，满足企业就近物流配送的需求；"进口保税"和"出口退税"及一定"口岸"功能，实现了进出口货物状态可以统一转换为保税状态，便利企业开展高端物流业务、开拓国内国际市场，为社会节省大量资金及物流成本，尤其促进了我国内陆地区加工贸易及保税物流的发展。

因为保税物流中心（A型）数量、规模、社会影响均较小，下面主要介绍保税物流中心（B型）。

一、保税物流中心（B型）基本情况

保税物流中心（B型），是指经海关批准，由中国境内一家企业法人经营、多家企业进入，从事保税仓储物流业务的保税监管场所。保税物流中心内只能设立仓库、堆场和海关监管工作区，不得建立商业性消费设施；不得转租、转借经营，不得下设分中心。

（一）设立及验收

软硬件符合条件的企业向当地直属海关申请设立保税物流中心，直属海关受理后报海关总署，由海关总署会同财政部、国家税务总局和国家外汇管理局联合批复。

企业自收到批准其筹建物流中心通知后1年内申请验收，由所在地直属海关牵头财政部驻各省、自治区、直辖市、计划单列市财政监察专员办事处和省级税务及外汇部门审核验收，验收合格后取得注册登记证书及关区代码、国内地区代码，才可投入运营。

（二）主要企业类型

保税物流中心（B型）涉及企业主要有以下两类：

一类是经营企业，指保税物流中心的运营者，具有独立企业法人资格，设立管理机构负责物流中心日常管理工作，并协助海关实施对进出物流中心的货物及中心内企业经营行为的监管，但经营企业不得在本物流中心内直接从事保税仓储物流的经营活动。

另一类是中心内企业，指经海关批准进入物流中心开展保税仓储物流业务的企业，其应当具有独立的法人资格或者是中心外企业的分支机构，在物流中心内有专门存储海关监管货物的场所。

（三）可以开展的业务

保税存储进出口货物及其他未办结海关手续货物；对所存货物开展流通性简单加工和增值服务；全球采购和国际分拨、配送；国际转口贸易和国际中转；经海关批准的其他国际物流业务。

（四）不得开展的业务

商业零售；生产和加工制造；维修、翻新和拆解；存储国家禁止进出口货物，以及危害公共安全、公共卫生或者健康、公共道德或者秩序的国家限制进出口货物；存储法律、行政法规明确规定不能享受保税政策的货物；其他与物流中心无关的业务。

（五）存放货物范围

境内出口货物；国际转口货物和国际中转货物；外商暂存货物；加工贸易进出口货物；供应国际航行船舶和航空器的物料、维修用零部件；供维修外国产品所进口寄售的零配件；未办结海关手续的一般贸易进口货物；经海关批准的其他未办结海关手续的货物。

二、相关政策及要求

（一）进出口配额及许可证件政策

保税物流中心与境外之间进出的货物，除实行出口被动配额管理和我国参加或者缔结的国际条约及国家另有明确规定的以外，不实行进出口配额、许可证件管理。

保税物流中心与境内之间进出的货物（海关特殊监管区域、其他保税监管场所除外），属于许可证件管理商品的，企业应当提交许可证件。

关于许可证件的具体要求，可以参考本书第二章"综合保税区基本制度"的"二、贸易管制政策"相关内容。

（二）税收政策

1. 保税规定

进入保税物流中心内未办结海关手续的一般贸易进口货物、境内出口货物、转口货物和国际中转货物、外商暂存货物、加工贸易进出口货物、经海关批准的其他未办结海关手续的货物等，可以予以保税。

2. 出口退税及出口关税

除另有规定外，境内保税物流中心外的货物（包含原进口货物）进入保税物流中心视同出口，企业办理出口报关手续，享受出口退税政策。如需缴纳出口关税的，按照规定纳税。

3. 征税

保税物流中心货物进入境内，或者中心内企业自境外进口供自用的办公用品、交通运输工具、生活消费用品，以及企业在中心内开展综合物流服务所需的进口机器、装卸设备、管理设备等，需要征税。

4. 免税

从保税物流中心进入境内的，用于在保修期限内免费维修有关外国产品，并符合无代价抵偿货物有关规定的零部件，用于国际航行船舶和航空器的物料，国家规定免税的其他货物，免征关税和进口环节海关代征税。

（三）外汇政策

保税物流中心的外汇管理，参照国家外汇管理局印发的《经常项目外汇业务指引（2020年版）》相关规定执行，即：保税物流中心与境内中心外之间的货物贸易项下交易，可以以人民币或外币计价结算；除特殊情况外，服务贸易项下交易应当以人民币计价结算；中心内机构之间的交易，可以以人民币或外币计价结算。

（四）流通性简单加工和增值服务

企业可以对保税物流中心内货物开展流通性简单加工和增值服务，即可对货物进行分级分类、分拆分拣、分装、计量、组合包装、打膜、加刷唛码、刷贴标志、改换包装、拼装等辅助性简单作业。

（五）保税货物流转

保税物流中心内货物可以在中心内企业之间进行转让、转移并办理相关海关手续。保税物流中心与海关特殊监管区域、其他保税监管场所之间可以进行货物流转，并应按照规定办理相关海关手续。

（六）集中报关

集中报关，又被称作"分送集报"，是指保税物流中心内企业经主管海关批准，对中心与境内进出的货物先分批进出中心，后按照海关规定办理集中报关手续。实行集中申报的进出口货物，适用每次货物进出口时海关接受申报之日实施的税率、汇率，且不得跨年度办理。

（七）货物存储期限

保税物流中心内货物保税存储期限为 2 年。确有正当理由的，经主管海关同意可以予以延期，除特殊情况外，延期不得超过 1 年。

（八）全国通关一体化

保税物流中心货物跨关区提取，可以在中心主管海关办理手续，也可以按照海关其他规定办理相关手续。

（九）损毁或灭失货物处理

保税物流中心内保税仓储货物在存储期间发生损毁或者灭失的，除不可抗力外，中心内企业应当依法向海关缴纳损毁、灭失货物的税款，并承担相应的法律责任。

（十）其他要求

未经海关批准，保税物流中心内企业不得擅自将所存货物抵押、质押、留置、移作他用或者进行其他处置。

三、典型案例

保税物流中心（B 型）的政策功能不是独立、割裂运作的，而是互相叠加、共同作用的结果，例如，配送中心通常会有集拼业务，供应商管理库存模式是高度集成多个功能的结果。

笔者为启发读者借鉴成功案例以开阔思路，特别突出保税物流中心某个主要特色或特定性能，但并非别的功能不起作用。

（一）保税存储

保税存储是保税物流中心的常见业态，中心周边的大中型制造企业可以在原料价格较低或者自身库容、资金不足的情况下，将进口原料存入保税物流中心，暂不办理进口纳税手续，以减少资金等压力，再根据产线需要（分批）报关提货、纳税进口。

对用于在保修期限内免费维修有关外国产品并符合无代价抵偿货物有关规定的零部件，设备供应商可以委托第三方售后服务企业在中心内设立"寄售维修型"备件仓，以满足进口设备使用方对维修更新零部件"两小时响应"等应急需求。

商贸企业或供应链服务企业可以在货物国际市场价格较低，或者暂无下游买家，或者货物进口许可证件暂未办理的情况下，一次大量进口货物存入保税物流中心，待价格合适或者确定买家或办理许可证件后，再（分批）纳税清关。

（二）进出口集疏运与保税物流枢纽

集疏运是以大型物流节点为中心，运用各种运输方式将货物集中或疏散的运输活动。物流枢纽是具备较大规模配套的专业物流基础设施和完善的信息网络，通过多种运输方式便捷地连接外部交通运输网络，物流功能和服务体系完善并集中实现货物集散、存储、分拨、转运等多种功能，辐射较大范围物流网络的公共物流节点，通常适合大中型商贸企业、综合物流服务企业。例如，北方某物流中心位于国内主要港口附近，当地是木浆、棉花、木材等的集散地及交易地，可供采购原料的外省及当地生产企业较多，该中心利用当地海、铁、公路交通发达优势，引导周边生产企业将其作为第二仓库进行临时存放，以缓解资金压力。又如，业务量常年居全国前三位的广东某保税物流中心，已发展成为物流业务面向我国内陆，辐射我国港澳台地区、日本和东南亚的保税物流枢纽。

（三）国际转口贸易和国际中转

相关定义见本书第二章第三节内容。跨国商贸企业、国际采购商、国际物流服务商等可以将保税物流中心建在靠近海（江）港、空港、陆路交通枢纽或交通便利的地方，开展货物整箱中转或者中转集拼，将运往同一目的国或地区的货物在中心内拆拼后运往目的地。例如，西南某内陆省的保税物流中心与邻近铁路口岸联动，将来自日本、韩国、越南的车载设备、电子设备及日销品等运输至该中心，在办理国际中转手续后，搭乘中欧班列销往欧洲。

（四）全球采购和分拨配送

这部分的典型体现之一是供应商管理库存模式。该模式是指按照双方达成的协议，由供应链的上游企业根据下游企业的需求计划、销售信息和库存量，主动对下游企业的库存进行管理和控制的库存管理方式。例如，某世界著名电子产品代工厂为苹果、惠普、索尼等代理加工液晶显示屏，其原料来自境内外 800 多家供应商，保税物流中心内的某国际知名物流企业综合利用中心的进口保税、出口退（免）税、分送集报等政策，采用供应商管理库存及准时生产管理模式，多品种的境内外货物大批量进入中心集配后，变为少品种、小批量、多批次、多方向出中心进入工厂，不但实现众多原料高效率、低成本管理，还确保了物流和生产的无缝衔接。

配送中心是具有完善的配送基础设施和信息网络，可便捷地连接对外交通运输网络，并向末端客户提供短距离、小批量、多批次配送服务的专业化配送场所。例如，日本某公司在中国共投资十几家工厂，此前各厂是生产、销售、服务活动独立开展，分散化运作造成资源浪费。为降低交易成本和资金占有率，该公司整合中国市场各类资源，实现全球统一采购、统一分拨和配售，其中整合物流是首要目标。该公司利用保税物流中心成立跨国采购配送中心，将来自境内外统一采购的物料在中心内进行全球物流分拨、配送，不但极大地提升了物流响应及配送效率，而且大幅降低了物流成本。

（五）集拼服务

集拼是指将不同货主且流向相同的小批量货物集中起来、分类整理，并拼装至同一集装单元器具或同一载运工具的业务活动。集拼适合国际品牌商、综合物流服务商、出口跨境电商等企业，是典型规模效应的行业，承揽货物越多，成本越低，企业竞争力越强。例如，某知名日本服装连锁品牌，在珠三角地区的 3 个城市拥有缝纫厂供应服装，该企业依托保税物流中心，在中心内将上述工厂出口服装集拼后装船出境，发往目的国或地区的各个店铺，在保证及时补货的前提下，降低了拼柜费用。

（六）流通加工和增值服务

流通加工是根据顾客的需要，在流通过程中对产品实施的简单加工作业活动的总称。物流增值服务是在完成物流基本功能的基础上，根据客户需求提供的各种延伸业务活动，适合国际商贸公司、供应链服务企业等。例如，某保税物流中心进口巴基斯坦岩盐，入仓进行分装、贴标，更换为符合欧美购物习惯及审美要求的外包装后，出口到加拿大等地，实现了增值服务。

（七）分送集报

在通常情况下，境内货物进出保税物流中心应先报关，待海关放行后，货物才能进出中心。但随着经济活动对物流配送效率的要求越来越高，在准时生产、工厂零库存、供应商管理库存等模式下，货物小批量、多批次、24小时快速进出中心成为趋势。中心内企业可以向海关申请分送集报模式，经海关同意并办理相关手续后，企业分批进出货，待货物积累到一定数量或者时间达到一定期限后，企业再进行报关，降低了企业通关时效和报关成本。

（八）缩短出口退税时间

通常是企业处于内陆地区，距离出口口岸路途遥远，退税时间相对较长。例如，我国沿长江中部某省的大型企业出口工程机械，此前货物从上海或者广东口岸出境，运输周期较长，企业一般约20天才能完成出口手续；在改为货物出口到本地保税物流中心后，入中心后即可办结出口手续，实现提前退税。

（九）替代"境外一日游"

保税物流中心"一日游"是上下游企业利用保税物流中心的政策及功能，在短时间内通过出口及进口报关、出口退税、货权转移、货款交付等密集作业及高度集成，达到特定目的的业务模式。例如，广东某保税物流中心启用后，解决了当地5000多家企业此前通过"香港一日游"实现的退税、收汇难题，省去"国货出口复进口"往返香港的装卸、长途运输成本，缩短了上下游企业供货时间，提升了社会整体效率及效益。

（十）实现加工贸易特定需求

对于加工贸易企业，加贸成品出口进入保税物流中心，而非直接运往出口口岸的原因有货权转移、多方贸易、收付汇、转变加工贸易方式、提前退还加贸手册担保金、加快核销加贸手册、合理规避加贸内销税赋等，故上游企业可以将半成品出口至保税物流中心，在办结出口手续、达到相关目的后，下游企业再自中心进口货物后继续生产。例如，加工贸易深加工结转业务的境内增值部分，不能取得退税；而上游加贸企业利用保税物流中心取得出口货物退税后，下游加贸企业自中心进口后继续生产，解决了加贸深加工结转无法退税难题。

（十一）保税展示交易

保税展示交易是保税物流中心内企业经海关同意后，将保税货物提交担保后运至中心外进行展示和销售的经营活动。在该模式下，货物无须在销售前缴纳关税和增值税，产品能够低成本、近距离向客户展示；对于未交易的货物，可退回中心内或退运出境，企业承担销售风险小。保税展示交易的先销后税模式有利于境内外客商交流对接，减少中间环节，促进各类商品和货物的集散。例如，为中国国际进口博览会配套的上海某保税物流中心，在海外参展商、境内采购商和渠道商之间搭建起合作桥梁，在会展前为进口展品提供保税仓储、物流服务，方便海外展商布展；会展结束后，进口商品可以复运回中心。

（十二）平行进口汽车保税存储

平行进口汽车是指在汽车生产厂商授权销售体系之外，由除总经销商以外的其他进口商从境外进口的汽车，与境内授权经销商渠道"平行"。平行进口汽车保税存储需要在符合商务部门有关条件的整车进口口岸且符合一定条件的海关特殊监管区域和保税物流中心（B型）开展。例如，中国西南地区内陆某保税物流中心，利用靠近国际铁路港优势及口岸功能，开展平行进口汽车业务，通常进口汽车由欧洲启运，经过十几天铁路运输后抵达中心，或者自中东启运，通过海运到达广西某港口后，再抵达中心。

（十三）跨境电商网购保税进口

根据规定，跨境电商网购保税进口（跨境电商1210保税备案模式）只能在综合保税区和保税物流中心（B型）内开展业务。例如，华北某省虽然不沿边不靠海，但充分利用国际航空优势拓宽物流渠道，开通跨境电商包机，在保税物流中心内发展跨境电商网购保税进口，目前中心内备案企业达千余家，跨境电商成为当地对外开放的名片。又如，沿海某市的保税物流中心，利用毗邻日、韩及港口优势，重点服务境内某知名电商平台，在中心内成立跨境电商华东仓，辐射东部沿海地区，同时也为其他小型电商企业或平台提供服务，逐渐形成规模优势。

（十四）集结出口货物

此模式适合外贸出口企业、出口跨境电商企业、供应链综合服务企业。一方面是出口商在境内分批或分期采购货物后，将货物分批存放到保税物流中心，然后将货物一次出口离境，如工厂在获得大额订单后，将成品按批次存入中心、获取退税，待订单完成后一次性出口，不但增加现金流，还解决了库存压力。另一方面是大批量采购货物进入中心后，小批量出境。例如，西部地区某保税物流中心内企业从事浓缩苹果汁的冷链业务，从境内收购果汁后发往境外，受限于苹果收获的季节性和时效性，该企业每年要在一个月内完成苹果汁出口入中心仓储工作，后续根据境外客户订单，分批报关出境。

四、货物进出保税物流中心申报

（一）货物入中心报关

1. 进境货物

中心内企业申报进口保税核注清单，监管方式为"物流中心进出境货物"（6033）或"保税电商"（1210），运输方式为实际运输方式（如水路运输），报关类型为对应报关，报关单类型选择进口报关单。再录入报关单信息，监管方式及运输方式同进口保税核注清单，申报后放行结关即可。

2. 普通出口货物

中心内企业先申报进口保税核注清单，监管方式为"保税间货物"（1200），运输方式为"其他运输"（9），报关类型为关联报关，报关单类型选择出口报关单。中心外企业再申报出口报关单，监管方式按照实际情况填写（如一般贸易等），运输方式为"物流中心"（W），报关单结关后，入仓申报成功。出口货物按照国家规定应当提交许可证件或者缴纳出口关税的，货主或其代理人应当取得许可证件或者缴纳税款。

3. 加工贸易出口货物

中心企业先申报进口保税核注清单，监管方式为"保税间货物"（1200），运输方式为"其他运输"（9），报关标志根据实际需求选择报关或非报关（若选择报关，报关类型为对应报关，报关单类型选择进口报关单）。中心外加工贸易企业再申报出口保税核注清单，监管方式按照实际情况填写（如进料加工），运输方式为"物流中心"（W），报关类型为对应报关，报关单类型选择出口报关单。双方保税核注清单审核通过、报关单办理相关手续后，入中心申报成功。

（二）货物出中心报关

1. 出境货物

企业先申报出口保税核注清单，监管方式为"物流中心进出境货物"（6033）或"保税电商"（1210），运输方式为实际运输方式（如航空运输），报关类型为对应报关，报关单类型选择出口报关单。再补录报关单信息，监管方式及运输方式同出口保税核注清单。

2. 普通进口货物

中心企业先申报出口保税核注清单，监管方式为"保税间货物"（1200），运输方式为"其他运输"（9），报关类型为关联报关，报关单类型选择进口报关单。中心外企业再申报进口报关单，监管方式按照实际填写（如一般贸易），运输方式为"物流中心"（W）。

3. 加工贸易进口货物

中心外加工贸易企业先申报进口保税核注清单，监管方式按照实际情况填写（如进料加工），运输方式为"物流中心"（W），报关类型为对应报关，报关单类型选择进口报关单。物流中心企业再申报出口保税核注清单，监管方式为"保税间货物"（1200），运输方式为"其他运输"（9），报关标志根据实际需求选择报关或非报关（若选择报关，报关类型为对应报关，报关单类型选择出口报关单）。双方保税核注清单审核通过、报关单办理相关手续后，出中心申报成功。

（三）普通货物简单加工

1. 备案业务申报表

企业首先确定料件、成品关系是否符合简单加工定义及范畴，对于可以开展简单加工的业务，企业申报业务申报表，业务类型为"简单加工"，填报账册号、料件、成品及单耗关系等要素，损耗率须为0。申报后，提交海关审核。

2. 简单加工作业

海关审核同意后，企业方可进行简单加工作业。

3. 申报保税核注清单及报关单

入中心时申报进口保税核注清单，表头申报表编号栏填写申报表编号，表体申报表序号填写申报表中对应商品序号。待简单加工作业完毕、出中心前，企业申报出口保税核注清单，类型为简单加工，填写业务申报表编号及成品，其他填报内容同普通保税核注清单。完成保税核注清单申报后，再进行报关单申报。

4. 货物过卡

申报核放单后，货物及运输车辆过卡。

5. 申报表结案

业务申报表到期停用后，或虽未到期但不再使用时，企业应向海关提交业务申报表结案申请，海关审核同意后，该申报表结案。

第五章

常用专有名词

A

AEO 制度, 是 "经认证经营者" 制度（Authorized Economic Operator）简称,是世界海关组织为了实现《全球贸易安全与便利标准框架》,构建海关与商界之间的伙伴关系,实现贸易安全与便利目标而引入的一项制度,是海关对守法程度、信用状况和安全水平较高的企业进行认证、认可,从而给予其切实便利和优惠措施的一项制度。

B

保税仓, 是俗称,不是海关专有名词或术语,通常是指海关特殊监管区域内的仓储场所或者保税物流中心（B 型）内的仓储场所或者保税仓库,上述三者的概念和涉及法规存在很大不同。

保税仓库, 是指经海关批准设立的专门存放保税货物及其他未办结海关手续货物的仓库。——《中华人民共和国海关对保税仓库及所存货物的管理规定》（海关总署令第 105 号,2023 年第五次修正）

保税核查, 是指海关依法对监管期限内的保税加工货物、保税物流货物进行验核查证,检查监督保税加工企业、保税物流企业和海关特殊监管区域、保税监管场所内保税业务经营行为真实性、合法性的行为。——《中华人民共和国海关保税核查办法》（海关总署令第 173 号,2018 年修正）

保税加工业务, 是指经海关批准,对以来料加工、进料加工或者其他监管方式进出口的保税货物进行研发、加工、装配、制造以及相关配套服务的生产性经营行为。——《中华人民共和国海关保税核查办法》（海关总署令第 173 号,2018 年修正）

保税监管场所, 目前包含保税仓库、出口监管仓库、保税物流中心（A型）和保税物流中心（B 型）等。

保税物流业务, 是指经海关批准,将未办理进口纳税手续或者已办结出口手续的货物在境内流转的服务性经营行为。——《中华人民共和国海关保税核查办法》（海关总署令第 173 号,2018 年修正）

保税物流中心（A 型）, 是指经海关批准,由中国境内企业法人经营、专门从事保税仓储物流业务的保税监管场所。——《中华人民共和国海关对保税物流中心（A 型）的暂行管理办法》（海关总署令第 129 号,2018 年第

四次修正）

保税物流中心（B型），是指经海关批准，由中国境内一家企业法人经营，多家企业进入并从事保税仓储物流业务的保税监管场所。保税物流中心内只能设立仓库、堆场和海关监管工作区，不得建立商业性消费设施；不得转租、转借经营，不得下设分中心。——中华人民共和国海关对保税物流中心（B型）的暂行管理办法（海关总署令第130号，2018年第四次修正）

报关单位，是指按照《中华人民共和国海关报关单位备案管理规定》在海关备案的进出口货物收发货人、报关企业。——《中华人民共和国海关报关单位备案管理规定》（海关总署令第253号）

C

仓储货物按状态分类监管，是指允许非保税货物以非报关方式进入海关特殊监管区域，与保税货物集拼、分拨后，实际离境出口或出区返回境内的海关监管制度。——《关于海关特殊监管区域"仓储货物按状态分类监管"有关问题的公告》（海关总署公告2016年第72号）

仓单，是仓储保管人在与存货人签订仓储保管合同的基础上，按照行业惯例，以表面审查、外观查验为一般原则，对存货人所交付的仓储物品进行验收之后出具的权利凭证。——《物流术语》（GB/T 18354—2021）

舱单，是进出境运输工具舱单的简称，是指反映进出境运输工具所载货物、物品及旅客信息的载体，包括原始舱单、预配舱单、装（乘）载舱单。

出口监管仓库，是指经海关批准设立，对已办结海关出口手续的货物进行存储、保税物流配送、提供流通性增值服务的仓库。——《中华人民共和国海关对出口监管仓库及所存货物的管理办法》（海关总署令第133号，2023年第五次修正）

D

单耗，是指加工贸易企业在正常加工条件下加工单位成品所耗用的料件量，单耗包括净耗和工艺损耗。——《中华人民共和国海关加工贸易单耗管理办法》（海关总署令第155号，2018年第三次修正）

E

ERP 系统（Enterprise Resource Planning，企业资源计划），整合企业管理理念、业务流程、基础数据、人力物力、计算机硬件和软件于一体的企业资源管理系统，其主要宗旨是对企业的人、财、物、信息、时间和空间等综合资源进行综合平衡和优化管理，协调企业各管理部门开展业务活动。

二线，指综合保税区等特殊区域与我国关境内的其他地区之间，即特殊区域与境内区外之间。

F

翻新，是指将主体部分不具备设计性能的原产品（件）通过维护、修理、检测、升级或其他处置，使原件局部受损性能恢复或原有功能升级等；或者将主体部分不具备设计性能的原产品（件）中可利用部分与新的原料、配件一同重新投入进行拆解、修复、加工或组装，恢复原产品（件）基本的使用功能或超过原件性能的活动。——《机电产品进口管理办法》（商务部、海关总署、国家质检总局令第 7 号，2018 年修订）

分送集报，是"批次进出、集中申报"的简（俗）称，是指在满足一定条件并经海关允许下，海关特殊监管区域、保税场所与境内区（场所）外企业之间分批次进出的货物，可以先办理货物实际进出区（场所）手续，再在规定期限内集中办理海关报关手续的一种便捷通关模式。

G

固体废物，是指在生产、生活和其他活动中产生的丧失原有利用价值或者虽未丧失利用价值但被抛弃或者放弃的固态、半固态和置于容器中的气态的物品、物质以及法律、行政法规规定纳入固体废物管理的物品、物质。经无害化加工处理，并且符合强制性国家产品质量标准，不会危害公众健康和生态安全，或者根据固体废物鉴别标准和鉴别程序认定为不属于固体废物的除外。——《中华人民共和国固体废物污染环境防治法》（主席令第 43 号，2020 年第二次修订）

国际专线物流，业内对此并无明确或规范定义，是一种集货运输方式，指仅为某国或某地区提供物流服务，通常在航空包舱或海运快船运至国外后，通过境外合作公司派送，包含空运专线、海运专线、铁路专线，具有固定物流运输、承运商品种类丰富、运费适中、速度快且丢包率低的特点。

H

海关监管区，是指《中华人民共和国海关法》第一百条所规定的海关对进出境运输工具、货物、物品实施监督管理的场所和地点，包括海关特殊监管区域、保税监管场所、海关监管作业场所、免税商店以及其他有海关监管业务的场所和地点。——《中华人民共和国海关监管区管理暂行办法》（海关总署令第 232 号，2018 年第一次修正）

J

机电产品（含旧机电产品），是指机械设备、电气设备、交通运输工具、电子产品、电器产品、仪器仪表、金属制品等及其零部件、元器件。——《机电产品进口管理办法》（商务部、海关总署、国家质检总局令第 7 号，2018 年修订）

集拼，是指将不同货主且流向相同的小批量货物集中起来、分类整理，并拼装至同一集装单元器具或同一载运工具的业务活动。——《物流术语》（GB/T 18354—2021）

《京都公约》，全称《关于简化和协调海关业务制度的国际公约》，是海关合作理事会在简化和协调各国海关手续方面较为系统和全面的一个国际文件，由主约和附约两部分组成。因由海关合作理事会于 1973 年在日本京都召开的年会上通过，故名《京都公约》，我国于 1988 年加入。

加工贸易，是指经营企业进口全部或者部分原辅材料、零部件、元器件、包装物料，经过加工或者装配后，将制成品复出口的经营活动，包括来料加工和进料加工。——《中华人民共和国海关加工贸易货物监管办法》（海关总署令第 219 号，2023 年第五次修正）

结关，是报关单位在海关办理完毕进出口货物通关所必需的所有手续，完全履行法律规定的与进出口有关的义务，包括海关申报、查验、征税、放行等手续，货物结束海关监管的过程。——《物流术语》（GB/T 18354—2021）

金关二期特殊区域系统，是金关工程二期海关特殊监管区域管理子系统的简称，它以区内企业为单元实行电子账册管理，以底账数量为基础，使用保税核注清单核增核减底账，该信息化系统支持了综合保税区等特殊区域各项业务落地。

K

跨境电商零售进口，是指中国境内消费者通过跨境电商第三方平台经营者自境外购买商品，并通过"网购保税进口"（1210）、"网购保税进口 A"（1239）、"直购进口"（9610）3 种方式运递进境的消费行为。

跨境电商特殊区域出口，又被称为保税备货出口，该模式依托于综合保税区等海关特殊监管区域开展，跨境电商企业享受入区即退税政策（保税区除外），可以细分为特殊区域包裹零售出口和特殊区域出口海外仓零售。

L

两仓，是保税仓库与出口监管仓库的合称，系俗称。

两用物项和技术，是指根据《中华人民共和国核出口管制条例》《中华人民共和国核两用品及相关技术出口管制条例》《中华人民共和国导弹及相关物项和技术出口管制条例》《中华人民共和国生物两用品及相关设备和技术出口管制条例》《中华人民共和国监控化学品管理条例》《易制毒化学品管理条例》《有关化学品及相关设备和技术出口管制办法》等有关行政法规管制的物项和技术。

流通加工，是根据顾客的需要，在流通过程中对产品实施的简单加工作业活动的总称。简单加工业活动包括包装、分割、计量、分拣、刷标志、拴标签、组装、组配等。——《物流术语》（GB/T 18354—2021）

M

贸易方式，是买卖双方转让商品所有权时采用的交易方式，亦称货物的贸易性质。贸易方式统计可以反映各种贸易方式的进出口情况及其在对外贸易中所占的比重。

N

内销选择性征收关税政策，是指对海关特殊监管区域内企业生产、加工并经"二线"内销的货物，根据企业申请，按其对应进口料件或按实际报验状态征收关税，进口环节增值税、消费税照章征收。企业选择按进口料件征收关税时，应一并补征关税税款缓税利息。——《财政部 海关总署 国家税务总局关于扩大内销选择性征收关税政策试点的通知》（财关税〔2016〕40 号）

P

平行进口汽车，是指在汽车生产厂商授权销售体系之外，由除总经销商以外的其他进口商从境外进口的汽车，与国内授权经销商渠道"平行"。——《强制性产品认证实施规则（汽车）》（编号 CNCA-C11-01：2020）

Q

期货保税交割，是商品在保税状态下进入期货商品交割环节，期货保税交割应在经期货交易所指定的、具有保税仓储功能、履行期货保税交割的海关保税监管场所（通常是保税仓库）或综合保税区等海关特殊监管区域内的保税仓储企业开展。

清关，见上文中的结关。

区港联动，有两个概念：一个是 21 世纪初，我国在保税区与邻近港口实施区港联动监管模式和制度试点，由此产生了保税物流园区；另一个是金关二期特殊区域系统中有一种保税核注清单的类型是区港联动。

S

SAP（System Applications and Products），是德国 SAP 公司（中文名称思爱普）的 ERP 产品，该公司是全球最大的企业管理和协同化商务解决方案供应商，核心产品即是 SAP/ERP，该系统使用量世界排名第一，世界 500 企业普遍使用该系统。

T

特殊区域，亦称海关特殊监管区域，是指经国务院批准在中华人民共和国境内设立的综合保税区、自由贸易港等特殊区域，以及边民互市贸易区

（点），由海关会同有关部门按照国家有关规定实施监管，包含综合保税区、保税区、保税港区、出口加工区、跨境工业区、保税物流园区等。

W

WMS 系统（Warehouse Management System，仓库管理系统），是通过入库业务、出库业务、仓库调拨、库存调拨和虚仓管理等功能，综合批次管理、物料对应、库存盘点、质检管理、虚仓管理和即时库存管理等功能综合运用的管理系统，有效控制并跟踪仓库业务的物流和成本管理全过程，实现完善的企业仓储信息管理。

维修，是指通过维护、修理、检测、升级或其他维修处置，使原产品（件）局部受损功能恢复或原有功能升级的生产活动。——《机电产品进口管理办法》（商务部、海关总署、国家质检总局令第7号，2018年修订）

委托加工，是指（综合保税）区内企业利用监管期限内的免税设备接受区外企业的委托，对区外企业提供的入区货物进行加工，加工后的产品全部运往境内（区外），收取加工费，并向海关缴纳税款的行为。——《关于支持综合保税区内企业承接境内（区外）企业委托加工业务的公告》（海关总署公告2019年第28号）

物流增值服务，是在完成物流基本功能的基础上，根据客户需求提供的各种延伸业务活动。——《物流术语》（GB/T 18354—2021）

Y

"一日游"，也被称为即进即出业务、保税"一日游"、出口复进口等，是俗称，指上下游企业利用综合保税区或保税物流中心（B型）的政策及功能，在短时间内通过出口及进口报关、出口退税、货权转移、货款交付等密集作业及高度集成，达到特定目的业务模式。

一线，指综合保税区等特殊区域与境外之间。

Z

再制造，是指将主体部分不具备原设计性能但具备循环再生价值的原产品（件）完全拆解，经采用专门的工艺、技术对拆解的零部件进行修复、加工，产业化组装生产出再生成品，恢复或超过原产品（件）性能的生产活

动。——《机电产品进口管理办法》（商务部、海关总署、国家质检总局令第 7 号，2018 年修订）

整车进口口岸，是依据国家对整车进口限定口岸管理的政策，经国务院批准，享有开展从境外进口汽车整体业务范围的口岸。批准整车进口，主要是要考虑交通运输方便，且对周围城市的汽车销售有辐射作用或本身城市有很强的汽车制造业。

重点旧机电产品，是指涉及国家安全、社会公共利益、人的健康或者安全、动植物的生命或者健康、污染环境的旧机电产品。（我国）对重点旧机电产品实行限制进口管理。——《重点旧机电产品进口管理办法》（商务部、海关总署、国际质检总局令第 5 号，2019 年第二次修订）

自由贸易试验区，是在主权国家或地区的关境内，设立的以贸易投资便利化和货物自由进出为主要目的特定区域。——《物流术语》（GB/T 18354—2021）

综合保税区，是指经国务院批准，设立在中华人民共和国境内，实施封闭管理，实行保税等特定的税收政策和进出口管理政策，由海关会同有关部门按照国家相关规定实施监管的海关特殊监管区域。

第六章

全国海关特殊监管区域分布目录

截至 2023 年 6 月底，全国海关特殊监管区域（包含综合保税区、保税区、保税港区等）分布目录如表 6-1 所示。

表 6-1 全国海关特殊监管区域分布目录

（包含综合保税区、保税区、保税港区等，截至 2023 年 6 月底）

序号	省 / 自治区 / 直辖市	关区	名称
1	北京	北京海关	北京天竺综合保税区
2			北京大兴国际机场综合保税区
3			北京中关村综合保税区
4	天津	天津海关	天津东疆综合保税区
5			天津滨海新区综合保税区
6			天津港综合保税区
7			天津泰达综合保税区
8			天津临港综合保税区
9	河北	石家庄海关	曹妃甸综合保税区
10			秦皇岛综合保税区
11			廊坊综合保税区
12			石家庄综合保税区
13			雄安综合保税区
14	山西	太原海关	太原武宿综合保税区
15	内蒙古	呼和浩特海关	呼和浩特综合保税区
16			鄂尔多斯综合保税区
17		满洲里海关	满洲里综合保税区
18	辽宁	大连海关	大连大窑湾综合保税区
19			大连湾里综合保税区
20			大连保税区
21			营口综合保税区
22		沈阳海关	沈阳综合保税区
23	吉林	长春海关	长春兴隆综合保税区
24			珲春综合保税区

表 6-1（续 1）

序号	省/自治区/直辖市	关区	名称
25	黑龙江	哈尔滨海关	绥芬河综合保税区
26			哈尔滨综合保税区
27	上海	上海海关	洋山特殊综合保税区
28			上海浦东机场综合保税区
29			上海外高桥港综合保税区
30			上海外高桥保税区
31			松江综合保税区
32			金桥综合保税区
33			青浦综合保税区
34			漕河泾综合保税区
35			奉贤综合保税区
36			嘉定综合保税区
37	江苏	南京海关	张家港保税港区
38			苏州工业园综合保税区
39			昆山综合保税区
40			苏州高新技术产业开发区综合保税区
41			无锡高新区综合保税区
42			盐城综合保税区
43			淮安综合保税区
44			南京综合保税区
45			连云港综合保税区
46			镇江综合保税区
47			常州综合保税区
48			吴中综合保税区
49			吴江综合保税区
50			扬州综合保税区
51			常熟综合保税区
52			武进综合保税区

表 6-1（续 2）

序号	省/自治区/直辖市	关区	名称
53	江苏	南京海关	泰州综合保税区
54			南通综合保税区
55			太仓港综合保税区
56			江阴综合保税区
57			徐州综合保税区
58	浙江	宁波海关	宁波梅山综合保税区
59			宁波保税区
60			宁波北仑港综合保税区
61			宁波前湾综合保税区
62		杭州海关	舟山港综合保税区
63			杭州综合保税区
64			嘉兴综合保税区
65			金义综合保税区
66			温州综合保税区
67			义乌综合保税区
68			绍兴综合保税区
69			台州综合保税区
70	安徽	合肥海关	芜湖综合保税区
71			合肥经济技术开发区综合保税区
72			合肥综合保税区
73			马鞍山综合保税区
74			安庆综合保税区
75	福建	厦门海关	厦门海沧港综合保税区
76			泉州综合保税区
77			厦门象屿综合保税区
78		福州海关	福州保税区
79			福州综合保税区
80			福州江阴港综合保税区

表 6-1（续 3）

序号	省/自治区/直辖市	关区	名称
81	江西	南昌海关	九江综合保税区
82			南昌综合保税区
83			赣州综合保税区
84			井冈山综合保税区
85			上饶综合保税区
86	山东	济南海关	潍坊综合保税区
87			济南综合保税区
88			东营综合保税区
89			济南章锦综合保税区
90			淄博综合保税区
91		青岛海关	青岛前湾综合保税区
92			烟台综合保税区
93			威海综合保税区
94			青岛胶州湾综合保税区
95			青岛西海岸综合保税区
96			临沂综合保税区
97			日照综合保税区
98			青岛即墨综合保税区
99			青岛空港综合保税区
100	河南	郑州海关	郑州新郑综合保税区
101			郑州经开综合保税区
102			南阳卧龙综合保税区
103			洛阳综合保税区
104			开封综合保税区
105	湖北	武汉海关	武汉东湖综合保税区
106			武汉经开综合保税区
107			武汉新港空港综合保税区
108			宜昌综合保税区

表 6-1（续 4）

序号	省 / 自治区 / 直辖市	关区	名称
109	湖北	武汉海关	襄阳综合保税区
110			黄石棋盘洲综合保税区
111	湖南	长沙海关	衡阳综合保税区
112			郴州综合保税区
113			湘潭综合保税区
114			岳阳城陵矶综合保税区
115			长沙黄花综合保税区
116	广东	广州海关	广州南沙综合保税区
117			广州白云机场综合保税区
118			广州出口加工区
119		深圳海关	深圳前海综合保税区
120			深圳盐田综合保税区
121			福田保税区
122			深圳坪山综合保税区
123		黄埔海关	广州黄埔综合保税区
124			广州保税区
125			东莞虎门港综合保税区
126		拱北海关	珠海保税区
127			珠澳跨境工业区珠海园区
128			珠海高栏港综合保税区
129		汕头海关	汕头综合保税区
130			梅州综合保税区
131		湛江海关	湛江综合保税区
132	广西	南宁海关	钦州综合保税区
133			广西凭祥综合保税区
134			北海综合保税区
135			南宁综合保税区
136			梧州综合保税区

表 6-1（续 5）

序号	省 / 自治区 / 直辖市	关区	名称
137			海南洋浦保税港区
138	海南	海口海关	海口综合保税区
139			海口空港综合保税区
140			重庆西永综合保税区
141			重庆两路果园港综合保税区
142	重庆	重庆海关	重庆江津综合保税区
143			重庆涪陵综合保税区
144			万州综合保税区
145			重庆永川综合保税区
146			成都高新综合保税区
147			成都高新西园综合保税区
148	四川	成都海关	绵阳综合保税区
149			成都国际铁路港综合保税区
150			泸州综合保税区
151			宜宾综合保税区
152			贵阳综合保税区
153	贵州	贵阳海关	贵安综合保税区
154			遵义综合保税区
155	云南	昆明海关	昆明综合保税区
156			红河综合保税区
157			西安综合保税区
158			西安关中综合保税区
159			西安高新综合保税区
160	陕西	西安海关	西安航空基地综合保税区
161			宝鸡综合保税区
162			陕西西咸空港综合保税区
163			陕西杨凌综合保税区
164	甘肃	兰州海关	兰州新区综合保税区

表 6-1（续 6）

序号	省 / 自治区 / 直辖市	关区	名称
165	宁夏	银川海关	银川综合保税区
166			阿拉山口综合保税区
167	新疆	乌鲁木齐海关	乌鲁木齐综合保税区
168			霍尔果斯综合保税区
169			喀什综合保税区
170	青海	西宁海关	西宁综合保税区
171	西藏	拉萨海关	拉萨综合保税区

第七章

全国保税物流中心（B型）分布目录

截至 2023 年 6 月底，全国保税物流中心（B 型）分布目录如表 7-1 所示。

表 7-1 全国保税物流中心（B 型）分布目录

（截至 2023 年 6 月底）

序号	省/自治区/直辖市	关区	项目名称
1	北京	北京海关	北京亦庄保税物流中心（B 型）
2	天津	天津海关	天津经济技术开发区保税物流中心（B 型）
3			蓟州保税物流中心（B 型）
4	河北	石家庄海关	河北武安保税物流中心（B 型）
5			唐山港京唐港区保税物流中心（B 型）
6			辛集保税物流中心（B 型）
7	山西	太原海关	山西方略保税物流中心（B 型）
8			山西兰花保税物流中心（B 型）
9			大同国际陆港保税物流中心（B 型）
10	内蒙古	呼和浩特海关	巴彦淖尔保税物流中心（B 型）
11			包头保税物流中心（B 型）
12			七苏木保税物流中心（B 型）
13		满洲里海关	赤峰保税物流中心（B 型）
14	辽宁	大连海关	营口港保税物流中心（B 型）
15			盘锦港保税物流中心（B 型）
16		沈阳海关	铁岭保税物流中心（B 型）
17			锦州港保税物流中心（B 型）
18	吉林	长春海关	吉林保税物流中心（B 型）
19			延吉国际空港经济开发区保税物流中心（B 型）
20	黑龙江	哈尔滨海关	黑河保税物流中心（B 型）
21			牡丹江保税物流中心（B 型）
22	上海	上海海关	上海西北物流园保税物流中心（B 型）
23			虹桥商务区保税物流中心（B 型）
24	江苏	南京海关	连云港保税物流中心（B 型）
25			徐州保税物流中心（B 型）
26			如皋港保税物流中心（B 型）

表 7-1（续 1）

序号	省 / 自治区 / 直辖市	关区	项目名称
27	江苏	南京海关	大丰港保税物流中心（B型）
28			江苏海安保税物流中心（B型）
29			新沂保税物流中心（B型）
30			靖江保税物流中心（B型）
31			南京空港保税物流中心（B型）
32	浙江	杭州海关	杭州保税物流中心（B型）
33			义乌保税物流中心（B型）
34			湖州保税物流中心（B型）
35			湖州德清保税物流中心（B型）
36		宁波海关	宁波栎社保税物流中心（B型）
37			宁波镇海保税物流中心（B型）
38	安徽	合肥海关	蚌埠（皖北）保税物流中心（B型）
39			合肥空港保税物流中心（B型）
40			安徽皖东南保税物流中心（B型）
41			铜陵（皖中南）保税物流中心（B型）
42			皖江江南保税物流中心（B型）
43	福建	厦门海关	厦门火炬（翔安）保税物流中心（B型）
44			漳州台商投资区保税物流中心（B型）
45			泉州石湖港保税物流中心（B型）
46		福州海关	翔福保税物流中心（B型）
47	江西	南昌海关	龙南保税物流中心（B型）
48	山东	青岛海关	青岛西海岸新区保税物流中心（B型）
49			烟台福山回里保税物流中心（B型）
50			菏泽内陆港保税物流中心（B型）
51		济南海关	鲁中运达保税物流中心（B型）
52			青岛保税港区诸城功能区保税物流中心（B型）
53	河南	郑州海关	河南德众保税物流中心（B型）
54			河南商丘保税物流中心（B型）
55			河南民权保税物流中心（B型）

表 7-1（续 2）

序号	省/自治区/直辖市	关区	项目名称
56	河南	郑州海关	河南许昌保税物流中心（B型）
57	湖北	武汉海关	黄石棋盘洲保税物流中心（B型）
58			宜昌三峡保税物流中心（B型）
59			仙桃保税物流中心（B型）
60			荆门保税物流中心（B型）
61	湖南	长沙海关	长沙金霞保税物流中心（B型）
62			株洲铜塘湾保税物流中心（B型）
63	广东	广州海关	佛山国通保税物流中心（B型）
64		黄埔海关	东莞保税物流中心（B型）
65			东莞清溪保税物流中心（B型）
66		深圳海关	深圳机场保税物流中心（B型）
67		拱北海关	中山保税物流中心（B型）
68		湛江海关	湛江保税物流中心（B型）
69		江门海关	江门大广海湾保税物流中心（B型）
70	广西	南宁海关	防城港保税物流中心（B型）
71			柳州保税物流中心（B型）
72	海南	海口海关	三亚保税保税物流中心（B型）
73	重庆	重庆海关	重庆铁路保税物流中心（B型）
74			重庆南彭公路保税物流中心（B型）
75			重庆果园保税物流中心（B型）
76	四川	成都海关	成都空港保税物流中心（B型）
77			天府新区成都片区保税物流中心（B型）
78			南充保税物流中心（B型）
79	云南	昆明海关	昆明高新保税物流中心（B型）
80			腾俊国际陆港保税物流中心（B型）
81	甘肃	兰州海关	武威保税物流中心（B型）
82	青海	西宁海关	青海曹家堡保税物流中心（B型）
83	宁夏	银川海关	石嘴山保税物流中心（B型）
84	新疆	乌鲁木齐海关	奎屯保税物流中心（B型）

第八章

涉及的主要法规规章及规范性文件

涉及综合保税区等特殊区域的法律、国务院文件、部门规章、规范性文件等，剔除虽未废止但已基本不作为执法依据的有效文件在 100 个左右（包含内部通知），其中主要的直接相关的约 40 个，因篇幅所限，笔者仅将保税领域使用较多、受众范围大的列出，以供查找使用。

此外，还将保税物流中心（B 型）、保税仓库、出口监管仓库的规定一并列入。

一、法律

（一）中华人民共和国海关法（2021 年第六次修正）

（二）中华人民共和国进出口商品检验法（2021 年第五次修正）

（三）中华人民共和国进出境动植物检疫法（2009 年修正）

二、国务院文件

（一）《国务院关于促进综合保税区高水平开放高质量发展的若干意见》（国发〔2019〕3 号）

（二）《中华人民共和国海关行政处罚实施条例》（国务院令第 420 号，2022 年修订）

（三）《中华人民共和国海关事务担保条例》（国务院令第 581 号，2018 年修订）

三、部门规章

（一）《中华人民共和国海关综合保税区管理办法》（海关总署令第 256 号，2022 年施行）

（二）《保税区检验检疫监督管理办法》（原国家质检总局令第 71 号，2018 年第三次修正）

（三）《中华人民共和国海关审定内销保税货物完税价格办法》（海关总署令第 211 号，2014 年施行）

（四）《中华人民共和国海关对保税物流中心（B 型）的暂行管理办法》（海关总署令第 130 号，2018 年第四次修正）

（五）《中华人民共和国海关对保税仓库及所存货物的管理规定》（海关总署令第 105 号，2023 年第五次修正）

（六）《中华人民共和国海关对出口监管仓库及所存货物的管理办法》（海关总署令第 133 号，2023 年第五次修正）

（七）《国家外汇管理局关于印发〈经常项目外汇业务指引（2020 年版）〉的通知》（汇发〔2020〕14 号）（附件节选）

四、规范性文件

（一）《关于进一步规范保税仓库、出口监管仓库管理有关事项的公告》（海关总署公告 2023 年第 75 号）

（二）《关于优惠贸易协定项下进出口货物报关单有关原产地栏目填制规范和申报事宜的公告》（海关总署公告 2021 年第 34 号）

（三）《关于发布综合保税区维修产品增列目录的公告》（商务部、生态环境部、海关总署公告 2021 年第 45 号）

（四）《关于支持综合保税区内企业开展维修业务的公告》（商务部、生态环境部、海关总署公告 2020 年第 16 号）

（五）《关于全面禁止进口固体废物有关事项的公告》（生态环境部、商务部、国家发展和改革委员会、海关总署公告 2020 年第 53 号）

（六）《关于调整加工贸易内销申报纳税办理时限的公告》（海关总署公告 2020 年第 78 号）

（七）《关于扩大内销选择性征收关税政策试点的公告》（财政部、海关总署、国家税务总局公告 2020 年第 20 号）

（八）《财政部 海关总署 国家税务总局关于扩大内销选择性征收关税政策试点的通知》（财关税〔2016〕40 号）

（九）《商务部等七部门关于进一步促进汽车平行进口发展的意见》（商建函〔2019〕462 号）

（十）《商务部等八部门关于内蒙古等地区开展汽车平行进口试点有关问题的复函》（商建函〔2018〕48 号）

（十一）《关于综合保税区内开展保税货物租赁和期货保税交割业务的公告》（海关总署公告 2019 年第 158 号）

（十二）《关于简化综合保税区艺术品审批及监管手续的公告》（海关总署、文化和旅游部公告 2019 年第 67 号）

（十三）《关于简化综合保税区进出区管理的公告》（海关总署公告 2019

年第 50 号）

（十四）《关于境外进入综合保税区动植物产品检验项目实行"先入区、后检测"有关事项的公告》（海关总署公告 2019 年第 36 号）

（十五）《国家税务总局 财政部 海关总署关于在综合保税区推广增值税一般纳税人资格试点的公告》（国家税务总局、财政部、海关总署公告 2019 年第 29 号）

（十六）《关于境外进入综合保税区食品检验放行有关事项的公告》（海关总署公告 2019 年第 29 号）

（十七）《关于支持综合保税区内企业承接境内（区外）企业委托加工业务的公告》（海关总署公告 2019 年第 28 号）

（十八）《关于支持综合保税区开展保税研发业务的公告》（海关总署公告 2019 年第 27 号）

（十九）《关于海关特殊监管区域"仓储货物按状态分类监管"有关问题的公告》（海关总署公告 2016 年第 72 号）

附　录

中华人民共和国海关法

（1987年1月22日第六届全国人民代表大会常务委员会第十九次会议通过，根据2000年7月8日第九届全国人民代表大会常务委员会第十六次会议《关于修改〈中华人民共和国海关法〉的决定》第一次修正，根据2013年6月29日第十二届全国人民代表大会常务委员会第三次会议《关于修改〈中华人民共和国文物保护法〉等十二部法律的决定》第二次修正，根据2013年12月28日第十二届全国人民代表大会常务委员会第六次会议《关于修改〈中华人民共和国海洋环境保护法〉等七部法律的决定》第三次修正，根据2016年11月7日第十二届全国人民代表大会常务委员会第二十四次会议《关于修改〈中华人民共和国对外贸易法〉等十二部法律的决定》第四次修正，根据2017年11月4日第十二届全国人民代表大会常务委员会第三十次会议《关于修改〈中华人民共和国会计法〉等十一部法律的决定》第五次修正，根据2021年4月29日第十三届全国人民代表大会常务委员会第二十八次会议《关于修改〈中华人民共和国道路交通安全法〉等八部法律的决定》第六次修正）

目　录

第一章　总　则

第一条　为了维护国家的主权和利益，加强海关监督管理，促进对外经济贸易和科技文化交往，保障社会主义现代化建设，特制定本法。

第二条　中华人民共和国海关是国家的进出关境（以下简称进出境）监督管理机关。海关依照本法和其他有关法律、行政法规，监管进出境的运输工具、货物、行李物品、邮递物品和其他物品（以下简称进出境运输工具、货物、物品），征收关税和其他税、费，查缉走私，并编制海关统计和办理其他海关业务。

第三条　国务院设立海关总署，统一管理全国海关。

国家在对外开放的口岸和海关监管业务集中的地点设立海关。海关的隶属关系，不受行政区划的限制。

海关依法独立行使职权，向海关总署负责。

第四条　国家在海关总署设立专门侦查走私犯罪的公安机构，配备专职缉私警察，负责对其管辖的走私犯罪案件的侦查、拘留、执行逮捕、预审。

海关侦查走私犯罪公安机构履行侦查、拘留、执行逮捕、预审职责，应当按照《中华人民共和国刑事诉讼法》的规定办理。

海关侦查走私犯罪公安机构根据国家有关规定，可以设立分支机构。各分支机构办理其管辖的走私犯罪案件，应当依法向有管辖权的人民检察院移送起诉。

地方各级公安机关应当配合海关侦查走私犯罪公安机构依法履行职责。

第五条　国家实行联合缉私、统一处理、综合治理的缉私体制。海关负责组织、协调、管理查缉走私工作。有关规定由国务院另行制定。

各有关行政执法部门查获的走私案件，应当给予行政处罚的，移送海关依法处理；涉嫌犯罪的，应当移送海关侦查走私犯罪公安机构、地方公安机关依据案件管辖分工和法定程序办理。

第六条　海关可以行使下列权力：

（一）检查进出境运输工具，查验进出境货物、物品；对违反本法或者其他有关法律、行政法规的，可以扣留。

（二）查阅进出境人员的证件；查问违反本法或者其他有关法律、行政法规的嫌疑人，调查其违法行为。

（三）查阅、复制与进出境运输工具、货物、物品有关的合同、发票、账册、单据、记录、文件、业务函电、录音录像制品和其他资料；对其中与违反本法或者其他有关法律、行政法规的进出境运输工具、货物、物品有牵连的，可以扣留。

（四）在海关监管区和海关附近沿海沿边规定地区，检查有走私嫌疑的运输工具和有藏匿走私货物、物品嫌疑的场所，检查走私嫌疑人的身体；对有走私嫌疑的运输工具、货物、物品和走私犯罪嫌疑人，经直属海关关长或者其授权的隶属海关关长批准，可以扣留；对走私犯罪嫌疑人，扣留时间不超过二十四小时，在特殊情况下可以延长至四十八小时。

在海关监管区和海关附近沿海沿边规定地区以外，海关在调查走私案件时，对有走私嫌疑的运输工具和除公民住处以外的有藏匿走私货物、物品嫌疑的场所，经直属海关关长或者其授权的隶属海关关长批准，可以进行检查，有关当事人应当到场；当事人未到场的，在有见证人在场的情况下，可以径行检查；对其中有证据证明有走私嫌疑的运输工具、货物、物品，可以扣留。

海关附近沿海沿边规定地区的范围，由海关总署和国务院公安部门会同有关省级人民政府确定。

（五）在调查走私案件时，经直属海关关长或者其授权的隶属海关关长批准，可以查询案件涉嫌单位和涉嫌人员在金融机构、邮政企业的存款、汇款。

（六）进出境运输工具或者个人违抗海关监管逃逸的，海关可以连续追至海关监管区和海关附近沿海沿边规定地区以外，将其带回处理。

（七）海关为履行职责，可以配备武器。海关工作人员佩带和使用武器的规则，由海关总署会同国务院公安部门制定，报国务院批准。

（八）法律、行政法规规定由海关行使的其他权力。

第七条 各地方、各部门应当支持海关依法行使职权，不得非法干预海关的执法活动。

第八条 进出境运输工具、货物、物品，必须通过设立海关的地点进境或者出境。在特殊情况下，需要经过未设立海关的地点临时进境或者出境的，必须经国务院或者国务院授权的机关批准，并依照本法规定办理海关手续。

第九条 进出口货物，除另有规定的外，可以由进出口货物收发货人自行办理报关纳税手续，也可以由进出口货物收发货人委托报关企业办理报关纳税手续。

进出境物品的所有人可以自行办理报关纳税手续，也可以委托他人办理报关纳税手续。

第十条　报关企业接受进出口货物收发货人的委托，以委托人的名义办理报关手续的，应当向海关提交由委托人签署的授权委托书，遵守本法对委托人的各项规定。

报关企业接受进出口货物收发货人的委托，以自己的名义办理报关手续的，应当承担与收发货人相同的法律责任。

委托人委托报关企业办理报关手续的，应当向报关企业提供所委托报关事项的真实情况；报关企业接受委托人的委托办理报关手续的，应当对委托人所提供情况的真实性进行合理审查。

第十一条　进出口货物收发货人、报关企业办理报关手续，应当依法向海关备案。

报关企业和报关人员不得非法代理他人报关。

第十二条　海关依法执行职务，有关单位和个人应当如实回答询问，并予以配合，任何单位和个人不得阻挠。

海关执行职务受到暴力抗拒时，执行有关任务的公安机关和人民武装警察部队应当予以协助。

第十三条　海关建立对违反本法规定逃避海关监管行为的举报制度。

任何单位和个人均有权对违反本法规定逃避海关监管的行为进行举报。

海关对举报或者协助查获违反本法案件的有功单位和个人，应当给予精神的或者物质的奖励。

海关应当为举报人保密。

第二章　进出境运输工具

第十四条　进出境运输工具到达或者驶离设立海关的地点时，运输工具负责人应当向海关如实申报，交验单证，并接受海关监管和检查。

停留在设立海关的地点的进出境运输工具，未经海关同意，不得擅自驶离。

进出境运输工具从一个设立海关的地点驶往另一个设立海关的地点的，应当符合海关监管要求，办理海关手续，未办结海关手续的，不得改驶境外。

第十五条　进境运输工具在进境以后向海关申报以前，出境运输工具在办结海关手续以后出境以前，应当按照交通主管机关规定的路线行进；交通主管机关没有规定的，由海关指定。

第十六条　进出境船舶、火车、航空器到达和驶离时间、停留地点、停留期间更换地点以及装卸货物、物品时间，运输工具负责人或者有关交通运输部门应当事先通知海关。

第十七条　运输工具装卸进出境货物、物品或者上下进出境旅客，应当接受海关监管。

货物、物品装卸完毕，运输工具负责人应当向海关递交反映实际装卸情况的交接单据和记录。

上下进出境运输工具的人员携带物品的，应当向海关如实申报，并接受海关检查。

第十八条　海关检查进出境运输工具时，运输工具负责人应当到场，并根据海关的要求开启舱室、房间、车门；有走私嫌疑的，并应当开拆可能藏匿走私货物、物品的部位，搬移货物、物料。

海关根据工作需要，可以派员随运输工具执行职务，运输工具负责人应当提供方便。

第十九条　进境的境外运输工具和出境的境内运输工具，未向海关办理手续并缴纳关税，不得转让或者移作他用。

第二十条　进出境船舶和航空器兼营境内客、货运输，应当符合海关监管要求。

进出境运输工具改营境内运输，需向海关办理手续。

第二十一条　沿海运输船舶、渔船和从事海上作业的特种船舶，未经海关同意，不得载运或者换取、买卖、转让进出境货物、物品。

第二十二条　进出境船舶和航空器，由于不可抗力的原因，被迫在未设立海关的地点停泊、降落或者抛掷、起卸货物、物品，运输工具负责人应当立即报告附近海关。

第三章　进出境货物

第二十三条　进口货物自进境起到办结海关手续止，出口货物自向海关申报起到出境止，过境、转运和通运货物自进境起到出境止，应当接受海关监管。

第二十四条 进口货物的收货人、出口货物的发货人应当向海关如实申报，交验进出口许可证件和有关单证。国家限制进出口的货物，没有进出口许可证件的，不予放行，具体处理办法由国务院规定。

进口货物的收货人应当自运输工具申报进境之日起十四日内，出口货物的发货人除海关特准的外应当在货物运抵海关监管区后、装货的二十四小时以前，向海关申报。

进口货物的收货人超过前款规定期限向海关申报的，由海关征收滞报金。

第二十五条 办理进出口货物的海关申报手续，应当采用纸质报关单和电子数据报关单的形式。

第二十六条 海关接受申报后，报关单证及其内容不得修改或者撤销，但符合海关规定情形的除外。

第二十七条 进口货物的收货人经海关同意，可以在申报前查看货物或者提取货样。需要依法检疫的货物，应当在检疫合格后提取货样。

第二十八条 进出口货物应当接受海关查验。海关查验货物时，进口货物的收货人、出口货物的发货人应当到场，并负责搬移货物，开拆和重封货物的包装。海关认为必要时，可以径行开验、复验或者提取货样。

海关在特殊情况下对进出口货物予以免验，具体办法由海关总署制定。

第二十九条 除海关特准的外，进出口货物在收发货人缴清税款或者提供担保后，由海关签印放行。

第三十条 进口货物的收货人自运输工具申报进境之日起超过三个月未向海关申报的，其进口货物由海关提取依法变卖处理，所得价款在扣除运输、装卸、储存等费用和税款后，尚有余款的，自货物依法变卖之日起一年内，经收货人申请，予以发还；其中属于国家对进口有限制性规定，应当提交许可证件而不能提供的，不予发还。逾期无人申请或者不予发还的，上缴国库。

确属误卸或者溢卸的进境货物，经海关审定，由原运输工具负责人或者货物的收发货人自该运输工具卸货之日起三个月内，办理退运或者进口手续；必要时，经海关批准，可以延期三个月。逾期未办手续的，由海关按前款规定处理。

前两款所列货物不宜长期保存的，海关可以根据实际情况提前处理。

收货人或者货物所有人声明放弃的进口货物，由海关提取依法变卖处理；所得价款在扣除运输、装卸、储存等费用后，上缴国库。

第三十一条 按照法律、行政法规、国务院或者海关总署规定暂时进口或者暂时出口的货物，应当在六个月内复运出境或者复运进境；需要延长复运出境或者复运进境期限的，应当根据海关总署的规定办理延期手续。

第三十二条 经营保税货物的储存、加工、装配、展示、运输、寄售业务和经营免税商店，应当符合海关监管要求，经海关批准，并办理注册手续。

保税货物的转让、转移以及进出保税场所，应当向海关办理有关手续，接受海关监管和查验。

第三十三条 企业从事加工贸易，应当按照海关总署的规定向海关备案。加工贸易制成品单位耗料量由海关按照有关规定核定。

加工贸易制成品应当在规定的期限内复出口。其中使用的进口料件，属于国家规定准予保税的，应当向海关办理核销手续；属于先征收税款的，依法向海关办理退税手续。

加工贸易保税进口料件或者制成品内销的，海关对保税的进口料件依法征税；属于国家对进口有限制性规定的，还应当向海关提交进口许可证件。

第三十四条 经国务院批准在中华人民共和国境内设立的保税区等海关特殊监管区域，由海关按照国家有关规定实施监管。

第三十五条 进口货物应当由收货人在货物的进境地海关办理海关手续，出口货物应当由发货人在货物的出境地海关办理海关手续。

经收发货人申请，海关同意，进口货物的收货人可以在设有海关的指运地、出口货物的发货人可以在设有海关的启运地办理海关手续。上述货物的转关运输，应当符合海关监管要求；必要时，海关可以派员押运。

经电缆、管道或者其他特殊方式输送进出境的货物，经营单位应当定期向指定的海关申报和办理海关手续。

第三十六条 过境、转运和通运货物，运输工具负责人应当向进境地海关如实申报，并应当在规定期限内运输出境。

海关认为必要时，可以查验过境、转运和通运货物。

第三十七条　海关监管货物，未经海关许可，不得开拆、提取、交付、发运、调换、改装、抵押、质押、留置、转让、更换标记、移作他用或者进行其他处置。

海关加施的封志，任何人不得擅自开启或者损毁。

人民法院判决、裁定或者有关行政执法部门决定处理海关监管货物的，应当责令当事人办结海关手续。

第三十八条　经营海关监管货物仓储业务的企业，应当经海关注册，并按照海关规定，办理收存、交付手续。

在海关监管区外存放海关监管货物，应当经海关同意，并接受海关监管。

违反前两款规定或者在保管海关监管货物期间造成海关监管货物损毁或者灭失的，除不可抗力外，对海关监管货物负有保管义务的人应当承担相应的纳税义务和法律责任。

第三十九条　进出境集装箱的监管办法、打捞进出境货物和沉船的监管办法、边境小额贸易进出口货物的监管办法，以及本法未具体列明的其他进出境货物的监管办法，由海关总署或者由海关总署会同国务院有关部门另行制定。

第四十条　国家对进出境货物、物品有禁止性或者限制性规定的，海关依据法律、行政法规、国务院的规定或者国务院有关部门依据法律、行政法规的授权作出的规定实施监管。具体监管办法由海关总署制定。

第四十一条　进出口货物的原产地按照国家有关原产地规则的规定确定。

第四十二条　进出口货物的商品归类按照国家有关商品归类的规定确定。

海关可以要求进出口货物的收发货人提供确定商品归类所需的有关资料；必要时，海关可以组织化验、检验，并将海关认定的化验、检验结果作为商品归类的依据。

第四十三条　海关可以根据对外贸易经营者提出的书面申请，对拟作进口或者出口的货物预先作出商品归类等行政裁定。

进口或者出口相同货物，应当适用相同的商品归类行政裁定。

海关对所作出的商品归类等行政裁定，应当予以公布。

第四十四条 海关依照法律、行政法规的规定，对与进出境货物有关的知识产权实施保护。

需要向海关申报知识产权状况的，进出口货物收发货人及其代理人应当按照国家规定向海关如实申报有关知识产权状况，并提交合法使用有关知识产权的证明文件。

第四十五条 自进出口货物放行之日起三年内或者在保税货物、减免税进口货物的海关监管期限内及其后的三年内，海关可以对与进出口货物直接有关的企业、单位的会计账簿、会计凭证、报关单证以及其他有关资料和有关进出口货物实施稽查。具体办法由国务院规定。

第四章　进出境物品

第四十六条 个人携带进出境的行李物品、邮寄进出境的物品，应当以自用、合理数量为限，并接受海关监管。

第四十七条 进出境物品的所有人应当向海关如实申报，并接受海关查验。

海关加施的封志，任何人不得擅自开启或者损毁。

第四十八条 进出境邮袋的装卸、转运和过境，应当接受海关监管。邮政企业应当向海关递交邮件路单。

邮政企业应当将开拆及封发国际邮袋的时间事先通知海关，海关应当按时派员到场监管查验。

第四十九条 邮运进出境的物品，经海关查验放行后，有关经营单位方可投递或者交付。

第五十条 经海关登记准予暂时免税进境或者暂时免税出境的物品，应当由本人复带出境或者复带进境。

过境人员未经海关批准，不得将其所带物品留在境内。

第五十一条 进出境物品所有人声明放弃的物品、在海关规定期限内未办理海关手续或者无人认领的物品，以及无法投递又无法退回的进境邮递物品，由海关依照本法第三十条的规定处理。

第五十二条 享有外交特权和豁免的外国机构或者人员的公务用品或者自用物品进出境，依照有关法律、行政法规的规定办理。

第五章　关　税

第五十三条　准许进出口的货物、进出境物品，由海关依法征收关税。

第五十四条　进口货物的收货人、出口货物的发货人、进出境物品的所有人，是关税的纳税义务人。

第五十五条　进出口货物的完税价格，由海关以该货物的成交价格为基础审查确定。成交价格不能确定时，完税价格由海关依法估定。

进口货物的完税价格包括货物的货价、货物运抵中华人民共和国境内输入地点起卸前的运输及其相关费用、保险费；出口货物的完税价格包括货物的货价、货物运至中华人民共和国境内输出地点装载前的运输及其相关费用、保险费，但是其中包含的出口关税税额，应当予以扣除。

进出境物品的完税价格，由海关依法确定。

第五十六条　下列进出口货物、进出境物品，减征或者免征关税：

（一）无商业价值的广告品和货样；

（二）外国政府、国际组织无偿赠送的物资；

（三）在海关放行前遭受损坏或者损失的货物；

（四）规定数额以内的物品；

（五）法律规定减征、免征关税的其他货物、物品；

（六）中华人民共和国缔结或者参加的国际条约规定减征、免征关税的货物、物品。

第五十七条　特定地区、特定企业或者有特定用途的进出口货物，可以减征或者免征关税。特定减税或者免税的范围和办法由国务院规定。

依照前款规定减征或者免征关税进口的货物，只能用于特定地区、特定企业或者特定用途，未经海关核准并补缴关税，不得移作他用。

第五十八条　本法第五十六条、第五十七条第一款规定范围以外的临时减征或者免征关税，由国务院决定。

第五十九条　暂时进口或者暂时出口的货物，以及特准进口的保税货物，在货物收发货人向海关缴纳相当于税款的保证金或者提供担保后，准予暂时免纳关税。

第六十条　进出口货物的纳税义务人，应当自海关填发税款缴款书之日起十五日内缴纳税款；逾期缴纳的，由海关征收滞纳金。纳税义务人、担保人超过三个月仍未缴纳的，经直属海关关长或者其授权的隶属海关关长批准，海关可以采取下列强制措施：

（一）书面通知其开户银行或者其他金融机构从其存款中扣缴税款；

（二）将应税货物依法变卖，以变卖所得抵缴税款；

（三）扣留并依法变卖其价值相当于应纳税款的货物或者其他财产，以变卖所得抵缴税款。

海关采取强制措施时，对前款所列纳税义务人、担保人未缴纳的滞纳金同时强制执行。

进出境物品的纳税义务人，应当在物品放行前缴纳税款。

第六十一条 进出口货物的纳税义务人在规定的纳税期限内有明显的转移、藏匿其应税货物以及其他财产迹象的，海关可以责令纳税义务人提供担保；纳税义务人不能提供纳税担保的，经直属海关关长或者其授权的隶属海关关长批准，海关可以采取下列税收保全措施：

（一）书面通知纳税义务人开户银行或者其他金融机构暂停支付纳税义务人相当于应纳税款的存款；

（二）扣留纳税义务人价值相当于应纳税款的货物或者其他财产。

纳税义务人在规定的纳税期限内缴纳税款的，海关必须立即解除税收保全措施；期限届满仍未缴纳税款的，经直属海关关长或者其授权的隶属海关关长批准，海关可以书面通知纳税义务人开户银行或者其他金融机构从其暂停支付的存款中扣缴税款，或者依法变卖所扣留的货物或者其他财产，以变卖所得抵缴税款。

采取税收保全措施不当，或者纳税义务人在规定期限内已缴纳税款，海关未立即解除税收保全措施，致使纳税义务人的合法权益受到损失的，海关应当依法承担赔偿责任。

第六十二条 进出口货物、进出境物品放行后，海关发现少征或者漏征税款，应当自缴纳税款或者货物、物品放行之日起一年内，向纳税义务人补征。因纳税义务人违反规定而造成的少征或者漏征，海关在三年以内可以追征。

第六十三条 海关多征的税款，海关发现后应当立即退还；纳税义务人自缴纳税款之日起一年内，可以要求海关退还。

第六十四条 纳税义务人同海关发生纳税争议时，应当缴纳税款，并可以依法申请行政复议；对复议决定仍不服的，可以依法向人民法院提起诉讼。

第六十五条　进口环节海关代征税的征收管理，适用关税征收管理的规定。

第六章　海关事务担保

第六十六条　在确定货物的商品归类、估价和提供有效报关单证或者办结其他海关手续前，收发货人要求放行货物的，海关应当在其提供与其依法应当履行的法律义务相适应的担保后放行。法律、行政法规规定可以免除担保的除外。

法律、行政法规对履行海关义务的担保另有规定的，从其规定。

国家对进出境货物、物品有限制性规定，应当提供许可证件而不能提供的，以及法律、行政法规规定不得担保的其他情形，海关不得办理担保放行。

第六十七条　具有履行海关事务担保能力的法人、其他组织或者公民，可以成为担保人。法律规定不得为担保人的除外。

第六十八条　担保人可以以下列财产、权利提供担保：

（一）人民币、可自由兑换货币；

（二）汇票、本票、支票、债券、存单；

（三）银行或者非银行金融机构的保函；

（四）海关依法认可的其他财产、权利。

第六十九条　担保人应当在担保期限内承担担保责任。担保人履行担保责任的，不免除被担保人应当办理有关海关手续的义务。

第七十条　海关事务担保管理办法，由国务院规定。

第七章　执法监督

第七十一条　海关履行职责，必须遵守法律，维护国家利益，依照法定职权和法定程序严格执法，接受监督。

第七十二条　海关工作人员必须秉公执法，廉洁自律，忠于职守，文明服务，不得有下列行为：

（一）包庇、纵容走私或者与他人串通进行走私；

（二）非法限制他人人身自由，非法检查他人身体、住所或者场所，非法检查、扣留进出境运输工具、货物、物品；

（三）利用职权为自己或者他人谋取私利；

（四）索取、收受贿赂；

（五）泄露国家秘密、商业秘密和海关工作秘密；

（六）滥用职权，故意刁难，拖延监管、查验；

（七）购买、私分、占用没收的走私货物、物品；

（八）参与或者变相参与营利性经营活动；

（九）违反法定程序或者超越权限执行职务；

（十）其他违法行为。

第七十三条 海关应当根据依法履行职责的需要，加强队伍建设，使海关工作人员具有良好的政治、业务素质。

海关专业人员应当具有法律和相关专业知识，符合海关规定的专业岗位任职要求。

海关招收工作人员应当按照国家规定，公开考试，严格考核，择优录用。

海关应当有计划地对其工作人员进行政治思想、法制、海关业务培训和考核。海关工作人员必须定期接受培训和考核，经考核不合格的，不得继续上岗执行职务。

第七十四条 海关总署应当实行海关关长定期交流制度。

海关关长定期向上一级海关述职，如实陈述其执行职务情况。海关总署应当定期对直属海关关长进行考核，直属海关应当定期对隶属海关关长进行考核。

第七十五条 海关及其工作人员的行政执法活动，依法接受监察机关的监督；缉私警察进行侦查活动，依法接受人民检察院的监督。

第七十六条 审计机关依法对海关的财政收支进行审计监督，对海关办理的与国家财政收支有关的事项，有权进行专项审计调查。

第七十七条 上级海关应当对下级海关的执法活动依法进行监督。上级海关认为下级海关作出的处理或者决定不适当的，可以依法予以变更或者撤销。

第七十八条 海关应当依照本法和其他有关法律、行政法规的规定，建立健全内部监督制度，对其工作人员执行法律、行政法规和遵守纪律的情况，进行监督检查。

第七十九条　海关内部负责审单、查验、放行、稽查和调查等主要岗位的职责权限应当明确，并相互分离、相互制约。

第八十条　任何单位和个人均有权对海关及其工作人员的违法、违纪行为进行控告、检举。收到控告、检举的机关有权处理的，应当依法按照职责分工及时查处。收到控告、检举的机关和负责查处的机关应当为控告人、检举人保密。

第八十一条　海关工作人员在调查处理违法案件时，遇有下列情形之一的，应当回避：

（一）是本案的当事人或者是当事人的近亲属；

（二）本人或者其近亲属与本案有利害关系；

（三）与本案当事人有其他关系，可能影响案件公正处理的。

第八章　法律责任

第八十二条　违反本法及有关法律、行政法规，逃避海关监管，偷逃应纳税款、逃避国家有关进出境的禁止性或者限制性管理，有下列情形之一的，是走私行为：

（一）运输、携带、邮寄国家禁止或者限制进出境货物、物品或者依法应当缴纳税款的货物、物品进出境的；

（二）未经海关许可并且未缴纳应纳税款、交验有关许可证件，擅自将保税货物、特定减免税货物以及其他海关监管货物、物品、进境的境外运输工具，在境内销售的；

（三）有逃避海关监管，构成走私的其他行为的。

有前款所列行为之一，尚不构成犯罪的，由海关没收走私货物、物品及违法所得，可以并处罚款；专门或者多次用于掩护走私的货物、物品，专门或者多次用于走私的运输工具，予以没收，藏匿走私货物、物品的特制设备，责令拆毁或者没收。

有第一款所列行为之一，构成犯罪的，依法追究刑事责任。

第八十三条　有下列行为之一的，按走私行为论处，依照本法第八十二条的规定处罚：

（一）直接向走私人非法收购走私进口的货物、物品的；

（二）在内海、领海、界河、界湖，船舶及所载人员运输、收购、贩卖国家禁止或者限制进出境的货物、物品，或者运输、收购、贩卖依法应当缴纳税款的货物，没有合法证明的。

第八十四条 伪造、变造、买卖海关单证，与走私人通谋为走私人提供贷款、资金、账号、发票、证明、海关单证，与走私人通谋为走私人提供运输、保管、邮寄或者其他方便，构成犯罪的，依法追究刑事责任；尚不构成犯罪的，由海关没收违法所得，并处罚款。

第八十五条 个人携带、邮寄超过合理数量的自用物品进出境，未依法向海关申报的，责令补缴关税，可以处以罚款。

第八十六条 违反本法规定有下列行为之一的，可以处以罚款，有违法所得的，没收违法所得：

（一）运输工具不经设立海关的地点进出境的；

（二）不将进出境运输工具到达的时间、停留的地点或者更换的地点通知海关的；

（三）进出口货物、物品或者过境、转运、通运货物向海关申报不实的；

（四）不按照规定接受海关对进出境运输工具、货物、物品进行检查、查验的；

（五）进出境运输工具未经海关同意，擅自装卸进出境货物、物品或者上下进出境旅客的；

（六）在设立海关的地点停留的进出境运输工具未经海关同意，擅自驶离的；

（七）进出境运输工具从一个设立海关的地点驶往另一个设立海关的地点，尚未办结海关手续又未经海关批准，中途擅自改驶境外或者境内未设立海关的地点的；

（八）进出境运输工具，不符合海关监管要求或者未向海关办理手续，擅自兼营或者改营境内运输的；

（九）由于不可抗力的原因，进出境船舶和航空器被迫在未设立海关的地点停泊、降落或者在境内抛掷、起卸货物、物品，无正当理由，不向附近海关报告的；

（十）未经海关许可，擅自将海关监管货物开拆、提取、交付、发运、调换、改装、抵押、质押、留置、转让、更换标记、移作他用或者进行其他处置的；

（十一）擅自开启或者损毁海关封志的；

（十二）经营海关监管货物的运输、储存、加工等业务，有关货物灭失或者有关记录不真实，不能提供正当理由的；

（十三）有违反海关监管规定的其他行为的。

第八十七条　海关准予从事有关业务的企业，违反本法有关规定的，由海关责令改正，可以给予警告，暂停其从事有关业务，直至撤销注册。

第八十八条　未向海关备案从事报关业务的，海关可以处以罚款。

第八十九条　报关企业非法代理他人报关的，由海关责令改正，处以罚款；情节严重的，禁止其从事报关活动。

报关人员非法代理他人报关的，由海关责令改正，处以罚款。

第九十条　进出口货物收发货人、报关企业向海关工作人员行贿的，由海关禁止其从事报关活动，并处以罚款；构成犯罪的，依法追究刑事责任。

报关人员向海关工作人员行贿的，处以罚款；构成犯罪的，依法追究刑事责任。

第九十一条　违反本法规定进出口侵犯中华人民共和国法律、行政法规保护的知识产权的货物的，由海关依法没收侵权货物，并处以罚款；构成犯罪的，依法追究刑事责任。

第九十二条　海关依法扣留的货物、物品、运输工具，在人民法院判决或者海关处罚决定作出之前，不得处理。但是，危险品或者鲜活、易腐、易失效等不宜长期保存的货物、物品以及所有人申请先行变卖的货物、物品、运输工具，经直属海关关长或者其授权的隶属海关关长批准，可以先行依法变卖，变卖所得价款由海关保存，并通知其所有人。

人民法院判决没收或者海关决定没收的走私货物、物品、违法所得、走私运输工具、特制设备，由海关依法统一处理，所得价款和海关决定处以的罚款，全部上缴中央国库。

第九十三条　当事人逾期不履行海关的处罚决定又不申请复议或者向人民法院提起诉讼的，作出处罚决定的海关可以将其保证金抵缴或者将其被扣留的货物、物品、运输工具依法变价抵缴，也可以申请人民法院强制执行。

第九十四条　海关在查验进出境货物、物品时，损坏被查验的货物、物品的，应当赔偿实际损失。

第九十五条　海关违法扣留货物、物品、运输工具，致使当事人的合法权益受到损失的，应当依法承担赔偿责任。

第九十六条　海关工作人员有本法第七十二条所列行为之一的，依法给予行政处分；有违法所得的，依法没收违法所得；构成犯罪的，依法追究刑事责任。

第九十七条　海关的财政收支违反法律、行政法规规定的，由审计机关以及有关部门依照法律、行政法规的规定作出处理；对直接负责的主管人员和其他直接责任人员，依法给予行政处分；构成犯罪的，依法追究刑事责任。

第九十八条　未按照本法规定为控告人、检举人、举报人保密的，对直接负责的主管人员和其他直接责任人员，由所在单位或者有关单位依法给予行政处分。

第九十九条　海关工作人员在调查处理违法案件时，未按照本法规定进行回避的，对直接负责的主管人员和其他直接责任人员，依法给予行政处分。

第九章　附　则

第一百条　本法下列用语的含义：

直属海关，是指直接由海关总署领导，负责管理一定区域范围内的海关业务的海关；隶属海关，是指由直属海关领导，负责办理具体海关业务的海关。

进出境运输工具，是指用以载运人员、货物、物品进出境的各种船舶、车辆、航空器和驮畜。

过境、转运和通运货物，是指由境外启运、通过中国境内继续运往境外的货物。其中，通过境内陆路运输的，称过境货物；在境内设立海关的地点换装运输工具，而不通过境内陆路运输的，称转运货物；由船舶、航空器载运进境并由原装运输工具载运出境的，称通运货物。

海关监管货物，是指本法第二十三条所列的进出口货物，过境、转运、通运货物，特定减免税货物，以及暂时进出口货物、保税货物和其他尚未办结海关手续的进出境货物。

保税货物，是指经海关批准未办理纳税手续进境，在境内储存、加工、装配后复运出境的货物。

海关监管区，是指设立海关的港口、车站、机场、国界孔道、国际邮件互换局（交换站）和其他有海关监管业务的场所，以及虽未设立海关，但是经国务院批准的进出境地点。

第一百零一条　经济特区等特定地区同境内其他地区之间往来的运输工具、货物、物品的监管办法，由国务院另行规定。

第一百零二条　本法自 1987 年 7 月 1 日起施行。1951 年 4 月 18 日中央人民政府公布的《中华人民共和国暂行海关法》同时废止。

中华人民共和国进出口商品检验法

（1989 年 2 月 21 日第七届全国人民代表大会常务委员会第六次会议通过，根据 2002 年 4 月 28 日第九届全国人民代表大会常务委员会第二十七次会议《关于修改〈中华人民共和国进出口商品检验法〉的决定》第一次修正，根据 2013 年 6 月 29 日第十二届全国人民代表大会常务委员会第三次会议《关于修改〈中华人民共和国文物保护法〉等十二部法律的决定》第二次修正，根据 2018 年 4 月 27 日第十三届全国人民代表大会常务委员会第二次会议《关于修改〈中华人民共和国国境卫生检疫法〉等六部法律的决定》第三次修正，根据 2018 年 12 月 29 日第十三届全国人民代表大会常务委员会第七次会议《关于修改〈中华人民共和国产品质量法〉等五部法律的决定》第四次修正，根据 2021 年 4 月 29 日第十三届全国人民代表大会常务委员会第二十八次会议《关于修改〈中华人民共和国道路交通安全法〉等八部法律的决定》第五次修正）

目 录

第一章 总 则

第一条 为了加强进出口商品检验工作，规范进出口商品检验行为，维护社会公共利益和进出口贸易有关各方的合法权益，促进对外经济贸易关系的顺利发展，制定本法。

第二条 国务院设立进出口商品检验部门（以下简称国家商检部门），主管全国进出口商品检验工作。国家商检部门设在各地的进出口商品检验机构（以下简称商检机构）管理所辖地区的进出口商品检验工作。

第三条　商检机构和依法设立的检验机构（以下称其他检验机构），依法对进出口商品实施检验。

第四条　进出口商品检验应当根据保护人类健康和安全、保护动物或者植物的生命和健康、保护环境、防止欺诈行为、维护国家安全的原则，由国家商检部门制定、调整必须实施检验的进出口商品目录（以下简称目录）并公布实施。

第五条　列入目录的进出口商品，由商检机构实施检验。

前款规定的进口商品未经检验的，不准销售、使用；前款规定的出口商品未经检验合格的，不准出口。

本条第一款规定的进出口商品，其中符合国家规定的免予检验条件的，由收货人或者发货人申请，经国家商检部门审查批准，可以免予检验。

第六条　必须实施的进出口商品检验，是指确定列入目录的进出口商品是否符合国家技术规范的强制性要求的合格评定活动。

合格评定程序包括：抽样、检验和检查；评估、验证和合格保证；注册、认可和批准以及各项的组合。

对本条第一款规定的进出口商品检验，商检机构可以采信检验机构的检验结果；国家商检部门对前述检验机构实行目录管理。

第七条　列入目录的进出口商品，按照国家技术规范的强制性要求进行检验；尚未制定国家技术规范的强制性要求的，应当依法及时制定，未制定之前，可以参照国家商检部门指定的国外有关标准进行检验。

第八条　其他检验机构可以接受对外贸易关系人或者外国检验机构的委托，办理进出口商品检验鉴定业务。

第九条　法律、行政法规规定由其他检验机构实施检验的进出口商品或者检验项目，依照有关法律、行政法规的规定办理。

第十条　国家商检部门和商检机构应当及时收集和向有关方面提供进出口商品检验方面的信息。

国家商检部门和商检机构的工作人员在履行进出口商品检验的职责中，对所知悉的商业秘密负有保密义务。

第二章　进口商品的检验

第十一条　本法规定必须经商检机构检验的进口商品的收货人或者其代

理人，应当向报关地的商检机构报检。

第十二条　本法规定必须经商检机构检验的进口商品的收货人或者其代理人，应当在商检机构规定的地点和期限内，接受商检机构对进口商品的检验。商检机构应当在国家商检部门统一规定的期限内检验完毕，并出具检验证单。

第十三条　本法规定必须经商检机构检验的进口商品以外的进口商品的收货人，发现进口商品质量不合格或者残损短缺，需要由商检机构出证索赔的，应当向商检机构申请检验出证。

第十四条　对重要的进口商品和大型的成套设备，收货人应当依据对外贸易合同约定在出口国装运前进行预检验、监造或者监装，主管部门应当加强监督；商检机构根据需要可以派出检验人员参加。

第三章　出口商品的检验

第十五条　本法规定必须经商检机构检验的出口商品的发货人或者其代理人，应当在商检机构规定的地点和期限内，向商检机构报检。商检机构应当在国家商检部门统一规定的期限内检验完毕，并出具检验证单。

第十六条　经商检机构检验合格发给检验证单的出口商品，应当在商检机构规定的期限内报关出口；超过期限的，应当重新报检。

第十七条　为出口危险货物生产包装容器的企业，必须申请商检机构进行包装容器的性能鉴定。生产出口危险货物的企业，必须申请商检机构进行包装容器的使用鉴定。使用未经鉴定合格的包装容器的危险货物，不准出口。

第十八条　对装运出口易腐烂变质食品的船舱和集装箱，承运人或者装箱单位必须在装货前申请检验。未经检验合格的，不准装运。

第四章　监督管理

第十九条　商检机构对本法规定必须经商检机构检验的进出口商品以外的进出口商品，根据国家规定实施抽查检验。

国家商检部门可以公布抽查检验结果或者向有关部门通报抽查检验情况。

第二十条　商检机构根据便利对外贸易的需要，可以按照国家规定对列入目录的出口商品进行出厂前的质量监督管理和检验。

第二十一条　为进出口货物的收发货人办理报检手续的代理人办理报检手续时应当向商检机构提交授权委托书。

第二十二条　国家商检部门和商检机构依法对其他检验机构的进出口商品检验鉴定业务活动进行监督，可以对其检验的商品抽查检验。

第二十三条　国务院认证认可监督管理部门根据国家统一的认证制度，对有关的进出口商品实施认证管理。

第二十四条　认证机构可以根据国务院认证认可监督管理部门同外国有关机构签订的协议或者接受外国有关机构的委托进行进出口商品质量认证工作，准许在认证合格的进出口商品上使用质量认证标志。

第二十五条　商检机构依照本法对实施许可制度的进出口商品实行验证管理，查验单证，核对证货是否相符。

第二十六条　商检机构根据需要，对检验合格的进出口商品，可以加施商检标志或者封识。

第二十七条　进出口商品的报检人对商检机构作出的检验结果有异议的，可以向原商检机构或者其上级商检机构以至国家商检部门申请复验，由受理复验的商检机构或者国家商检部门及时作出复验结论。

第二十八条　当事人对商检机构、国家商检部门作出的复验结论不服或者对商检机构作出的处罚决定不服的，可以依法申请行政复议，也可以依法向人民法院提起诉讼。

第二十九条　国家商检部门和商检机构履行职责，必须遵守法律，维护国家利益，依照法定职权和法定程序严格执法，接受监督。

国家商检部门和商检机构应当根据依法履行职责的需要，加强队伍建设，使商检工作人员具有良好的政治、业务素质。商检工作人员应当定期接受业务培训和考核，经考核合格，方可上岗执行职务。

商检工作人员必须忠于职守，文明服务，遵守职业道德，不得滥用职权，谋取私利。

第三十条　国家商检部门和商检机构应当建立健全内部监督制度，对其工作人员的执法活动进行监督检查。

商检机构内部负责受理报检、检验、出证放行等主要岗位的职责权限应当明确，并相互分离、相互制约。

第三十一条　任何单位和个人均有权对国家商检部门、商检机构及其工作人员的违法、违纪行为进行控告、检举。收到控告、检举的机关应当依法按照职责分工及时查处，并为控告人、检举人保密。

第五章　法律责任

第三十二条　违反本法规定，将必须经商检机构检验的进口商品未报经检验而擅自销售或者使用的，或者将必须经商检机构检验的出口商品未报经检验合格而擅自出口的，由商检机构没收违法所得，并处货值金额百分之五以上百分之二十以下的罚款；构成犯罪的，依法追究刑事责任。

第三十三条　进口或者出口属于掺杂掺假、以假充真、以次充好的商品或者以不合格进出口商品冒充合格进出口商品的，由商检机构责令停止进口或者出口，没收违法所得，并处货值金额百分之五十以上三倍以下的罚款；构成犯罪的，依法追究刑事责任。

第三十四条　伪造、变造、买卖或者盗窃商检单证、印章、标志、封识、质量认证标志的，依法追究刑事责任；尚不够刑事处罚的，由商检机构、认证认可监督管理部门依据各自职责责令改正，没收违法所得，并处货值金额等值以下的罚款。

第三十五条　国家商检部门、商检机构的工作人员违反本法规定，泄露所知悉的商业秘密的，依法给予行政处分，有违法所得的，没收违法所得；构成犯罪的，依法追究刑事责任。

第三十六条　国家商检部门、商检机构的工作人员滥用职权，故意刁难的，徇私舞弊，伪造检验结果的，或者玩忽职守，延误检验出证的，依法给予行政处分；构成犯罪的，依法追究刑事责任。

第六章　附　则

第三十七条　商检机构和其他检验机构依照本法的规定实施检验和办理检验鉴定业务，依照国家有关规定收取费用。

第三十八条　国务院根据本法制定实施条例。

第三十九条　本法自 1989 年 8 月 1 日起施行。

中华人民共和国进出境动植物检疫法

（1991 年 10 月 30 日第七届全国人民代表大会常务委员会第二十二次会议通过，根据 2009 年 8 月 27 日第十一届全国人民代表大会常务委员会第十次会议《关于修改部分法律的决定》修正）

目 录

第一章　总　则

第一条　为防止动物传染病、寄生虫病和植物危险性病、虫、杂草以及其他有害生物（以下简称病虫害）传入、传出国境，保护农、林、牧、渔业生产和人体健康，促进对外经济贸易的发展，制定本法。

第二条　进出境的动植物、动植物产品和其他检疫物，装载动植物、动植物产品和其他检疫物的装载容器、包装物，以及来自动植物疫区的运输工具，依照本法规定实施检疫。

第三条　国务院设立动植物检疫机关（以下简称国家动植物检疫机关），统一管理全国进出境动植物检疫工作。国家动植物检疫机关在对外开放的口岸和进出境动植物检疫业务集中的地点设立的口岸动植物检疫机关，依照本法规定实施进出境动植物检疫。

贸易性动物产品出境的检疫机关，由国务院根据情况规定。

国务院农业行政主管部门主管全国进出境动植物检疫工作。

第四条　口岸动植物检疫机关在实施检疫时可以行使下列职权：

（一）依照本法规定登船、登车、登机实施检疫；

（二）进入港口、机场、车站、邮局以及检疫物的存放、加工、养殖、种植场所实施检疫，并依照规定采样；

（三）根据检疫需要，进入有关生产、仓库等场所，进行疫情监测、调查和检疫监督管理；

（四）查阅、复制、摘录与检疫物有关的运行日志、货运单、合同、发票及其他单证。

第五条 国家禁止下列各物进境：

（一）动植物病原体（包括菌种、毒种等）、害虫及其他有害生物；

（二）动植物疫情流行的国家和地区的有关动植物、动植物产品和其他检疫物；

（三）动物尸体；

（四）土壤。

口岸动植物检疫机关发现有前款规定的禁止进境物的，作退回或者销毁处理。

因科学研究等特殊需要引进本条第一款规定的禁止进境物的，必须事先提出申请，经国家动植物检疫机关批准。

本条第一款第二项规定的禁止进境物的名录，由国务院农业行政主管部门制定并公布。

第六条 国外发生重大动植物疫情并可能传入中国时，国务院应当采取紧急预防措施，必要时可以下令禁止来自动植物疫区的运输工具进境或者封锁有关口岸；受动植物疫情威胁地区的地方人民政府和有关口岸动植物检疫机关，应当立即采取紧急措施，同时向上级人民政府和国家动植物检疫机关报告。

邮电、运输部门对重大动植物疫情报告和送检材料应当优先传送。

第七条 国家动植物检疫机关和口岸动植物检疫机关对进出境动植物、动植物产品的生产、加工、存放过程，实行检疫监督制度。

第八条 口岸动植物检疫机关在港口、机场、车站、邮局执行检疫任务时，海关、交通、民航、铁路、邮电等有关部门应当配合。

第九条 动植物检疫机关检疫人员必须忠于职守，秉公执法。

动植物检疫机关检疫人员依法执行公务，任何单位和个人不得阻挠。

第二章　进境检疫

第十条　输入动物、动物产品、植物种子、种苗及其他繁殖材料的，必须事先提出申请，办理检疫审批手续。

第十一条　通过贸易、科技合作、交换、赠送、援助等方式输入动植物、动植物产品和其他检疫物的，应当在合同或者协议中订明中国法定的检疫要求，并订明必须附有输出国家或者地区政府动植物检疫机关出具的检疫证书。

第十二条　货主或者其代理人应当在动植物、动植物产品和其他检疫物进境前或者进境时持输出国家或者地区的检疫证书、贸易合同等单证，向进境口岸动植物检疫机关报检。

第十三条　装载动物的运输工具抵达口岸时，口岸动植物检疫机关应当采取现场预防措施，对上下运输工具或者接近动物的人员、装载动物的运输工具和被污染的场地作防疫消毒处理。

第十四条　输入动植物、动植物产品和其他检疫物，应当在进境口岸实施检疫。未经口岸动植物检疫机关同意，不得卸离运输工具。

输入动植物，需隔离检疫的，在口岸动植物检疫机关指定的隔离场所检疫。

因口岸条件限制等原因，可以由国家动植物检疫机关决定将动植物、动植物产品和其他检疫物运往指定地点检疫。在运输、装卸过程中，货主或者其代理人应当采取防疫措施。指定的存放、加工和隔离饲养或者隔离种植的场所，应当符合动植物检疫和防疫的规定。

第十五条　输入动植物、动植物产品和其他检疫物，经检疫合格的，准予进境；海关凭口岸动植物检疫机关签发的检疫单证或者在报关单上加盖的印章验放。

输入动植物、动植物产品和其他检疫物，需调离海关监管区检疫的，海关凭口岸动植物检疫机关签发的《检疫调离通知单》验放。

第十六条　输入动物，经检疫不合格的，由口岸动植物检疫机关签发《检疫处理通知单》，通知货主或者其代理人作如下处理：

（一）检出一类传染病、寄生虫病的动物，连同其同群动物全群退回或者全群扑杀并销毁尸体；

（二）检出二类传染病、寄生虫病的动物，退回或者扑杀，同群其他动物在隔离场或者其他指定地点隔离观察。

输入动物产品和其他检疫物经检疫不合格的，由口岸动植物检疫机关签发《检疫处理通知单》，通知货主或者其代理人作除害、退回或者销毁处理。经除害处理合格的，准予进境。

第十七条 输入植物、植物产品和其他检疫物，经检疫发现有植物危险性病、虫、杂草的，由口岸动植物检疫机关签发《检疫处理通知单》，通知货主或者其代理人作除害、退回或者销毁处理。经除害处理合格的，准予进境。

第十八条 本法第十六条第一款第一项、第二项所称一类、二类动物传染病、寄生虫病的名录和本法第十七条所称植物危险性病、虫、杂草的名录，由国务院农业行政主管部门制定并公布。

第十九条 输入动植物、动植物产品和其他检疫物，经检疫发现有本法第十八条规定的名录之外，对农、林、牧、渔业有严重危害的其他病虫害的，由口岸动植物检疫机关依照国务院农业行政主管部门的规定，通知货主或者其代理人作除害、退回或者销毁处理。经除害处理合格的，准予进境。

第三章 出境检疫

第二十条 货主或者其代理人在动植物、动植物产品和其他检疫物出境前，向口岸动植物检疫机关报检。

出境前需经隔离检疫的动物，在口岸动植物检疫机关指定的隔离场所检疫。

第二十一条 输出动植物、动植物产品和其他检疫物，由口岸动植物检疫机关实施检疫，经检疫合格或者经除害处理合格的，准予出境；海关凭口岸动植物检疫机关签发的检疫证书或者在报关单上加盖的印章验放。检疫不合格又无有效方法作除害处理的，不准出境。

第二十二条 经检疫合格的动植物、动植物产品和其他检疫物，有下列情形之一的，货主或者其代理人应当重新报检：

（一）更改输入国家或者地区，更改后的输入国家或者地区又有不同检疫要求的；

（二）改换包装或者原未拼装后来拼装的；

（三）超过检疫规定有效期限的。

第四章　过境检疫

第二十三条　要求运输动物过境的，必须事先商得中国国家动植物检疫机关同意，并按照指定的口岸和路线过境。

装载过境动物的运输工具、装载容器、饲料和铺垫材料，必须符合中国动植物检疫的规定。

第二十四条　运输动植物、动植物产品和其他检疫物过境的，由承运人或者押运人持货运单和输出国家或者地区政府动植物检疫机关出具的检疫证书，在进境时向口岸动植物检疫机关报检，出境口岸不再检疫。

第二十五条　过境的动物经检疫合格的，准予过境；发现有本法第十八条规定的名录所列的动物传染病、寄生虫病的，全群动物不准过境。

过境动物的饲料受病虫害污染的，作除害、不准过境或者销毁处理。

过境的动物的尸体、排泄物、铺垫材料及其他废弃物，必须按照动植物检疫机关的规定处理，不得擅自抛弃。

第二十六条　对过境植物、动植物产品和其他检疫物，口岸动植物检疫机关检查运输工具或者包装，经检疫合格的，准予过境；发现有本法第十八条规定的名录所列的病虫害的，作除害处理或者不准过境。

第二十七条　动植物、动植物产品和其他检疫物过境期间，未经动植物检疫机关批准，不得开拆包装或者卸离运输工具。

第五章　携带、邮寄物检疫

第二十八条　携带、邮寄植物种子、种苗及其他繁殖材料进境的，必须事先提出申请，办理检疫审批手续。

第二十九条　禁止携带、邮寄进境的动植物、动植物产品和其他检疫物的名录，由国务院农业行政主管部门制定并公布。

携带、邮寄前款规定的名录所列的动植物、动植物产品和其他检疫物进境的，作退回或者销毁处理。

第三十条　携带本法第二十九条规定的名录以外的动植物、动植物产品和其他检疫物进境的，在进境时向海关申报并接受口岸动植物检疫机关检疫。

携带动物进境的，必须持有输出国家或者地区的检疫证书等证件。

第三十一条　邮寄本法第二十九条规定的名录以外的动植物、动植物产品和其他检疫物进境的，由口岸动植物检疫机关在国际邮件互换局实施检疫，必要时可以取回口岸动植物检疫机关检疫；未经检疫不得运递。

第三十二条　邮寄进境的动植物、动植物产品和其他检疫物，经检疫或者除害处理合格后放行；经检疫不合格又无有效方法作除害处理的，作退回或者销毁处理，并签发《检疫处理通知单》。

第三十三条　携带、邮寄出境的动植物、动植物产品和其他检疫物，物主有检疫要求的，由口岸动植物检疫机关实施检疫。

第六章　运输工具检疫

第三十四条　来自动植物疫区的船舶、飞机、火车抵达口岸时，由口岸动植物检疫机关实施检疫。发现有本法第十八条规定的名录所列的病虫害的，作不准带离运输工具、除害、封存或者销毁处理。

第三十五条　进境的车辆，由口岸动植物检疫机关作防疫消毒处理。

第三十六条　进出境运输工具上的泔水、动植物性废弃物，依照口岸动植物检疫机关的规定处理，不得擅自抛弃。

第三十七条　装载出境的动植物、动植物产品和其他检疫物的运输工具，应当符合动植物检疫和防疫的规定。

第三十八条　进境供拆船用的废旧船舶，由口岸动植物检疫机关实施检疫，发现有本法第十八条规定的名录所列的病虫害的，作除害处理。

第七章　法律责任

第三十九条　违反本法规定，有下列行为之一的，由口岸动植物检疫机关处以罚款：

（一）未报检或者未依法办理检疫审批手续的；

（二）未经口岸动植物检疫机关许可擅自将进境动植物、动植物产品或者其他检疫物卸离运输工具或者运递的；

（三）擅自调离或者处理在口岸动植物检疫机关指定的隔离场所中隔离检疫的动植物的。

第四十条　报检的动植物、动植物产品或者其他检疫物与实际不符的，由口岸动植物检疫机关处以罚款；已取得检疫单证的，予以吊销。

第四十一条　违反本法规定，擅自开拆过境动植物、动植物产品或者其他检疫物的包装的，擅自将过境动植物、动植物产品或者其他检疫物卸离运输工具的，擅自抛弃过境动物的尸体、排泄物、铺垫材料或者其他废弃物的，由动植物检疫机关处以罚款。

第四十二条　违反本法规定，引起重大动植物疫情的，依照刑法有关规定追究刑事责任。

第四十三条　伪造、变造检疫单证、印章、标志、封识，依照刑法有关规定追究刑事责任。

第四十四条　当事人对动植物检疫机关的处罚决定不服的，可以在接到处罚通知之日起十五日内向作出处罚决定的机关的上一级机关申请复议；当事人也可以在接到处罚通知之日起十五日内直接向人民法院起诉。

复议机关应当在接到复议申请之日起六十日内作出复议决定。当事人对复议决定不服的，可以在接到复议决定之日起十五日内向人民法院起诉。复议机关逾期不作出复议决定的，当事人可以在复议期满之日起十五日内向人民法院起诉。

当事人逾期不申请复议也不向人民法院起诉、又不履行处罚决定的，作出处罚决定的机关可以申请人民法院强制执行。

第四十五条　动植物检疫机关检疫人员滥用职权，徇私舞弊，伪造检疫结果，或者玩忽职守，延误检疫出证，构成犯罪的，依法追究刑事责任；不构成犯罪的，给予行政处分。

第八章　附　则

第四十六条　本法下列用语的含义是：

（一）"动物"是指饲养、野生的活动物，如畜、禽、兽、蛇、龟、鱼、虾、蟹、贝、蚕、蜂等；

（二）"动物产品"是指来源于动物未经加工或者虽经加工但仍有可能传播疫病的产品，如生皮张、毛类、肉类、脏器、油脂、动物水产品、奶制品、蛋类、血液、精液、胚胎、骨、蹄、角等；

（三）"植物"是指栽培植物、野生植物及其种子、种苗及其他繁殖材料等；

（四）"植物产品"是指来源于植物未经加工或者虽经加工但仍有可能传播病虫害的产品，如粮食、豆、棉花、油、麻、烟草、籽仁、干果、鲜果、蔬菜、生药材、木材、饲料等；

（五）"其他检疫物"是指动物疫苗、血清、诊断液、动植物性废弃物等。

第四十七条 中华人民共和国缔结或者参加的有关动植物检疫的国际条约与本法有不同规定的，适用该国际条约的规定。但是，中华人民共和国声明保留的条款除外。

第四十八条 口岸动植物检疫机关实施检疫依照规定收费。收费办法由国务院农业行政主管部门会同国务院物价等有关主管部门制定。

第四十九条 国务院根据本法制定实施条例。

第五十条 本法自 1992 年 4 月 1 日起施行。1982 年 6 月 4 日国务院发布的《中华人民共和国进出口动植物检疫条例》同时废止。

国务院关于促进综合保税区
高水平开放高质量发展的若干意见

（国发〔2019〕3号）

各省、自治区、直辖市人民政府，国务院各部委、各直属机构：

综合保税区是开放型经济的重要平台，对发展对外贸易、吸引外商投资、促进产业转型升级发挥着重要作用。为贯彻落实党中央、国务院关于推动形成全面开放新格局的决策部署，实行高水平的贸易和投资自由化便利化政策，以高水平开放推动高质量发展，将综合保税区建设成为新时代全面深化改革开放的新高地，现提出以下意见：

一、指导思想

以习近平新时代中国特色社会主义思想为指导，全面贯彻党的十九大和十九届二中、三中全会精神，统筹推进"五位一体"总体布局和协调推进"四个全面"战略布局，按照党中央、国务院决策部署，坚持稳中求进工作总基调，坚持新发展理念，坚持高质量发展，以供给侧结构性改革为主线，深入推进"放管服"改革，解放思想，创新发展，赋予综合保税区改革开放新使命，打造具有国际竞争力和创新力的海关特殊监管区域。

二、基本原则

（一）坚持深化改革，简政放权。进一步健全综合监管体系，持续改善营商环境和创新环境，有效降低市场运行成本，充分激发市场活力。

（二）坚持对标国际，开放引领。对标国际先进水平，注重要素整合和产业配套，深度融入国际产业链、价值链、供应链，更好地统筹利用国际国内两个市场、两种资源，培育和提升国际竞争新优势。

（三）坚持创新驱动，转型升级。推动综合保税区优化产业结构，支持和鼓励新技术、新产业、新业态、新模式发展。

（四）坚持质量第一，效益优先。适应经济新常态下发展新变化，尊重市场规律，因势利导，量质并举，充分发挥综合保税区辐射带动作用。

三、发展目标

对标高质量发展要求，完善政策，拓展功能，创新监管，培育综合保税区产业配套、营商环境等综合竞争新优势。加快综合保税区创新升级，打造对外开放新高地，推动综合保税区发展成为具有全球影响力和竞争力的加工制造中心、研发设计中心、物流分拨中心、检测维修中心、销售服务中心。

四、主要任务

（一）统筹两个市场，打造加工制造中心。

1. 拓展两个市场。积极稳妥地在综合保税区推广增值税一般纳税人资格试点。（税务总局、财政部、海关总署负责，排在第一位的部门为牵头部门，下同）

2. 提前适用政策。自国务院批准设立综合保税区之日起，对入区企业进口自用的机器设备等，在确保海关有效监管的前提下，可按现行规定享受综合保税区税收政策。（海关总署、财政部、税务总局负责）

3. 释放企业产能。允许综合保税区内加工制造企业利用剩余产能承接境内区外委托加工。（海关总署、商务部负责）

4. 促进内销便利。将在综合保税区内生产制造的手机、汽车零部件等重点产品从自动进口许可证管理货物目录中剔除，便利企业内销。（商务部、海关总署负责）

5. 强化企业市场主体地位。简化海关业务核准手续，支持综合保税区内企业自主备案、合理自定核销周期、自主核报、自主补缴税款。（海关总署负责）

（二）推动创新创业，打造研发设计中心。

6. 促进研发创新。除禁止进境的外，综合保税区内企业从境外进口且在区内用于研发的货物、物品，免于提交许可证件，进口的消耗性材料根据实际研发耗用核销。（海关总署、商务部等有关部门负责）

7. 建设创新高地。综合运用综合保税区政策功能优势，支持国家产业创新中心、国家技术创新中心、国家工程研究中心、新型研发机构等研发创新机构在综合保税区发展。（发展改革委、科技部、海关总署负责）

8. 优化信用管理。综合保税区内新设的研发设计、加工制造企业，经评定符合有关标准的，直接赋予最高信用等级。（市场监管总局、海关总署负责）

9. 支持医疗设备研发。综合保税区内企业进口的医疗器械用于研发、展示的，可不办理相关注册或备案手续。进入国内销售、使用的医疗器械，应当按照相关规定申请注册或办理备案。（药监局、海关总署负责）

（三）推进贸易便利化，打造物流分拨中心。

10.简化进出区管理。允许对境内入区的不涉出口关税、不涉贸易管制证件、不要求退税且不纳入海关统计的货物、物品，实施便捷进出区管理模式。（海关总署负责）

11.便利货物流转。运用智能监管手段，创新监管模式，简化业务流程，实行数据自动比对、卡口自动核放，实现保税货物点对点直接流转，降低运行成本，提升监管效能。（海关总署负责）

12.试行汽车保税存储。允许在汽车整车进口口岸的综合保税区内开展进口汽车保税存储、展示等业务。（发展改革委、海关总署负责）

13.促进文物回流。优化文物及文化艺术品从境外入区监管模式，简化文化艺术品备案程序，实施文物进出境登记审核，促进文物及文化艺术品在综合保税区存储、展示等。（海关总署、文化和旅游部、文物局负责）

（四）延伸产业链条，打造检测维修中心。

14.开展检测维修。允许综合保税区内企业开展高技术、高附加值、符合环保要求的保税检测和全球维修业务。支持第三方检验检测认证机构在综合保税区开展进出口检验认证服务。（商务部、工业和信息化部、生态环境部、海关总署负责）

15.支持再制造业。允许综合保税区内企业开展高技术含量、高附加值的航空航天、工程机械、数控机床等再制造业务。（商务部、发展改革委、工业和信息化部、海关总署负责）

16.创新监管模式。综合保税区内企业从境外进口已获批的人用疫苗或体外诊断试剂，允许在具备必要监管查验条件的综合保税区内查验。境外入区的食品，如需检测的，在抽样后即放行，对境外入区动植物产品的检验项目，实行"先入区、后检测"，根据检测结果进行后续处置。（海关总署负责）

（五）培育新动能新优势，打造销售服务中心。

17.发展租赁业态。对注册在综合保税区内的融资租赁企业进出口飞机、船舶和海洋工程结构物等大型设备涉及跨关区的，在确保有效监管和执行现行相关税收政策的前提下，按物流实际需要，实行海关异地委托监管。（海关总署、财政部、税务总局负责）

18.促进跨境电商发展。支持综合保税区内企业开展跨境电商进出口业务，逐步实现综合保税区全面适用跨境电商零售进口政策。（商务部、海关

总署等有关部门负责）

19. 支持服务外包。允许综合保税区内企业进口专业设备开展软件测试、文化创意等国际服务外包业务，促进跨境服务贸易。（海关总署、财政部、商务部负责）

20. 支持期货交割。支持具备条件的综合保税区开展铁矿石、天然橡胶等商品期货保税交割业务。（海关总署、证监会负责）

21. 推广创新制度。经政策评估后，支持综合保税区率先全面复制推广自贸试验区中与海关特殊监管区域相关的改革试点经验。（海关总署、商务部等有关部门负责）

五、有关要求

各地区各有关部门要充分认识促进综合保税区高水平开放高质量发展、打造全面深化改革开放新高地的重要意义，切实强化组织领导，加强协同配合，积极推动本意见贯彻落实。

海关总署要继续做好牵头工作，进一步优化区域布局，发挥东部地区创新引领作用，促进中西部地区承接加工贸易产业转移，提高开放水平。要继续促进海关特殊监管区域整合提升，推动符合条件的各类型海关特殊监管区域优化为综合保税区。要加大统筹协调力度，会同有关部门建立完善促进综合保税区发展的部门协调机制。要深入推进"放管服"改革，简化综合保税区设立、整合的审核和验收程序，加强安全准入监管和事中事后监督。

国务院有关部门要增强大局意识，积极配合，全力支持，认真落实任务分工。支持综合保税区制度创新，率先全面复制推广自贸试验区相关改革试点经验，实行高水平的贸易和投资自由化便利化政策，积极营造一流的营商环境，进一步提高综合保税区发展质量，协同打造开放型经济新高地。

各省、自治区、直辖市人民政府作为综合保税区的申请设立、规划建设和运行管理主体，要切实落实主体责任，强化安全监管，加强管理，优化服务，促进综合保税区高水平开放高质量发展。

国务院

2019 年 1 月 12 日

中华人民共和国海关行政处罚实施条例

（2004 年 9 月 19 日中华人民共和国国务院令第 420 号公布，根据 2022 年 3 月 29 日《国务院关于修改和废止部分行政法规的决定》修订）

第一章　总　则

第一条　为了规范海关行政处罚，保障海关依法行使职权，保护公民、法人或者其他组织的合法权益，根据《中华人民共和国海关法》（以下简称海关法）及其他有关法律的规定，制定本实施条例。

第二条　依法不追究刑事责任的走私行为和违反海关监管规定的行为，以及法律、行政法规规定由海关实施行政处罚的行为的处理，适用本实施条例。

第三条　海关行政处罚由发现违法行为的海关管辖，也可以由违法行为发生地海关管辖。

2 个以上海关都有管辖权的案件，由最先发现违法行为的海关管辖。

管辖不明确的案件，由有关海关协商确定管辖，协商不成的，报请共同的上级海关指定管辖。

重大、复杂的案件，可以由海关总署指定管辖。

第四条　海关发现的依法应当由其他行政机关处理的违法行为，应当移送有关行政机关处理；违法行为涉嫌犯罪的，应当移送海关侦查走私犯罪公安机构、地方公安机关依法办理。

第五条　依照本实施条例处以警告、罚款等行政处罚，但不没收进出境货物、物品、运输工具的，不免除有关当事人依法缴纳税款、提交进出口许可证件、办理有关海关手续的义务。

第六条　抗拒、阻碍海关侦查走私犯罪公安机构依法执行职务的，由设在直属海关、隶属海关的海关侦查走私犯罪公安机构依照治安管理处罚的有关规定给予处罚。

抗拒、阻碍其他海关工作人员依法执行职务的，应当报告地方公安机关依法处理。

第二章 走私行为及其处罚

第七条 违反海关法及其他有关法律、行政法规，逃避海关监管，偷逃应纳税款、逃避国家有关进出境的禁止性或者限制性管理，有下列情形之一的，是走私行为：

（一）未经国务院或者国务院授权的机关批准，从未设立海关的地点运输、携带国家禁止或者限制进出境的货物、物品或者依法应当缴纳税款的货物、物品进出境的；

（二）经过设立海关的地点，以藏匿、伪装、瞒报、伪报或者其他方式逃避海关监管，运输、携带、邮寄国家禁止或者限制进出境的货物、物品或者依法应当缴纳税款的货物、物品进出境的；

（三）使用伪造、变造的手册、单证、印章、账册、电子数据或者以其他方式逃避海关监管，擅自将海关监管货物、物品、进境的境外运输工具，在境内销售的；

（四）使用伪造、变造的手册、单证、印章、账册、电子数据或者伪报加工贸易制成品单位耗料量等方式，致使海关监管货物、物品脱离监管的；

（五）以藏匿、伪装、瞒报、伪报或者其他方式逃避海关监管，擅自将保税区、出口加工区等海关特殊监管区域内的海关监管货物、物品，运出区外的；

（六）有逃避海关监管，构成走私的其他行为的。

第八条 有下列行为之一的，按走私行为论处：

（一）明知是走私进口的货物、物品，直接向走私人非法收购的；

（二）在内海、领海、界河、界湖，船舶及所载人员运输、收购、贩卖国家禁止或者限制进出境的货物、物品，或者运输、收购、贩卖依法应当缴纳税款的货物，没有合法证明的。

第九条 有本实施条例第七条、第八条所列行为之一的，依照下列规定处罚：

（一）走私国家禁止进出口的货物的，没收走私货物及违法所得，可以并处100万元以下罚款；走私国家禁止进出境的物品的，没收走私物品及违法所得，可以并处10万元以下罚款；

（二）应当提交许可证件而未提交但未偷逃税款，走私国家限制进出境的货物、物品的，没收走私货物、物品及违法所得，可以并处走私货物、物品等值以下罚款；

（三）偷逃应纳税款但未逃避许可证件管理，走私依法应当缴纳税款的货物、物品的，没收走私货物、物品及违法所得，可以并处偷逃应纳税款3倍以下罚款。

专门用于走私的运输工具或者用于掩护走私的货物、物品，2年内3次以上用于走私的运输工具或者用于掩护走私的货物、物品，应当予以没收。藏匿走私货物、物品的特制设备、夹层、暗格，应当予以没收或者责令拆毁。使用特制设备、夹层、暗格实施走私的，应当从重处罚。

第十条　与走私人通谋为走私人提供贷款、资金、账号、发票、证明、海关单证的，与走私人通谋为走私人提供走私货物、物品的提取、发运、运输、保管、邮寄或者其他方便的，以走私的共同当事人论处，没收违法所得，并依照本实施条例第九条的规定予以处罚。

第十一条　海关准予从事海关监管货物的运输、储存、加工、装配、寄售、展示等业务的企业，构成走私犯罪或者1年内有2次以上走私行为的，海关可以撤销其注册登记；报关企业、报关人员有上述情形的，禁止其从事报关活动。

第三章　违反海关监管规定的行为及其处罚

第十二条　违反海关法及其他有关法律、行政法规和规章但不构成走私行为的，是违反海关监管规定的行为。

第十三条　违反国家进出口管理规定，进出口国家禁止进出口的货物的，责令退运，处100万元以下罚款。

第十四条　违反国家进出口管理规定，进出口国家限制进出口的货物，进出口货物的收发货人向海关申报时不能提交许可证件的，进出口货物不予放行，处货物价值30%以下罚款。

违反国家进出口管理规定，进出口属于自动进出口许可管理的货物，进出口货物的收发货人向海关申报时不能提交自动许可证明的，进出口货物不予放行。

第十五条　进出口货物的品名、税则号列、数量、规格、价格、贸易方式、原产地、启运地、运抵地、最终目的地或者其他应当申报的项目未申报或者申报不实的，分别依照下列规定予以处罚，有违法所得的，没收违法所得：

（一）影响海关统计准确性的，予以警告或者处 1000 元以上 1 万元以下罚款；

（二）影响海关监管秩序的，予以警告或者处 1000 元以上 3 万元以下罚款；

（三）影响国家许可证件管理的，处货物价值 5% 以上 30% 以下罚款；

（四）影响国家税款征收的，处漏缴税款 30% 以上 2 倍以下罚款；

（五）影响国家外汇、出口退税管理的，处申报价格 10% 以上 50% 以下罚款。

第十六条 进出口货物收发货人未按照规定向报关企业提供所委托报关事项的真实情况，致使发生本实施条例第十五条规定情形的，对委托人依照本实施条例第十五条的规定予以处罚。

第十七条 报关企业、报关人员对委托人所提供情况的真实性未进行合理审查，或者因工作疏忽致使发生本实施条例第十五条规定情形的，可以对报关企业处货物价值 10% 以下罚款，暂停其 6 个月以内从事报关活动；情节严重的，禁止其从事报关活动。

第十八条 有下列行为之一的，处货物价值 5% 以上 30% 以下罚款，有违法所得的，没收违法所得：

（一）未经海关许可，擅自将海关监管货物开拆、提取、交付、发运、调换、改装、抵押、质押、留置、转让、更换标记、移作他用或者进行其他处置的；

（二）未经海关许可，在海关监管区以外存放海关监管货物的；

（三）经营海关监管货物的运输、储存、加工、装配、寄售、展示等业务，有关货物灭失、数量短少或者记录不真实，不能提供正当理由的；

（四）经营保税货物的运输、储存、加工、装配、寄售、展示等业务，不依照规定办理收存、交付、结转、核销等手续，或者中止、延长、变更、转让有关合同不依照规定向海关办理手续的；

（五）未如实向海关申报加工贸易制成品单位耗料量的；

（六）未按照规定期限将过境、转运、通运货物运输出境，擅自留在境内的；

（七）未按照规定期限将暂时进出口货物复运出境或者复运进境，擅自留在境内或者境外的；

（八）有违反海关监管规定的其他行为，致使海关不能或者中断对进出口货物实施监管的。

前款规定所涉货物属于国家限制进出口需要提交许可证件，当事人在规定期限内不能提交许可证件的，另处货物价值30%以下罚款；漏缴税款的，可以另处漏缴税款1倍以下罚款。

第十九条 有下列行为之一的，予以警告，可以处物品价值20%以下罚款，有违法所得的，没收违法所得：

（一）未经海关许可，擅自将海关尚未放行的进出境物品开拆、交付、投递、转移或者进行其他处置的；

（二）个人运输、携带、邮寄超过合理数量的自用物品进出境未向海关申报的；

（三）个人运输、携带、邮寄超过规定数量但仍属自用的国家限制进出境物品进出境，未向海关申报但没有以藏匿、伪装等方式逃避海关监管的；

（四）个人运输、携带、邮寄物品进出境，申报不实的；

（五）经海关登记准予暂时免税进境或者暂时免税出境的物品，未按照规定复带出境或者复带进境的；

（六）未经海关批准，过境人员将其所带物品留在境内的。

第二十条 运输、携带、邮寄国家禁止进出境的物品进出境，未向海关申报但没有以藏匿、伪装等方式逃避海关监管的，予以没收，或者责令退回，或者在海关监管下予以销毁或者进行技术处理。

第二十一条 有下列行为之一的，予以警告，可以处10万元以下罚款，有违法所得的，没收违法所得：

（一）运输工具不经设立海关的地点进出境的；

（二）在海关监管区停留的进出境运输工具，未经海关同意擅自驶离的；

（三）进出境运输工具从一个设立海关的地点驶往另一个设立海关的地点，尚未办结海关手续又未经海关批准，中途改驶境外或者境内未设立海关的地点的；

（四）进出境运输工具到达或者驶离设立海关的地点，未按照规定向海关申报、交验有关单证或者交验的单证不真实的。

第二十二条 有下列行为之一的，予以警告，可以处5万元以下罚款，有违法所得的，没收违法所得：

（一）未经海关同意，进出境运输工具擅自装卸进出境货物、物品或者上下进出境旅客的；

（二）未经海关同意，进出境运输工具擅自兼营境内客货运输或者用于进出境运输以外的其他用途的；

（三）未按照规定办理海关手续，进出境运输工具擅自改营境内运输的；

（四）未按照规定期限向海关传输舱单等电子数据、传输的电子数据不准确或者未按照规定期限保存相关电子数据，影响海关监管的；

（五）进境运输工具在进境以后向海关申报以前，出境运输工具在办结海关手续以后出境以前，不按照交通主管部门或者海关指定的路线行进的；

（六）载运海关监管货物的船舶、汽车不按照海关指定的路线行进的；

（七）进出境船舶和航空器，由于不可抗力被迫在未设立海关的地点停泊、降落或者在境内抛掷、起卸货物、物品，无正当理由不向附近海关报告的；

（八）无特殊原因，未将进出境船舶、火车、航空器到达的时间、停留的地点或者更换的时间、地点事先通知海关的；

（九）不按照规定接受海关对进出境运输工具、货物、物品进行检查、查验的。

第二十三条 有下列行为之一的，予以警告，可以处3万元以下罚款：

（一）擅自开启或者损毁海关封志的；

（二）遗失海关制发的监管单证、手册等凭证，妨碍海关监管的；

（三）有违反海关监管规定的其他行为，致使海关不能或者中断对进出境运输工具、物品实施监管的。

第二十四条 伪造、变造、买卖海关单证的，处5万元以上50万元以下罚款，有违法所得的，没收违法所得；构成犯罪的，依法追究刑事责任。

第二十五条 进出口侵犯中华人民共和国法律、行政法规保护的知识产权的货物的，没收侵权货物，并处货物价值30%以下罚款；构成犯罪的，依法追究刑事责任。

需要向海关申报知识产权状况，进出口货物收发货人及其代理人未按照规定向海关如实申报有关知识产权状况，或者未提交合法使用有关知识产权的证明文件的，可以处 5 万元以下罚款。

第二十六条　海关准予从事海关监管货物的运输、储存、加工、装配、寄售、展示等业务的企业，有下列情形之一的，责令改正，给予警告，可以暂停其 6 个月以内从事有关业务：

（一）拖欠税款或者不履行纳税义务的；

（二）损坏或者丢失海关监管货物，不能提供正当理由的；

（三）有需要暂停其从事有关业务的其他违法行为的。

第二十七条　海关准予从事海关监管货物的运输、储存、加工、装配、寄售、展示等业务的企业，有下列情形之一的，海关可以撤销其注册登记：

（一）被海关暂停从事有关业务，恢复从事有关业务后 1 年内再次发生本实施条例第二十六条规定情形的；

（二）有需要撤销其注册登记的其他违法行为的。

第二十八条　报关企业、报关人员非法代理他人报关的，责令改正，处 5 万元以下罚款；情节严重的，禁止其从事报关活动。

第二十九条　进出口货物收发货人、报关企业、报关人员向海关工作人员行贿的，由海关禁止其从事报关活动，并处 10 万元以下罚款；构成犯罪的，依法追究刑事责任。

第三十条　未经海关备案从事报关活动的，责令改正，没收违法所得，可以并处 10 万元以下罚款。

第三十一条　提供虚假资料骗取海关注册登记，撤销其注册登记，并处 30 万元以下罚款。

第三十二条　法人或者其他组织有违反海关法的行为，除处罚该法人或者组织外，对其主管人员和直接责任人员予以警告，可以处 5 万元以下罚款，有违法所得的，没收违法所得。

第四章　对违反海关法行为的调查

第三十三条　海关发现公民、法人或者其他组织有依法应当由海关给予行政处罚的行为的，应当立案调查。

第三十四条　海关立案后，应当全面、客观、公正、及时地进行调查、收集证据。

海关调查、收集证据，应当按照法律、行政法规及其他有关规定的要求办理。

海关调查、收集证据时，海关工作人员不得少于 2 人，并应当向被调查人出示证件。

调查、收集的证据涉及国家秘密、商业秘密或者个人隐私的，海关应当保守秘密。

第三十五条　海关依法检查走私嫌疑人的身体，应当在隐蔽的场所或者非检查人员的视线之外，由 2 名以上与被检查人同性别的海关工作人员执行。

走私嫌疑人应当接受检查，不得阻挠。

第三十六条　海关依法检查运输工具和场所，查验货物、物品，应当制作检查、查验记录。

第三十七条　海关依法扣留走私犯罪嫌疑人，应当制发扣留走私犯罪嫌疑人决定书。对走私犯罪嫌疑人，扣留时间不超过 24 小时，在特殊情况下可以延长至 48 小时。

海关应当在法定扣留期限内对被扣留人进行审查。排除犯罪嫌疑或者法定扣留期限届满的，应当立即解除扣留，并制发解除扣留决定书。

第三十八条　下列货物、物品、运输工具及有关账册、单据等资料，海关可以依法扣留：

（一）有走私嫌疑的货物、物品、运输工具；

（二）违反海关法或者其他有关法律、行政法规的货物、物品、运输工具；

（三）与违反海关法或者其他有关法律、行政法规的货物、物品、运输工具有牵连的账册、单据等资料；

（四）法律、行政法规规定可以扣留的其他货物、物品、运输工具及有关账册、单据等资料。

第三十九条　有违法嫌疑的货物、物品、运输工具无法或者不便扣留的，当事人或者运输工具负责人应当向海关提供等值的担保，未提供等值担保的，海关可以扣留当事人等值的其他财产。

第四十条　海关扣留货物、物品、运输工具以及账册、单据等资料的期限不得超过 1 年。因案件调查需要，经直属海关关长或者其授权的隶属海关关长批准，可以延长，延长期限不得超过 1 年。但复议、诉讼期间不计算在内。

第四十一条　有下列情形之一的，海关应当及时解除扣留：

（一）排除违法嫌疑的；

（二）扣留期限、延长期限届满的；

（三）已经履行海关行政处罚决定的；

（四）法律、行政法规规定应当解除扣留的其他情形。

第四十二条　海关依法扣留货物、物品、运输工具、其他财产以及账册、单据等资料，应当制发海关扣留凭单，由海关工作人员、当事人或者其代理人、保管人、见证人签字或者盖章，并可以加施海关封志。加施海关封志的，当事人或者其代理人、保管人应当妥善保管。

海关解除对货物、物品、运输工具、其他财产以及账册、单据等资料的扣留，或者发还等值的担保，应当制发海关解除扣留通知书、海关解除担保通知书，并由海关工作人员、当事人或者其代理人、保管人、见证人签字或者盖章。

第四十三条　海关查问违法嫌疑人或者询问证人，应当个别进行，并告知其权利和作伪证应当承担的法律责任。违法嫌疑人、证人必须如实陈述、提供证据。

海关查问违法嫌疑人或者询问证人应当制作笔录，并当场交其辨认，没有异议的，立即签字确认；有异议的，予以更正后签字确认。

严禁刑讯逼供或者以威胁、引诱、欺骗等非法手段收集证据。

海关查问违法嫌疑人，可以到违法嫌疑人的所在单位或者住处进行，也可以要求其到海关或者海关指定的地点进行。

第四十四条　海关收集的物证、书证应当是原物、原件。收集原物、原件确有困难的，可以拍摄、复制，并可以指定或者委托有关单位或者个人对原物、原件予以妥善保管。

海关收集物证、书证，应当开列清单，注明收集的日期，由有关单位或者个人确认后签字或者盖章。

海关收集电子数据或者录音、录像等视听资料，应当收集原始载体。收集原始载体确有困难的，可以收集复制件，注明制作方法、制作时间、制作人等，并由有关单位或者个人确认后签字或者盖章。

第四十五条 根据案件调查需要，海关可以对有关货物、物品进行取样化验、鉴定。

海关提取样品时，当事人或者其代理人应当到场；当事人或者其代理人未到场的，海关应当邀请见证人到场。提取的样品，海关应当予以加封，并由海关工作人员及当事人或者其代理人、见证人确认后签字或者盖章。

化验、鉴定应当交由海关化验鉴定机构或者委托国家认可的其他机构进行。

化验人、鉴定人进行化验、鉴定后，应当出具化验报告、鉴定结论，并签字或者盖章。

第四十六条 根据海关法有关规定，海关可以查询案件涉嫌单位和涉嫌人员在金融机构、邮政企业的存款、汇款。

海关查询案件涉嫌单位和涉嫌人员在金融机构、邮政企业的存款、汇款，应当出示海关协助查询通知书。

第四十七条 海关依法扣留的货物、物品、运输工具，在人民法院判决或者海关行政处罚决定作出之前，不得处理。但是，危险品或者鲜活、易腐、易烂、易失效、易变质等不宜长期保存的货物、物品以及所有人申请先行变卖的货物、物品、运输工具，经直属海关关长或者其授权的隶属海关关长批准，可以先行依法变卖，变卖所得价款由海关保存，并通知其所有人。

第四十八条 当事人有权根据海关法的规定要求海关工作人员回避。

第五章　海关行政处罚的决定和执行

第四十九条 海关作出暂停从事有关业务、撤销海关注册登记、禁止从事报关活动、对公民处1万元以上罚款、对法人或者其他组织处10万元以上罚款、没收有关货物、物品、走私运输工具等行政处罚决定之前，应当告知当事人有要求举行听证的权利；当事人要求听证的，海关应当组织听证。海关行政处罚听证办法由海关总署制定。

第五十条 案件调查终结，海关关长应当对调查结果进行审查，根据不同情况，依法作出决定。

对情节复杂或者重大违法行为给予较重的行政处罚，应当由海关案件审理委员会集体讨论决定。

第五十一条　同一当事人实施了走私和违反海关监管规定的行为且二者之间有因果关系的，依照本实施条例对走私行为的规定从重处罚，对其违反海关监管规定的行为不再另行处罚。

同一当事人就同一批货物、物品分别实施了 2 个以上违反海关监管规定的行为且二者之间有因果关系的，依照本实施条例分别规定的处罚幅度，择其重者处罚。

第五十二条　对 2 个以上当事人共同实施的违法行为，应当区别情节及责任，分别给予处罚。

第五十三条　有下列情形之一的，应当从重处罚：

（一）因走私被判处刑罚或者被海关行政处罚后在 2 年内又实施走私行为的；

（二）因违反海关监管规定被海关行政处罚后在 1 年内又实施同一违反海关监管规定的行为的；

（三）有其他依法应当从重处罚的情形的。

第五十四条　海关对当事人违反海关法的行为依法给予行政处罚的，应当制作行政处罚决定书。

对同一当事人实施的 2 个以上违反海关法的行为，可以制发 1 份行政处罚决定书。

对 2 个以上当事人分别实施的违反海关法的行为，应当分别制发行政处罚决定书。

对 2 个以上当事人共同实施的违反海关法的行为，应当制发 1 份行政处罚决定书，区别情况对各当事人分别予以处罚，但需另案处理的除外。

第五十五条　行政处罚决定书应当依照有关法律规定送达当事人。

依法予以公告送达的，海关应当将行政处罚决定书的正本张贴在海关公告栏内，并在报纸上刊登公告。

第五十六条　海关作出没收货物、物品、走私运输工具的行政处罚决定，有关货物、物品、走私运输工具无法或者不便没收的，海关应当追缴上述货物、物品、走私运输工具的等值价款。

第五十七条　法人或者其他组织实施违反海关法的行为后，有合并、分立或者其他资产重组情形的，海关应当以原法人、组织作为当事人。

对原法人、组织处以罚款、没收违法所得或者依法追缴货物、物品、走私运输工具的等值价款的，应当以承受其权利义务的法人、组织作为被执行人。

第五十八条 罚款、违法所得和依法追缴的货物、物品、走私运输工具的等值价款，应当在海关行政处罚决定规定的期限内缴清。

当事人按期履行行政处罚决定、办结海关手续的，海关应当及时解除其担保。

第五十九条 受海关处罚的当事人或者其法定代表人、主要负责人应当在出境前缴清罚款、违法所得和依法追缴的货物、物品、走私运输工具的等值价款。在出境前未缴清上述款项的，应当向海关提供相当于上述款项的担保。未提供担保，当事人是自然人的，海关可以通知出境管理机关阻止其出境；当事人是法人或者其他组织的，海关可以通知出境管理机关阻止其法定代表人或者主要负责人出境。

第六十条 当事人逾期不履行行政处罚决定的，海关可以采取下列措施：

（一）到期不缴纳罚款的，每日按罚款数额的3%加处罚款；

（二）根据海关法规定，将扣留的货物、物品、运输工具变价抵缴，或者以当事人提供的担保抵缴；

（三）申请人民法院强制执行。

第六十一条 当事人确有经济困难，申请延期或者分期缴纳罚款的，经海关批准，可以暂缓或者分期缴纳罚款。

当事人申请延期或者分期缴纳罚款的，应当以书面形式提出，海关收到申请后，应当在10个工作日内作出决定，并通知申请人。海关同意当事人暂缓或者分期缴纳的，应当及时通知收缴罚款的机构。

第六十二条 有下列情形之一的，有关货物、物品、违法所得、运输工具、特制设备由海关予以收缴：

（一）依照《中华人民共和国行政处罚法》第三十条、第三十一条规定不予行政处罚的当事人携带、邮寄国家禁止进出境的货物、物品进出境的；

（二）散发性邮寄国家禁止、限制进出境的物品进出境或者携带数量零星的国家禁止进出境的物品进出境，依法可以不予行政处罚的；

（三）依法应当没收的货物、物品、违法所得、走私运输工具、特制设备，在海关作出行政处罚决定前，作为当事人的自然人死亡或者作为当事人的法人、其他组织终止，且无权利义务承受人的；

（四）走私违法事实基本清楚，但当事人无法查清，自海关公告之日起满3个月的；

（五）有违反法律、行政法规，应当予以收缴的其他情形的。

海关收缴前款规定的货物、物品、违法所得、运输工具、特制设备，应当制发清单，由被收缴人或者其代理人、见证人签字或者盖章。被收缴人无法查清且无见证人的，应当予以公告。

第六十三条　人民法院判决没收的走私货物、物品、违法所得、走私运输工具、特制设备，或者海关决定没收、收缴的货物、物品、违法所得、走私运输工具、特制设备，由海关依法统一处理，所得价款和海关收缴的罚款，全部上缴中央国库。

第六章　附　　则

第六十四条　本实施条例下列用语的含义是：

"设立海关的地点"，指海关在港口、车站、机场、国界孔道、国际邮件互换局（交换站）等海关监管区设立的卡口，海关在保税区、出口加工区等海关特殊监管区域设立的卡口，以及海关在海上设立的中途监管站。

"许可证件"，指依照国家有关规定，当事人应当事先申领，并由国家有关主管部门颁发的准予进口或者出口的证明、文件。

"合法证明"，指船舶及所载人员依照国家有关规定或者依照国际运输惯例所必须持有的证明其运输、携带、收购、贩卖所载货物、物品真实、合法、有效的商业单证、运输单证及其他有关证明、文件。

"物品"，指个人以运输、携带等方式进出境的行李物品、邮寄进出境的物品，包括货币、金银等。超出自用、合理数量的，视为货物。

"自用"，指旅客或者收件人本人自用、馈赠亲友而非为出售或者出租。

"合理数量"，指海关根据旅客或者收件人的情况、旅行目的和居留时间所确定的正常数量。

"货物价值"，指进出口货物的完税价格、关税、进口环节海关代征税之和。

"物品价值"，指进出境物品的完税价格、进口税之和。

"应纳税款"，指进出口货物、物品应当缴纳的进出口关税、进口环节海关代征税之和。

"专门用于走私的运输工具"，指专为走私而制造、改造、购买的运输工具。

"以上"、"以下"、"以内"、"届满"，均包括本数在内。

第六十五条 海关对外国人、无国籍人、外国企业或者其他组织给予行政处罚的，适用本实施条例。

第六十六条 国家禁止或者限制进出口的货物目录，由国务院对外贸易主管部门依照《中华人民共和国对外贸易法》的规定办理；国家禁止或者限制进出境的物品目录，由海关总署公布。

第六十七条 依照海关规章给予行政处罚的，应当遵守本实施条例规定的程序。

第六十八条 本实施条例自 2004 年 11 月 1 日起施行。1993 年 2 月 17 日国务院批准修订、1993 年 4 月 1 日海关总署发布的《中华人民共和国海关法行政处罚实施细则》同时废止。

中华人民共和国海关事务担保条例

（2010 年 9 月 14 日中华人民共和国国务院令第 581 号公布　根据 2018 年
3 月 19 日《国务院关于修改和废止部分行政法规的决定》修订）

　　第一条　为了规范海关事务担保，提高通关效率，保障海关监督管理，根据《中华人民共和国海关法》及其他有关法律的规定，制定本条例。

　　第二条　当事人向海关申请提供担保，承诺履行法律义务，海关为当事人办理海关事务担保，适用本条例。

　　第三条　海关事务担保应当遵循合法、诚实信用、权责统一的原则。

　　第四条　有下列情形之一的，当事人可以在办结海关手续前向海关申请提供担保，要求提前放行货物：

　　（一）进出口货物的商品归类、完税价格、原产地尚未确定的；

　　（二）有效报关单证尚未提供的；

　　（三）在纳税期限内税款尚未缴纳的；

　　（四）滞报金尚未缴纳的；

　　（五）其他海关手续尚未办结的。

　　国家对进出境货物、物品有限制性规定，应当提供许可证件而不能提供的，以及法律、行政法规规定不得担保的其他情形，海关不予办理担保放行。

　　第五条　当事人申请办理下列特定海关业务的，按照海关规定提供担保：

　　（一）运输企业承担来往内地与港澳公路货物运输、承担海关监管货物境内公路运输的；

　　（二）货物、物品暂时进出境的；

　　（三）货物进境修理和出境加工的；

　　（四）租赁货物进口的；

　　（五）货物和运输工具过境的；

　　（六）将海关监管货物暂时存放在海关监管区外的；

　　（七）将海关监管货物向金融机构抵押的；

（八）为保税货物办理有关海关业务的。

当事人不提供或者提供的担保不符合规定的，海关不予办理前款所列特定海关业务。

第六条 进出口货物的纳税义务人在规定的纳税期限内有明显的转移、藏匿其应税货物以及其他财产迹象的，海关可以责令纳税义务人提供担保；纳税义务人不能提供担保的，海关依法采取税收保全措施。

第七条 有违法嫌疑的货物、物品、运输工具应当或者已经被海关依法扣留、封存的，当事人可以向海关提供担保，申请免予或者解除扣留、封存。

有违法嫌疑的货物、物品、运输工具无法或者不便扣留的，当事人或者运输工具负责人应当向海关提供等值的担保；未提供等值担保的，海关可以扣留当事人等值的其他财产。

有违法嫌疑的货物、物品、运输工具属于禁止进出境，或者必须以原物作为证据，或者依法应当予以没收的，海关不予办理担保。

第八条 法人、其他组织受到海关处罚，在罚款、违法所得或者依法应当追缴的货物、物品、走私运输工具的等值价款未缴清前，其法定代表人、主要负责人出境的，应当向海关提供担保；未提供担保的，海关可以通知出境管理机关阻止其法定代表人、主要负责人出境。

受海关处罚的自然人出境的，适用前款规定。

第九条 进口已采取临时反倾销措施、临时反补贴措施的货物应当提供担保的，或者进出口货物收发货人、知识产权权利人申请办理知识产权海关保护相关事务等，依照本条例的规定办理海关事务担保。法律、行政法规有特别规定的，从其规定。

第十条 按照海关总署的规定经海关认定的高级认证企业可以申请免除担保，并按照海关规定办理有关手续。

第十一条 当事人在一定期限内多次办理同一类海关事务的，可以向海关申请提供总担保。海关接受总担保的，当事人办理该类海关事务，不再单独提供担保。

总担保的适用范围、担保金额、担保期限、终止情形等由海关总署规定。

第十二条 当事人可以以海关依法认可的财产、权利提供担保，担保财产、权利的具体范围由海关总署规定。

第十三条　当事人以保函向海关提供担保的，保函应当以海关为受益人，并且载明下列事项：

（一）担保人、被担保人的基本情况；

（二）被担保的法律义务；

（三）担保金额；

（四）担保期限；

（五）担保责任；

（六）需要说明的其他事项。

担保人应当在保函上加盖印章，并注明日期。

第十四条　当事人提供的担保应当与其需要履行的法律义务相当，除本条例第七条第二款规定的情形外，担保金额按照下列标准确定：

（一）为提前放行货物提供的担保，担保金额不得超过可能承担的最高税款总额；

（二）为办理特定海关业务提供的担保，担保金额不得超过可能承担的最高税款总额或者海关总署规定的金额；

（三）因有明显的转移、藏匿应税货物以及其他财产迹象被责令提供的担保，担保金额不得超过可能承担的最高税款总额；

（四）为有关货物、物品、运输工具免予或者解除扣留、封存提供的担保，担保金额不得超过该货物、物品、运输工具的等值价款；

（五）为罚款、违法所得或者依法应当追缴的货物、物品、走私运输工具的等值价款未缴清前出境提供的担保，担保金额应当相当于罚款、违法所得数额或者依法应当追缴的货物、物品、走私运输工具的等值价款。

第十五条　办理担保，当事人应当提交书面申请以及真实、合法、有效的财产、权利凭证和身份或者资格证明等材料。

第十六条　海关应当自收到当事人提交的材料之日起 5 个工作日内对相关财产、权利等进行审核，并决定是否接受担保。当事人申请办理总担保的，海关应当在 10 个工作日内审核并决定是否接受担保。

符合规定的担保，自海关决定接受之日起生效。对不符合规定的担保，海关应当书面通知当事人不予接受，并说明理由。

第十七条　被担保人履行法律义务期限届满前，担保人和被担保人因特殊原因要求变更担保内容的，应当向接受担保的海关提交书面申请以及有关证明材料。海关应当自收到当事人提交的材料之日起 5 个工作日内作出是否同意变更的决定，并书面通知当事人，不同意变更的，应当说明理由。

第十八条　被担保人在规定的期限内未履行有关法律义务的，海关可以依法从担保财产、权利中抵缴。当事人以保函提供担保的，海关可以直接要求承担连带责任的担保人履行担保责任。

担保人履行担保责任的，不免除被担保人办理有关海关手续的义务。海关应当及时为被担保人办理有关海关手续。

第十九条　担保财产、权利不足以抵偿被担保人有关法律义务的，海关应当书面通知被担保人另行提供担保或者履行法律义务。

第二十条　有下列情形之一的，海关应当书面通知当事人办理担保财产、权利退还手续：

（一）当事人已经履行有关法律义务的；

（二）当事人不再从事特定海关业务的；

（三）担保财产、权利被海关采取抵缴措施后仍有剩余的；

（四）其他需要退还的情形。

第二十一条　自海关要求办理担保财产、权利退还手续的书面通知送达之日起 3 个月内，当事人无正当理由未办理退还手续的，海关应当发布公告。

自海关公告发布之日起 1 年内，当事人仍未办理退还手续的，海关应当将担保财产、权利依法变卖或者兑付后，上缴国库。

第二十二条　海关履行职责，金融机构等有关单位应当依法予以协助。

第二十三条　担保人、被担保人违反本条例，使用欺骗、隐瞒等手段提供担保的，由海关责令其继续履行法律义务，处 5000 元以上 50000 元以下的罚款；情节严重的，可以暂停被担保人从事有关海关业务或者撤销其从事有关海关业务的注册登记。

第二十四条　海关工作人员有下列行为之一的，给予处分；构成犯罪的，依法追究刑事责任：

（一）违法处分担保财产、权利；

（二）对不符合担保规定的，违法办理有关手续致使国家利益遭受损失；

（三）对符合担保规定的，不予办理有关手续；

（四）与海关事务担保有关的其他违法行为。

第二十五条　担保人、被担保人对海关有关海关事务担保的具体行政行为不服的，可以依法向上一级海关申请行政复议或者向人民法院提起行政诉讼。

第二十六条　本条例自 2011 年 1 月 1 日起施行。

中华人民共和国海关综合保税区管理办法

（2022 年 1 月 1 日海关总署令第 256 号公布，自 2022 年 4 月 1 日起施行）

第一章 总 则

第一条 为了规范海关对综合保税区的管理，促进综合保税区高水平开放、高质量发展，根据《中华人民共和国海关法》《中华人民共和国进出口商品检验法》《中华人民共和国进出境动植物检疫法》《中华人民共和国国境卫生检疫法》《中华人民共和国食品安全法》及有关法律、行政法规和国家相关规定，制定本办法。

第二条 海关依照本办法对进出综合保税区的交通运输工具、货物及其外包装、集装箱、物品以及综合保税区内（以下简称区内）企业实施监督管理。

第三条 综合保税区实行封闭式管理。

除安全保卫人员外，区内不得居住人员。

第四条 综合保税区的基础和监管设施应当符合综合保税区基础和监管设施设置规范，并经海关会同有关部门验收合格。

第五条 区内企业可以依法开展以下业务：

（一）研发、加工、制造、再制造；

（二）检测、维修；

（三）货物存储；

（四）物流分拨；

（五）融资租赁；

（六）跨境电商；

（七）商品展示；

（八）国际转口贸易；

（九）国际中转；

（十）港口作业；

（十一）期货保税交割；

（十二）国家规定可以在区内开展的其他业务。

第六条　海关对区内企业实行计算机联网管理，提升综合保税区信息化、智能化管理水平。

第二章　综合保税区与境外之间进出货物的管理

第七条　除法律法规另有规定外，国家禁止进口、出口的货物、物品不得在综合保税区与境外之间进、出。

第八条　综合保税区与境外之间进出的货物不实行关税配额、许可证件管理，但法律法规、我国缔结或者参加的国际条约、协定另有规定的除外。

第九条　综合保税区与境外之间进出的货物，其收发货人或者代理人应当如实向海关申报，按照海关规定填写进出境货物备案清单并办理相关手续。

第十条　境外进入综合保税区的货物及其外包装、集装箱，应当由海关依法在进境口岸实施检疫。因口岸条件限制等原因，海关可以在区内符合条件的场所（场地）实施检疫。

综合保税区运往境外的货物及其外包装、集装箱，应当由海关依法实施检疫。

综合保税区与境外之间进出的交通运输工具，由海关按照进出境交通运输工具有关规定实施检疫。

第十一条　境外进入综合保税区的货物予以保税，但本办法第十二条、十四条规定的情形除外。

第十二条　除法律法规另有规定外，下列货物从境外进入综合保税区，海关免征进口关税和进口环节税：

（一）区内生产性的基础设施建设项目所需的机器、设备和建设生产厂房、仓储设施所需的基建物资；

（二）区内企业开展本办法第五条所列业务所需的机器、设备、模具及其维修用零配件；

（三）综合保税区行政管理机构和区内企业自用合理数量的办公用品。

自国务院批准设立综合保税区之日起，从境外进入综合保税区的区内企业自用机器、设备按照前款规定执行。

第十三条　本办法第十二条所列货物的监管年限，参照进口减免税货物的监管年限管理，监管年限届满的自动解除监管；监管年限未满企业申请提前解除监管的，参照进口减免税货物补缴税款的有关规定办理，属于许可证件管理的应当取得有关许可证件。

第十四条　境外进入综合保税区，供区内企业和行政管理机构自用的交通运输工具、生活消费用品，海关依法征收进口关税和进口环节税。

第十五条　除法律法规另有规定外，综合保税区运往境外的货物免征出口关税。

第三章　综合保税区与区外之间进出货物的管理

第十六条　综合保税区与中华人民共和国境内的其他地区（以下简称区外）之间进出的货物，区内企业或者区外收发货人应当按照规定向海关办理相关手续。

货物属于关税配额、许可证件管理的，区内企业或者区外收发货人应当取得关税配额、许可证件；海关应当对关税配额进行验核，对许可证件电子数据进行系统自动比对验核。

第十七条　除法律法规另有规定外，海关对综合保税区与区外之间进出的货物及其外包装、集装箱不实施检疫。

第十八条　综合保税区与区外之间进出的货物，区内企业或者区外收发货人应当按照货物进出区时的实际状态依法缴纳关税和进口环节税。

区内企业加工生产的货物出区内销时，区内企业或者区外收发货人可以选择按照其对应进口料件缴纳关税，并补缴关税税款缓税利息；进口环节税应当按照出区时货物实际状态照章缴纳。

第十九条　经综合保税区运往区外的优惠贸易协定项下的货物，符合相关原产地管理规定的，可以适用协定税率或者特惠税率。

第二十条　以出口报关方式进入综合保税区的货物予以保税；其中，区内企业从区外采购的机器、设备参照进口减免税货物的监管年限管理，监管年限届满的自动解除监管，免于提交许可证件；监管年限未满企业申请提前解除监管的，参照进口减免税货物补缴税款的有关规定办理相关手续，免于提交许可证件。

前款规定货物的出口退税按照国家有关规定办理。

第二十一条　区内企业在加工生产过程中使用保税料件产生的边角料、残次品、副产品以及加工生产、储存、运输等过程中产生的包装物料，运往区外销售时，区内企业应当按照货物出区时的实际状态缴纳税款；残次品、副产品属于关税配额、许可证件管理的，区内企业或者区外收发货人应当取得关税配额、许可证件；海关应当对关税配额进行验核、对许可证件电子数据进行系统自动比对验核。

第二十二条　区内企业产生的未复运出境的固体废物，按照国内固体废物相关规定进行管理。需运往区外进行贮存、利用或者处置的，应按规定向海关办理出区手续。

第二十三条　区内企业依法对区内货物采取销毁处置的，应当办理相关手续，销毁处置费用由区内企业承担。销毁产生的固体废物出区时按照本办法第二十二条办理。

第二十四条　区内企业可以按照海关规定办理集中申报手续。

除海关总署另有规定外，区内企业应当在每季度结束的次月 15 日前办理该季度货物集中申报手续，但不得晚于账册核销截止日期，且不得跨年度办理。

集中申报适用海关接受集中申报之日实施的税率、汇率。

第二十五条　综合保税区与其他综合保税区等海关特殊监管区域、保税监管场所之间往来的货物予以保税。

综合保税区与其他综合保税区等海关特殊监管区域或者保税监管场所之间流转的货物，不征收关税和进口环节税。

第四章　综合保税区内货物的管理

第二十六条　综合保税区内货物可以自由流转。区内企业转让、转移货物的，双方企业应当及时向海关报送转让、转移货物的品名、数量、金额等电子数据信息。

第二十七条　区内企业可以利用监管期限内的免税设备接受区外企业委托开展加工业务。

区内企业开展委托加工业务，应当设立专用的委托加工电子账册。委托加工用料件需使用保税料件的，区内企业应当向海关报备。

委托加工产生的固体废物，出区时按照本办法第二十二条办理。

第二十八条　区内企业按照海关规定将自用机器、设备及其零部件、模具或者办公用品运往区外进行检测、维修的，检测、维修期间不得在区外用于加工生产和使用，并且应当自运出之日起 60 日内运回综合保税区。因故不能如期运回的，区内企业应当在期限届满前 7 日内书面向海关申请延期，延长期限不得超过 30 日。

前款规定货物因特殊情况无法在上述规定时间内完成检测、维修并运回综合保税区的，经海关同意，可以在检测、维修合同期限内运回综合保税区。

更换零配件的，原零配件应当一并运回综合保税区；确需在区外处置的，海关应当按照原零配件的实际状态征税；在区外更换的国产零配件，需要退税的，企业应当按照有关规定办理手续。

第二十九条　区内企业按照海关规定将模具、原材料、半成品等运往区外进行外发加工的，外发加工期限不得超过合同有效期，加工完毕的货物应当按期运回综合保税区。

外发加工产生的边角料、残次品、副产品不运回综合保税区的，海关应当按照货物实际状态征税；残次品、副产品属于关税配额、许可证件管理的，区内企业或者区外收发货人应当取得关税配额、许可证件；海关应当对有关关税配额进行验核、对许可证件电子数据进行系统自动比对验核。

第三十条　因不可抗力造成综合保税区内货物损毁、灭失的，区内企业应当及时报告海关。经海关核实后，区内企业可以按照下列规定办理：

（一）货物灭失，或者虽未灭失但完全失去使用价值的，办理核销和免税手续；

（二）境外进入综合保税区或者区外进入综合保税区且已办理出口退税手续的货物损毁，失去部分使用价值的，办理出区内销或者退运手续；

（三）区外进入综合保税区且未办理出口退税手续的货物损毁，失去部分使用价值，需要向出口企业进行退换的，办理退运手续。

第三十一条　因保管不善等非不可抗力因素造成区内货物损毁、灭失的，区内企业应当及时报告海关并说明情况。经海关核实后，区内企业可以按照下列规定办理：

（一）境外进入综合保税区的货物，按照一般贸易进口货物的规定办理相关手续，并按照海关审定的货物损毁或灭失前的完税价格，以货物损毁或灭失之日适用的税率、汇率缴纳关税、进口环节税；

（二）区外进入综合保税区的货物，重新缴纳因出口而退还的国内环节有关税收，已缴纳出口关税的，不予退还。

第三十二条　区内企业申请放弃的货物，经海关及有关主管部门核准后，由海关依法提取变卖，变卖收入按照国家有关规定处理，但法律法规规定不得放弃的除外。

第三十三条　除法律法规另有规定外，区内货物不设存储期限。

第五章　区内企业的管理

第三十四条　区内企业及其分支机构应当取得市场主体资格，并依法向海关办理注册或者备案手续。

区内从事食品生产的企业应当依法取得国内生产许可。

第三十五条　区内企业应当依照法律法规的规定规范财务管理，并按照海关规定设立海关电子账册，电子账册的备案、变更、核销应当按照海关相关规定执行。

第三十六条　海关对区内企业实行稽查、核查制度。

区内企业应当配合海关的稽查、核查，如实提供相关账簿、单证等有关资料及电子数据。

第三十七条　区内企业开展涉及海关事务担保业务的，按照海关事务担保相关规定执行。

第六章　附　则

第三十八条　进出综合保税区货物的检验按照相关规定执行。

第三十九条　综合保税区与区外之间进出的交通运输工具、人员应当通过指定通道进出，海关根据需要实施检查。

综合保税区与境外之间进出的交通运输工具服务人员携带个人物品进出综合保税区的，海关按照进出境旅客行李物品的有关规定进行监管。

第四十条　海关在综合保税区依法实施监管不影响地方政府和其他部门依法履行其相应职责。

第四十一条　除法律法规另有规定外，海关对境外与综合保税区之间进出的货物实施进出口货物贸易统计；对区外与综合保税区之间进出的货物，根据管理需要实施海关单项统计和海关业务统计；对与综合保税区相关的海关监督管理活动和内部管理事务实施海关业务统计。

第四十二条 区内开展增值税一般纳税人资格试点的，按照增值税一般纳税人资格试点政策有关规定执行。

第四十三条 对境内入区的不涉及出口关税、不涉及许可证件、不要求退税且不纳入海关统计的货物，海关对其实施便捷进出区管理。

第四十四条 对违反本办法规定的行为，由海关依照相关法律法规规定予以处罚；构成犯罪的，依法追究刑事责任。

第四十五条 综合保税区设立审核、建设验收、监督管理等要求按照国家相关规定执行。

第四十六条 本办法由海关总署负责解释。

第四十七条 本办法自 2022 年 4 月 1 日起施行。2007 年 9 月 3 日海关总署令第 164 号发布、根据 2010 年 3 月 15 日海关总署令第 191 号、2017 年 12 月 20 日海关总署令第 235 号、2018 年 5 月 29 日海关总署令第 240 号、2018 年 11 月 23 日海关总署令第 243 号修改的《中华人民共和国海关保税港区管理暂行办法》，2005 年 11 月 28 日海关总署令第 134 号发布、根据 2010 年 3 月 15 日海关总署令第 190 号、2017 年 12 月 20 日海关总署令第 235 号、2018 年 5 月 29 日海关总署令第 240 号、2018 年 11 月 23 日海关总署令第 243 号修改的《中华人民共和国海关对保税物流园区的管理办法》同时废止。

保税区检验检疫监督管理办法

（2005 年 1 月 12 日国家质量监督检验检疫总局令第 71 号公布，根据 2018 年 4 月 28 日海关总署令第 238 号《海关总署关于修改部分规章的决定》第一次修正，根据 2018 年 5 月 29 日海关总署令第 240 号《海关总署关于修改部分规章的决定》第二次修正，根据 2018 年 11 月 23 日海关总署令第 243 号《海关总署关于修改部分规章的决定》第三次修正）

第一章　总　则

第一条　为加强和规范保税区检验检疫监督管理工作，促进国家经济贸易的快速健康发展，根据《中华人民共和国进出口商品检验法》及其实施条例、《中华人民共和国进出境动植物检疫法》及其实施条例、《中华人民共和国国境卫生检疫法》及其实施细则、《中华人民共和国食品安全法》及其他有关法律法规，制定本办法。

第二条　本办法适用于对进出保税区，法律法规规定应当实施检验检疫的货物及其包装物、铺垫材料、运输工具、集装箱（以下简称应检物）的检验检疫及监督管理工作。

第三条　海关总署统一管理全国保税区的检验检疫监督管理工作。主管海关对进出保税区的应检物实施检验检疫和监督管理。

第四条　进出保税区的应检物需要办理检验检疫审批手续的，应当按照检验检疫法律法规的规定办理审批手续。

第五条　应检物进出保税区时，收发货人（货主）或者其代理人应当按照有关规定向主管海关办理报检手续，主管海关按照国家有关法律、法规、规章以及相关的规定实施检验检疫。

第六条　海关按照简便、有效的原则对进出保税区的应检物实施检验检疫。

第二章　输入保税区应检物的检验检疫

第七条　从境外进入保税区的应检物，属于卫生检疫范围的，由海关实施卫生检疫；应当实施卫生处理的，在海关的监督下，依法进行卫生处理。

第八条　从境外进入保税区的应检物，属于动植物检疫范围的，由海关实施动植物检疫；应当实施动植物检疫除害处理的，在海关的监督下，依法进行除害处理。

第九条　海关对从境外进入保税区的可以用作原料的固体废物、旧机电产品、成套设备实施检验和监管，对在保税区内存放的货物不实施检验。

第十条　保税区内企业从境外进入保税区的仓储物流货物以及自用的办公用品、出口加工所需原材料、零部件免予实施强制性产品认证。

第三章　输出保税区应检物的检验检疫

第十一条　从保税区输往境外的应检物，海关依法实施检验检疫。

第十二条　从保税区输往非保税区的应检物，除法律法规另有规定的，不实施检疫。

第十三条　从保税区输往非保税区的应检物，属于实施食品卫生监督检验和商品检验范围的，海关实施检验。对于集中入境分批出区的货物，可以分批报检，分批检验；符合条件的，可以于入境时集中报检，集中检验，经检验合格的出区时分批核销。

第十四条　按照本办法第九条的规定在入境时已经实施检验的保税区内的货物，输往非保税区的，不实施检验。

从非保税区进入保税区的货物，又输往非保税区的，不实施检验。

第十五条　从保税区输往非保税区的应检物，列入强制性产品认证目录的，应当取得相应的认证证书，其产品上应当加贴强制性产品认证标志。海关对相应认证证书电子数据进行系统自动比对验核。

第十六条　从非保税区进入保税区后不经加工直接出境的，已取得产地海关签发的检验检疫合格证明的，保税区海关不再实施检验检疫。超过检验检疫有效期、变更输入国家或地区并又有不同检验检疫要求、改换包装或重新拼装、已撤销报检的，应当按规定重新报检。

第十七条　保税区内企业加工出境产品，符合有关规定的，可以向海关申请签发普惠制原产地证书或者一般原产地证书、区域性优惠原产地证书、专用原产地证书等。

第四章　经保税区转口的应检物的检验检疫

第十八条　经保税区转口的动植物、动植物产品和其他检疫物，入境报检时应当提供输出国家或者地区政府部门出具的官方检疫证书；转口动物的，还应当取得海关总署签发的《动物过境许可证》，并在入境报检时提供输入国家或者地区政府部门签发的允许进境的证明。

第十九条　经保税区转口的应检物，在保税区短暂仓储，原包装转口出境并且包装密封状况良好，无破损、撒漏的，入境时仅实施外包装检疫，必要时进行防疫消毒处理。

第二十条　经保税区转口的应检物，由于包装不良以及在保税区内经分级、挑选、刷贴标签、改换包装形式等简单加工的原因，转口出境的，海关实施卫生检疫、动植物检疫以及食品卫生检验。

第二十一条　转口应检物出境时，除法律法规另有规定和输入国家或者地区政府要求入境时出具我国海关签发的检疫证书或者检疫处理证书的以外，一般不再实施检疫和检疫处理。

第五章　监督管理

第二十二条　保税区内从事加工、储存出入境动植物产品的企业应当符合有关检验检疫规定。

第二十三条　保税区内从事加工、储存出境食品的企业应当办理出口食品生产企业卫生注册登记，输入国家或者地区另有要求的，还应当符合输入国家或者地区的要求；加工、存储入境食品的企业应当按照食品企业通用卫生规范要求接受海关的监督管理。

第二十四条　保税区内设立检验检疫查验场地以及检疫熏蒸、消毒处理场所应当符合检验检疫有关要求。

第二十五条　海关按照有关法律法规规定对保税区实施疫情监测，对进出保税区的动植物及其产品的生产、加工、存放和调离过程实施检疫监督。

第二十六条　保税区内企业之间销售、转移进出口应检物，免予实施检验检疫。

第二十七条　入境动植物及其产品已经办理检疫审批的，需要变更审批事项的，应当申请变更检疫审批手续。

第五章　附　则

第二十八条　保税仓库、保税物流园区等区域的检验检疫和监督管理参照本办法执行。

第二十九条　对违反本办法规定的行为，海关依照有关法律法规规定予以行政处罚。

第三十条　本办法由海关总署负责解释。

第三十一条　本办法自 2005 年 3 月 1 日起施行。原中华人民共和国动植物检疫局 1998 年 4 月 10 日发布的《保税区动植物检疫管理办法》同时废止。

中华人民共和国海关审定内销保税货物完税价格办法

（2014 年施行）

第一条　为了正确审查确定内销保税货物的完税价格，根据《中华人民共和国海关法》、《中华人民共和国进出口关税条例》及其他有关法律、行政法规的规定，制定本办法。

第二条　海关审查确定内销保税货物完税价格，适用本办法。涉嫌走私的内销保税货物计税价格的核定，不适用本办法。

第三条　内销保税货物的完税价格，由海关以该货物的成交价格为基础审查确定。

第四条　进料加工进口料件或者其制成品（包括残次品）内销时，海关以料件原进口成交价格为基础审查确定完税价格。

属于料件分批进口，并且内销时不能确定料件原进口一一对应批次的，海关可按照同项号、同品名和同税号的原则，以其合同有效期内或电子账册核销周期内已进口料件的成交价格计算所得的加权平均价为基础审查确定完税价格。

合同有效期内或电子账册核销周期内已进口料件的成交价格加权平均价难以计算或者难以确定的，海关以客观可量化的当期进口料件成交价格的加权平均价为基础审查确定完税价格。

第五条　来料加工进口料件或者其制成品（包括残次品）内销时，海关以接受内销申报的同时或者大约同时进口的与料件相同或者类似的保税货物的进口成交价格为基础审查确定完税价格。

第六条　加工企业内销的加工过程中产生的边角料或者副产品，以其内销价格为基础审查确定完税价格。

副产品并非全部使用保税料件生产所得的，海关以保税料件在投入成本核算中所占比重计算结果为基础审查确定完税价格。

按照规定需要以残留价值征税的受灾保税货物，海关以其内销价格为基础审查确定完税价格。按照规定应折算成件征税的，海关以各项保税料件占构成制成品（包括残次品）全部料件的价值比重计算结果为基础审查确定完税价格。

边角料、副产品和按照规定需要以残留价值征税的受灾保税货物经海关允许采用拍卖方式内销时，海关以其拍卖价格为基础审查确定完税价格。

第七条 深加工结转货物内销时，海关以该结转货物的结转价格为基础审查确定完税价格。

第八条 保税区内企业内销的保税加工进口料件或者其制成品，海关以其内销价格为基础审查确定完税价格。

保税区内企业内销的保税加工制成品中，如果含有从境内采购的料件，海关以制成品所含从境外购入料件的原进口成交价格为基础审查确定完税价格。

保税区内企业内销的保税加工进口料件或者其制成品的完税价格依据本条前两款规定不能确定的，海关以接受内销申报的同时或者大约同时内销的相同或者类似的保税货物的内销价格为基础审查确定完税价格。

第九条 除保税区以外的海关特殊监管区域内企业内销的保税加工料件或者其制成品，以其内销价格为基础审查确定完税价格。

除保税区以外的海关特殊监管区域内企业内销的保税加工料件或者其制成品的内销价格不能确定的，海关以接受内销申报的同时或者大约同时内销的相同或者类似的保税货物的内销价格为基础审查确定完税价格。

除保税区以外的海关特殊监管区域内企业内销的保税加工制成品、相同或者类似的保税货物的内销价格不能确定的，海关以生产该货物的成本、利润和一般费用计算所得的价格为基础审查确定完税价格。

第十条 海关特殊监管区域内企业内销的保税加工过程中产生的边角料、废品、残次品和副产品，以其内销价格为基础审查确定完税价格。

海关特殊监管区域内企业经海关允许采用拍卖方式内销的边角料、废品、残次品和副产品，海关以其拍卖价格为基础审查确定完税价格。

第十一条 海关特殊监管区域、保税监管场所内企业内销的保税物流货物，海关以该货物运出海关特殊监管区域、保税监管场所时的内销价格为基础审查确定完税价格；该内销价格包含的能够单独列明的海关特殊监管区域、保税监管场所内发生的保险费、仓储费和运输及其相关费用，不计入完税价格。

第十二条 海关特殊监管区域内企业内销的研发货物，海关依据本办法

第八条、第九条、第十条的规定审查确定完税价格。海关特殊监管区域内企业内销的检测、展示货物，海关依据本办法第十一条的规定审查确定完税价格。

第十三条 内销保税货物的完税价格不能依据本办法第四至十二条规定确定的，海关依次以下列价格估定该货物的完税价格：

（一）与该货物同时或者大约同时向中华人民共和国境内销售的相同货物的成交价格；

（二）与该货物同时或者大约同时向中华人民共和国境内销售的类似货物的成交价格；

（三）与该货物进口的同时或者大约同时，将该进口货物、相同或者类似进口货物在第一级销售环节销售给无特殊关系买方最大销售总量的单位价格，但应当扣除以下项目：

1. 同等级或者同种类货物在中华人民共和国境内第一级销售环节销售时通常的利润和一般费用以及通常支付的佣金；

2. 进口货物运抵境内输入地点起卸后的运输及其相关费用、保险费；

3. 进口关税及国内税收。

（四）按照下列各项总和计算的价格：生产该货物所使用的料件成本和加工费用，向中华人民共和国境内销售同等级或者同种类货物通常的利润和一般费用，该货物运抵境内输入地点起卸前的运输及其相关费用、保险费；

（五）以合理方法估定的价格。

纳税义务人向海关提供有关资料后，可以提出申请，颠倒前款第三项和第四项的适用次序。

第十四条 本办法中下列用语的含义：

内销保税货物，包括因故转为内销需要征税的加工贸易货物、海关特殊监管区域内货物、保税监管场所内货物和因其他原因需要按照内销征税办理的保税货物，但不包括以下项目：

（一）海关特殊监管区域、保税监管场所内生产性的基础设施建设项目所需的机器、设备和建设所需的基建物资；

（二）海关特殊监管区域、保税监管场所内企业开展生产或综合物流服务所需的机器、设备、模具及其维修用零配件；

（三）海关特殊监管区域、保税监管场所内企业和行政管理机构自用的办公用品、生活消费用品和交通运输工具。

内销价格，是指向国内企业销售保税货物时买卖双方订立的价格，是国内企业为购买保税货物而向卖方（保税企业）实际支付或者应当支付的全部价款，但不包括关税和进口环节海关代征税。

拍卖价格，是指国家注册的拍卖机构对海关核准参与交易的保税货物履行合法有效的拍卖程序，竞买人依拍卖规定获得拍卖标的物的价格。

结转价格，是指深加工结转企业间买卖加工贸易货物时双方订立的价格，是深加工结转转入企业为购买加工贸易货物而向深加工结转转出企业实际支付或者应当支付的全部价款。

第十五条 纳税义务人对海关确定完税价格有异议的，应当按照海关作出的相关行政决定缴纳税款，并可以依法向上一级海关申请复议。对复议决定不服的，可以依法向人民法院提起行政诉讼。

第十六条 违反本办法规定，构成走私或者违反海关监管规定行为的，由海关依照《中华人民共和国海关法》和《中华人民共和国海关行政处罚实施条例》的有关规定予以处理；构成犯罪的，依法追究刑事责任。

第十七条 本办法由海关总署负责解释。

第十八条 本办法自 2014 年 2 月 1 日起施行。

中华人民共和国海关对保税物流中心（B型）的暂行管理办法

（2005 年 6 月 23 日海关总署令第 130 号发布，根据 2015 年 4 月 28 日海关总署令第 227 号公布的《海关总署关于修改部分规章的决定》第一次修正，根据 2017 年 12 月 20 日海关总署令第 235 号公布的《海关总署关于修改部分规章的决定》第二次修正，根据 2018 年 5 月 29 日海关总署令第 240 号《海关总署关于修改部分规章的决定》第三次修正，根据 2018 年 11 月 23 日海关总署令第 243 号《海关总署关于修改部分规章的决定》第四次修正）

第一章　总　则

第一条　为适应现代国际物流业的发展，规范海关对保税物流中心（B型）及其进出货物的管理和保税仓储物流企业的经营行为，根据《中华人民共和国海关法》和国家有关法律、行政法规，制定本办法。

第二条　本办法所称保税物流中心（B型）（以下简称物流中心）是指经海关批准，由中国境内一家企业法人经营，多家企业进入并从事保税仓储物流业务的保税监管场所。

第三条　下列货物，经海关批准可以存入物流中心：

（一）国内出口货物；

（二）转口货物和国际中转货物；

（三）外商暂存货物；

（四）加工贸易进出口货物；

（五）供应国际航行船舶和航空器的物料、维修用零部件；

（六）供维修外国产品所进口寄售的零配件；

（七）未办结海关手续的一般贸易进口货物；

（八）经海关批准的其他未办结海关手续的货物。

第二章　物流中心及中心内企业的设立

第一节　物流中心的设立

第四条　设立物流中心应当具备下列条件：

（一）物流中心仓储面积，东部地区不低于 5 万平方米，中西部地区、东北地区不低于 2 万平方米；

（二）符合海关对物流中心的监管规划建设要求；

（三）选址在靠近海港、空港、陆路交通枢纽及内陆国际物流需求量较大，交通便利，设有海关机构且便于海关集中监管的地方；

（四）经省级人民政府确认，符合地方经济发展总体布局，满足加工贸易发展对保税物流的需求；

（五）建立符合海关监管要求的计算机管理系统，提供供海关查阅数据的终端设备，并按照海关规定的认证方式和数据标准，通过"电子口岸"平台与海关联网，以便海关在统一平台上与国税、外汇管理等部门实现数据交换及信息共享；

（六）设置符合海关监管要求的隔离设施、监管设施和办理业务必需的其他设施。

第五条　物流中心经营企业应当具备下列资格条件：

（一）经工商行政管理部门注册登记，具有独立企业法人资格；

（二）具备对中心内企业进行日常管理的能力；

（三）具备协助海关对进出物流中心的货物和中心内企业的经营行为实施监管的能力。

第六条　物流中心经营企业具有以下责任和义务：

（一）设立管理机构负责物流中心的日常管理工作；

（二）遵守海关法及有关管理规定；

（三）制定完善的物流中心管理制度，协助海关实施对进出物流中心的货物及中心内企业经营行为的监管。

物流中心经营企业不得在本物流中心内直接从事保税仓储物流的经营活动。

第七条　申请设立物流中心的企业应当向直属海关提出书面申请，并递交以下加盖企业印章的材料：

（一）申请书；

（二）省级人民政府意见书；

（三）物流中心所用土地使用权的合法证明及地理位置图、平面规划图。

第八条　物流中心内只能设立仓库、堆场和海关监管工作区。不得建立商业性消费设施。

第九条　设立物流中心的申请由直属海关受理，报海关总署会同有关部门审批。

企业自海关总署等部门出具批准其筹建物流中心文件之日起 1 年内向海关总署申请验收，由海关总署会同有关部门或者委托被授权的机构按照本办法的规定进行审核验收。

物流中心验收合格后，由海关总署向物流中心经营企业核发《保税物流中心（B 型）注册登记证书》。

物流中心在验收合格后方可以开展有关业务。

第十条　获准设立物流中心的企业确有正当理由未按时申请验收的，经海关总署同意可以延期验收。

获准设立物流中心的企业无正当理由逾期未申请验收或者验收不合格的，视同其撤回设立物流中心的申请。

第二节　中心内企业的设立

第十一条　中心内企业应当具备下列条件：

（一）具有独立的法人资格或者特殊情况下的中心外企业的分支机构；

（二）建立符合海关监管要求的计算机管理系统并与海关联网；

（三）在物流中心内有专门存储海关监管货物的场所。

第十二条　企业申请进入物流中心应当向所在地主管海关提出书面申请，并递交以下加盖企业印章的材料：

（一）申请书；

（二）物流中心内所承租仓库位置图、仓库布局图。

第十三条　主管海关受理后对符合条件的企业制发《保税物流中心（B 型）企业注册登记证书》。

第三章　物流中心的经营管理

第十四条　物流中心不得转租、转借他人经营，不得下设分中心。

第十五条　中心内企业可以开展以下业务：

（一）保税存储进出口货物及其他未办结海关手续货物；

（二）对所存货物开展流通性简单加工和增值服务；

（三）全球采购和国际分拨、配送；

（四）转口贸易和国际中转；

（五）经海关批准的其他国际物流业务。

第十六条　中心内企业不得在物流中心内开展下列业务：

（一）商业零售；

（二）生产和加工制造；

（三）维修、翻新和拆解；

（四）存储国家禁止进出口货物，以及危害公共安全、公共卫生或者健康、公共道德或者秩序的国家限制进出口货物；

（五）法律、行政法规明确规定不能享受保税政策的货物；

（六）其他与物流中心无关的业务。

第十七条　物流中心经营企业及中心内企业负责人及其工作人员应当熟悉海关有关法律法规，遵守海关监管规定。

第四章　海关对物流中心及中心内企业的监管

第十八条　海关可以采取联网监管、视频监控、实地核查等方式对进出物流中心的货物、物品、运输工具等实施动态监管。

第十九条　海关对物流中心及中心内企业实施计算机联网监管。物流中心及中心内企业应当建立符合海关监管要求的计算机管理系统并与海关联网，形成完整真实的货物进、出、转、存电子数据，保证海关开展对有关业务数据的查询、统计、采集、交换和核查等监管工作。

第二十条　《保税物流中心（B型）注册登记证书》有效期为3年。

物流中心经营企业应当在《保税物流中心（B型）注册登记证书》每次有效期满30日前办理延期手续，由直属海关受理，报海关总署审批。

物流中心经营企业办理延期手续应当提交《保税物流中心（B型）注册

登记证书》。

对审查合格的企业准予延期 3 年。

第二十一条　物流中心需变更名称、地址、面积及所有权等事项的，由直属海关受理报海关总署审批。其他变更事项报直属海关备案。

第二十二条　中心内企业需变更有关事项的，应当向主管海关备案。

第二十三条　物流中心经营企业因故终止业务的，物流中心经营企业向直属海关提出书面申请，经海关总署会同有关部门审批后，办理注销手续并交回《保税物流中心（B 型）注册登记证书》。

第二十四条　物流中心内货物保税存储期限为 2 年。确有正当理由的，经主管海关同意可以予以延期，除特殊情况外，延期不得超过 1 年。

第五章　海关对物流中心进出货物的监管

第一节　物流中心与境外间的进出货物

第二十五条　物流中心与境外间进出的货物，应当按照规定向海关办理相关手续。

第二十六条　物流中心与境外之间进出的货物，除实行出口被动配额管理和中华人民共和国参加或者缔结的国际条约及国家另有明确规定的以外，不实行进出口配额、许可证件管理。

第二十七条　从境外进入物流中心内的货物，其关税和进口环节海关代征税，按照下列规定办理：

（一）本办法第三条中所列的货物予以保税；

（二）中心内企业进口自用的办公用品、交通、运输工具、生活消费用品等，以及企业在物流中心内开展综合物流服务所需的进口机器、装卸设备、管理设备等，按照进口货物的有关规定和税收政策办理相关手续。

第二节　物流中心与境内间的进出货物

第二十八条　物流中心货物跨关区提取，可以在物流中心主管海关办理手续，也可以按照海关其他规定办理相关手续。

第二十九条　中心内企业根据需要经主管海关批准，可以分批进出货物，并按照海关规定办理月度集中报关，但集中报关不得跨年度办理。

第三十条　物流中心货物进入境内视同进口，按照货物实际贸易方式和实际状态办理进口报关手续；货物属许可证件管理商品的，企业还应当取得有效的许可证件，海关对有关许可证件电子数据进行系统自动比对验核；实行集中申报的进出口货物，应当适用每次货物进出口时海关接受申报之日实施的税率、汇率。

第三十一条　除另有规定外，货物从境内进入物流中心视同出口，办理出口报关手续，享受出口退税。如需缴纳出口关税的，应当按照规定纳税；属许可证件管理商品，还应当取得有效的出口许可证件。海关对有关出口许可证件电子数据进行系统自动比对验核。

从境内运入物流中心的原进口货物，境内发货人应当向海关办理出口报关手续，经主管海关验放；已经缴纳的关税和进口环节海关代征税，不予退还。

第三十二条　企业按照国家税务总局的有关税收管理办法办理出口退税手续。按照国家外汇管理局有关外汇管理办法办理收付汇手续。

第三十三条　下列货物从物流中心进入境内时依法免征关税和进口环节海关代征税：

（一）用于在保修期限内免费维修有关外国产品并符合无代价抵偿货物有关规定的零部件；

（二）用于国际航行船舶和航空器的物料；

（三）国家规定免税的其他货物。

第三十四条　物流中心与海关特殊监管区域、其他保税监管场所之间可以进行货物流转并按照规定办理相关海关手续。

第三节　中心内企业间的货物流转

第三十五条　物流中心内货物可以在中心内企业之间进行转让、转移并办理相关海关手续。未经海关批准，中心内企业不得擅自将所存货物抵押、质押、留置、移作他用或者进行其他处置。

第六章　法律责任

第三十六条　保税仓储货物在存储期间发生损毁或者灭失的，除不可抗力外，中心内企业应当依法向海关缴纳损毁、灭失货物的税款，并承担相应的法律责任。

第三十七条　违反本办法规定的，海关依照《中华人民共和国海关法》、《中华人民共和国海关行政处罚实施条例》予以处理；构成犯罪的，依法追究刑事责任。

第七章　附　则

第三十八条　本办法下列用语的含义：

"中心内企业"是指经海关批准进入物流中心开展保税仓储物流业务的企业。

"流通性简单加工和增值服务"是指对货物进行分级分类、分拆分拣、分装、计量、组合包装、打膜、加刷唛码、刷贴标志、改换包装、拼装等辅助性简单作业的总称。

"国际中转货物"是指由境外启运，经中转港换装国际航线运输工具后，继续运往第三国或地区指运口岸的货物。

第三十九条　本办法所规定的文书由海关总署另行制定并且发布。

第四十条　本办法由海关总署负责解释。

第四十一条　本办法自 2005 年 7 月 1 日起施行。

中华人民共和国海关对保税仓库及所存货物的
管理规定

（根据 2010 年 11 月 26 日海关总署令第 198 号《海关总署关于修改部分规章的决定》第一次修正，根据 2015 年 4 月 28 日海关总署令第 227 号公布的《海关总署关于修改部分规章的决定》第二次修正，根据 2017 年 12 月 20 日海关总署令第 235 号公布的《海关总署关于修改部分规章的决定》第三次修正，根据 2018 年 5 月 29 日海关总署令第 240 号《海关总署关于修改部分规章的决定》第四次修正，根据 2023 年 5 月 15 日海关总署令第 263 号《海关总署关于修改部分规章的决定》第五次修正）

第一章 总 则

第一条 为了加强海关对保税仓库及所存货物的监管，规范保税仓库的经营管理行为，促进对外贸易和经济发展，根据《中华人民共和国海关法》和国家有关法律、行政法规，制定本规定。

第二条 本规定所称保税仓库，是指经海关批准设立的专门存放保税货物及其他未办结海关手续货物的仓库。

第三条 保税仓库按照使用对象不同分为公用型保税仓库、自用型保税仓库。

公用型保税仓库由主营仓储业务的中国境内独立企业法人经营，专门向社会提供保税仓储服务。

自用型保税仓库由特定的中国境内独立企业法人经营，仅存储供本企业自用的保税货物。

第四条 保税仓库中专门用来存储具有特定用途或特殊种类商品的称为专用型保税仓库。

专用型保税仓库包括液体保税仓库、备料保税仓库、寄售维修保税仓库和其他专用型保税仓库。

液体保税仓库，是指专门提供石油、成品油或者其他散装液体保税仓储服务的保税仓库。

备料保税仓库，是指加工贸易企业存储为加工复出口产品所进口的原材料、设备及其零部件的保税仓库，所存保税货物仅限于供应本企业。

寄售维修保税仓库，是指专门存储为维修外国产品所进口寄售零配件的保税仓库。

第五条　下列保税货物及其他未办结海关手续的货物，可以存入保税仓库：

（一）加工贸易进口货物；

（二）转口货物；

（三）供应国际航行船舶和航空器的油料、物料和维修用零部件；

（四）供维修外国产品所进口寄售的零配件；

（五）外商暂存货物；

（六）未办结海关手续的一般贸易货物；

（七）经海关批准的其他未办结海关手续的货物。

第六条　保税仓库不得存放国家禁止进境货物，不得存放未经批准的影响公共安全、公共卫生或健康、公共道德或秩序的国家限制进境货物以及其他不得存入保税仓库的货物。

第二章　保税仓库的设立

第七条　保税仓库应当设立在设有海关机构、便于海关监管的区域。

第八条　经营保税仓库的企业，应当具备下列条件：

（一）取得经营主体资格；

（二）具有专门存储保税货物的营业场所。

第九条　保税仓库应当具备下列条件：

（一）符合海关对保税仓库布局的要求；

（二）具备符合海关监管要求的隔离设施、监管设施和办理业务必需的其他设施；

（三）具备符合海关监管要求的保税仓库计算机管理系统并与海关联网；

（四）具备符合海关监管要求的保税仓库管理制度；

（五）公用保税仓库面积最低为 2000 平方米；

（六）液体保税仓库容积最低为 5000 立方米；

（七）寄售维修保税仓库面积最低为 2000 平方米。

第十条 企业申请设立保税仓库的，应当向仓库所在地主管海关提交以下书面材料：

（一）《保税仓库申请书》；

（二）申请设立的保税仓库位置图及平面图；

（三）对申请设立寄售维修型保税仓库的，还应当提交经营企业与外商的维修协议。

申请材料齐全有效的，主管海关予以受理。申请材料不齐全或者不符合法定形式的，主管海关应当在 5 个工作日内一次告知申请人需要补正的全部内容。主管海关应当自受理申请之日起 20 个工作日内提出初审意见并将有关材料报送直属海关审批。

直属海关应当自接到材料之日起 20 个工作日内审查完毕，对符合条件的，出具批准文件，批准文件的有效期为 1 年；对不符合条件的，应当书面告知申请人理由。

第十一条 申请设立保税仓库的企业应当自海关出具保税仓库批准文件 1 年内向海关申请保税仓库验收，由主管海关按照本规定第八条、第九条规定的条件进行审核验收。申请企业无正当理由逾期未申请验收或者保税仓库验收不合格的，该保税仓库的批准文件自动失效。

第十二条 保税仓库验收合格后，经海关注册登记并核发《保税仓库注册登记证书》，方可以开展有关业务。

《保税仓库注册登记证书》有效期为 3 年。

第三章 保税仓库的管理

第十三条 保税仓库不得转租、转借给他人经营，不得下设分库。

第十四条 海关对保税仓库实施计算机联网管理，并可以随时派员进入保税仓库检查货物的收、付、存情况及有关账册。海关认为必要时，可以会同保税仓库经营企业双方共同对保税仓库加锁或者直接派员驻库监管，保税仓库经营企业应当为海关提供办公场所和必要的办公条件。

第十五条 保税仓库经营企业负责人和保税仓库管理人员应当熟悉海关有关法律法规，遵守海关监管规定。

第十六条 保税仓库经营企业应当如实填写有关单证、仓库账册，真实记录并全面反映其业务活动和财务状况，编制仓库月度收、付、存情况表，并定期报送主管海关。

第十七条　保税仓库经营企业名称、主体类型以及保税仓库名称等事项发生变化的，保税仓库经营企业应当自上述事项变化之日起 30 日内，向主管海关办理变更手续。

保税仓库变更地址、仓储面积（容积）等事项的，保税仓库经营企业应当提前向主管海关提出变更申请，并办理变更手续。

保税仓库变更仓库类型的，按照本规定第二章保税仓库的设立的有关规定办理。海关应当注销变更前的注册登记，收回原《保税仓库注册登记证书》。

第十八条　保税仓库终止保税仓储业务的，由保税仓库经营企业提出书面申请，经主管海关受理报直属海关审批后，交回《保税仓库注册登记证书》，并办理注销手续。

第四章　保税仓库所存货物的管理

第十九条　保税仓储货物入库时，收发货人或其代理人凭有关单证向海关办理货物报关入库手续，海关对报关入库货物的品种、数量、金额进行审核，并对入库货物进行核注登记。

第二十条　保税仓储货物可以进行包装、分级分类、加刷唛码、分拆、拼装等简单加工，不得进行实质性加工。

保税仓储货物，未经海关批准，不得擅自出售、转让、抵押、质押、留置、移作他用或者进行其他处置。

第二十一条　下列保税仓储货物出库时依法免征关税和进口环节代征税：

（一）用于在保修期限内免费维修有关外国产品并符合无代价抵偿货物有关规定的零部件；

（二）用于国际航行船舶和航空器的油料、物料；

（三）国家规定免税的其他货物。

第二十二条　保税仓储货物存储期限为 1 年。确有正当理由的，经海关同意可予以延期；除特殊情况外，延期不得超过 1 年。

第二十三条　下列情形的保税仓储货物，经海关批准可以办理相关海关手续：

（一）运往境外的；

（二）运往境内海关特殊监管区域或者保税监管场所继续实施保税监管的；

（三）转为加工贸易进口的；

（四）转入国内市场销售的；

（五）海关规定的其他情形。

保税仓储货物已经办结海关手续的，收发货人应当在海关规定时限内提离保税仓库。特殊情况下，经海关同意可以延期提离。

第二十四条 保税仓储货物出库运往境内其他地方的，收发货人或其代理人应当填写进口报关单，并随附出库单据等相关单证向海关申报，保税仓库向海关办理出库手续并凭海关签印放行的报关单发运货物。

出库保税仓储货物批量少、批次频繁的，经海关批准可以办理集中报关手续。

第二十五条 保税仓储货物出库复运往境外的，发货人或其代理人应当填写出口报关单，并随附出库单据等相关单证向海关申报，保税仓库向海关办理出库手续并凭海关签印放行的报关单发运货物。

第五章　法律责任

第二十六条 保税仓储货物在存储期间发生损毁或者灭失的，除不可抗力外，保税仓库应当依法向海关缴纳损毁、灭失货物的税款，并承担相应的法律责任。

第二十七条 保税仓储货物在保税仓库内存储期满，未及时向海关申请延期或者延长期限届满后既不复运出境也不转为进口的，海关应当按照《中华人民共和国海关关于超期未报关进口货物、误卸或者溢卸的进境货物和放弃进口货物的处理办法》第五条的规定处理。

第二十八条 海关在保税仓库设立、变更、注销后，发现原申请材料不完整或者不准确的，应当责令经营企业限期补正，发现企业有隐瞒真实情况、提供虚假资料等违法情形的，依法予以处罚。

第二十九条 保税仓库经营企业有下列行为之一的，海关责令其改正，可以给予警告，或者处 1 万元以下的罚款；有违法所得的，处违法所得 3 倍以下的罚款，但最高不得超过 3 万元：

（一）擅自在保税仓库存放本规定第五条规定范围之外的其他货物的；

（二）违反本规定第十三条规定的；

（三）保税仓储货物管理混乱，账目不清的；

（四）未按本规定第十七条规定办理海关手续的。

第三十条　收发货人未在规定时限内将已经办结海关手续的保税仓储货物提离保税仓库的，海关责令其改正，可以给予警告，或者处 1 万元以下的罚款。

第三十一条　违反本规定的其他违法行为，海关依照《中华人民共和国海关法》《中华人民共和国海关行政处罚实施条例》予以处罚。构成犯罪的，依法追究刑事责任。

第六章　附　则

第三十二条　本规定所规定的文书由海关总署另行制定并且发布。

第三十三条　海关对保税仓库依法实施监管不影响地方政府和其他部门依法履行其相应职责。

第三十四条　本规定由海关总署负责解释。

第三十五条　本规定自 2004 年 2 月 1 日起施行。1988 年 5 月 1 日起实施的《中华人民共和国海关对保税仓库及所存货物的管理办法》同时废止。

中华人民共和国海关对出口监管仓库及所存货物的管理办法

（根据 2015 年 4 月 28 日海关总署令第 227 号公布的《海关总署关于修改部分规章的决定》第一次修正，根据 2017 年 12 月 20 日海关总署令第 235 号公布的《海关总署关于修改部分规章的决定》第二次修正，根据 2018 年 5 月 29 日海关总署令第 240 号《海关总署关于修改部分规章的决定》第三次修正，根据 2018 年 11 月 23 日海关总署令第 243 号《海关总署关于修改部分规章的决定》第四次修正，根据 2023 年 5 月 15 日海关总署令第 263 号《海关总署关于修改部分规章的决定》第五次修正）

第一章 总 则

第一条 为规范海关对出口监管仓库及所存货物的管理，根据《中华人民共和国海关法》和其他有关法律、行政法规，制定本办法。

第二条 本办法所称出口监管仓库，是指经海关批准设立，对已办结海关出口手续的货物进行存储、保税物流配送、提供流通性增值服务的仓库。

第三条 出口监管仓库的设立、经营管理以及对出口监管仓库所存货物的管理适用本办法。

第四条 出口监管仓库分为出口配送型仓库和国内结转型仓库。

出口配送型仓库是指存储以实际离境为目的的出口货物的仓库。

国内结转型仓库是指存储用于国内结转的出口货物的仓库。

第五条 出口监管仓库的设立应当符合海关对出口监管仓库布局的要求。

第六条 出口监管仓库的设立，由出口监管仓库所在地主管海关受理，报直属海关审批。

第七条 下列已办结海关出口手续的货物，可以存入出口监管仓库：

（一）一般贸易出口货物；

（二）加工贸易出口货物；

（三）从其他海关特殊监管区域、保税监管场所转入的出口货物；

（四）出口配送型仓库可以存放为拼装出口货物而进口的货物，以及为改换出口监管仓库货物包装而进口的包装物料；

（五）其他已办结海关出口手续的货物。

第八条　出口监管仓库不得存放下列货物：

（一）国家禁止进出境货物；

（二）未经批准的国家限制进出境货物；

（三）海关规定不得存放的其他货物。

第二章　出口监管仓库的设立

第九条　申请设立出口监管仓库的经营企业，应当具备下列条件：

（一）取得经营主体资格，经营范围包括仓储经营；

（二）具有专门存储货物的场所，其中出口配送型仓库的面积不得低于2000平方米，国内结转型仓库的面积不得低于1000平方米。

第十条　企业申请设立出口监管仓库，应当向仓库所在地主管海关递交以下加盖企业印章的书面材料：

（一）《出口监管仓库申请书》；

（二）仓库地理位置示意图及平面图。

第十一条　海关依据《中华人民共和国行政许可法》和《中华人民共和国海关行政许可管理办法》的规定，受理、审查设立出口监管仓库的申请。对于符合条件的，作出准予设立出口监管仓库的行政许可决定，并出具批准文件；对于不符合条件的，作出不予设立出口监管仓库的行政许可决定，并应当书面告知申请企业。

第十二条　申请设立出口监管仓库的企业应当自海关出具批准文件之日起1年内向海关申请验收出口监管仓库。

申请验收应当符合以下条件：

（一）符合本办法第九条第二项规定的条件；

（二）具有符合海关监管要求的隔离设施、监管设施和办理业务必需的其他设施；

（三）具有符合海关监管要求的计算机管理系统，并与海关联网；

（四）建立了出口监管仓库的章程、机构设置、仓储设施及账册管理等仓库管理制度。

企业无正当理由逾期未申请验收或者验收不合格的，该出口监管仓库的批准文件自动失效。

第十三条　出口监管仓库验收合格后，经海关注册登记并核发《出口监管仓库注册登记证书》，方可以开展有关业务。《出口监管仓库注册登记证书》有效期为3年。

第三章　出口监管仓库的管理

第十四条　出口监管仓库必须专库专用，不得转租、转借给他人经营，不得下设分库。

第十五条　海关对出口监管仓库实施计算机联网管理。

第十六条　海关可以随时派员进入出口监管仓库检查货物的进、出、转、存情况及有关账册、记录。

海关可以会同出口监管仓库经营企业共同对出口监管仓库加锁或者直接派员驻库监管。

第十七条　出口监管仓库经营企业负责人和出口监管仓库管理人员应当熟悉和遵守海关有关规定。

第十八条　出口监管仓库经营企业应当如实填写有关单证、仓库账册、真实记录并全面反映其业务活动和财务状况，编制仓库月度进、出、转、存情况表，并定期报送主管海关。

第十九条　出口监管仓库经营企业名称、主体类型以及出口监管仓库名称等事项发生变化的，出口监管仓库经营企业应当自上述事项变化之日起30日内，向主管海关办理变更手续。

出口监管仓库变更地址、仓储面积等事项的，出口监管仓库经营企业应当提前向主管海关提出变更申请，并办理变更手续。

出口监管仓库变更仓库类型的，按照本办法第二章出口监管仓库的设立的有关规定办理。

第二十条　出口监管仓库有下列情形之一的，海关注销其注册登记，并收回《出口监管仓库注册登记证书》：

（一）无正当理由逾期未申请延期审查或者延期审查不合格的；

（二）仓库经营企业书面申请变更出口监管仓库类型的；

（三）仓库经营企业书面申请终止出口监管仓库仓储业务的；

（四）仓库经营企业，丧失本办法第九条规定的条件的；

（五）法律、法规规定的应当注销行政许可的其他情形。

第四章　出口监管仓库货物的管理

第二十一条　出口监管仓库所存货物存储期限为 6 个月。经主管海关同意可以延期，但延期不得超过 6 个月。

货物存储期满前，仓库经营企业应当通知发货人或者其代理人办理货物的出境或者进口手续。

第二十二条　存入出口监管仓库的货物不得进行实质性加工。

经主管海关同意，可以在仓库内进行品质检验、分级分类、分拣分装、加刷唛码、刷贴标志、打膜、改换包装等流通性增值服务。

第二十三条　对经批准享受入仓即予退税政策的出口监管仓库，海关在货物入仓结关后予以办理出口货物退税证明手续。

对不享受入仓即予退税政策的出口监管仓库，海关在货物实际离境后办理出口货物退税证明手续。

第二十四条　出口监管仓库与海关特殊监管区域、其他保税监管场所之间的货物流转应当符合海关监管要求并按照规定办理相关手续。

货物流转涉及出口退税的，按照国家有关规定办理。

第二十五条　存入出口监管仓库的出口货物，按照国家规定应当提交许可证件或者缴纳出口关税的，发货人或者其代理人应当取得许可证件或者缴纳税款。海关对有关许可证件电子数据进行系统自动比对验核。

第二十六条　出口货物存入出口监管仓库时，发货人或者其代理人应当按照规定办理海关手续。

海关对报关入仓货物的品种、数量、金额等进行审核、核注和登记。

经主管海关批准，对批量少、批次频繁的入仓货物，可以办理集中报关手续。

第二十七条　出仓货物出口时，仓库经营企业或者其代理人应当按照规定办理海关手续。

第二十八条　出口监管仓库货物转进口的，应当经海关批准，按照进口货物有关规定办理相关手续。

出口监管仓库货物已经办结转进口手续的，应当在海关规定时限内提离出口监管仓库。特殊情况下，经海关同意可以延期提离。

第二十九条 对已存入出口监管仓库因质量等原因要求更换的货物，经仓库所在地主管海关批准，可以更换货物。被更换货物出仓前，更换货物应当先行入仓，并应当与原货物的商品编码、品名、规格型号、数量和价值相同。

第三十条 出口监管仓库货物，因特殊原因确需退运、退仓，应当经海关批准，并按照有关规定办理相关手续。

第五章 法律责任

第三十一条 出口监管仓库所存货物在存储期间发生损毁或者灭失的，除不可抗力外，仓库应当依法向海关缴纳损毁、灭失货物的税款，并承担相应的法律责任。

第三十二条 企业以隐瞒真实情况、提供虚假资料等不正当手段取得设立出口监管仓库行政许可的，由海关依法予以撤销。

第三十三条 出口监管仓库经营企业有下列行为之一的，海关责令其改正，可以给予警告，或者处1万元以下的罚款；有违法所得的，处违法所得3倍以下的罚款，但最高不得超过3万元：

（一）擅自在出口监管仓库存放本办法第七条规定范围之外的其他货物的；

（二）出口监管仓库货物管理混乱，账目不清的；

（三）违反本办法第十四条规定的；

（四）未按照本办法第十九条的规定办理海关手续的。

第三十四条 收发货人未在规定时限内将已经办结转进口手续的出口监管仓库货物提离出口监管仓库的，海关责令其改正，可以给予警告，或者处1万元以下的罚款。

第三十五条 违反本办法的其他违法行为，由海关依照《中华人民共和国海关法》《中华人民共和国海关行政处罚实施条例》予以处理。构成犯罪的，依法追究刑事责任。

第六章 附 则

第三十六条 出口监管仓库经营企业应当为海关提供办公场所和必要的

办公条件。

第三十七条 本办法所规定的文书由海关总署另行制定并且发布。

第三十八条 海关对出口监管仓库依法实施监管不影响地方政府和其他部门依法履行其相应职责。

第三十九条 本办法由海关总署负责解释。

第四十条 本办法自 2006 年 1 月 1 日起施行。1992 年 5 月 1 日起实施的《中华人民共和国海关对出口监管仓库的暂行管理办法》同时废止。

国家外汇管理局关于印发《经常项目外汇业务指引（2020年版）》的通知

（附件节选）

附件：

《经常项目外汇业务指引（2020年版）》

第一章　货物贸易外汇业务

第二节　货物贸易外汇收支

第六条　本指引所称企业货物贸易外汇收支包括：

（一）从境外、境内海关特殊监管区域收回的出口货款，向境外、境内海关特殊监管区域支付的进口货款；

（二）从离岸账户、境外机构在境内账户收回的出口货款，向离岸账户、境外机构在境内账户支付的进口货款；

（三）深加工结转项下境内收付款；

（四）离岸转手买卖项下收付款；

（五）其他与货物贸易相关的收付款。

本指引所称海关特殊监管区域，是指保税区、出口加工区、保税物流园区、跨境工业区、保税港区、综合保税区等海关实行封闭监管的特定区域。保税物流中心（A、B型）、出口监管仓库、保税仓库、钻石交易所等参照海关特殊监管区域适用本指引。

第十一条　企业办理货物贸易外汇收支业务时，银行应通过货贸系统查询企业名录信息与分类信息，按照"了解客户""了解业务""尽职审查"的展业原则（以下简称展业原则）和本指引规定进行审核，确认收支的真实性、合理性和逻辑性。

企业办理货物贸易外汇收入时，银行应确认资金性质，无法确认的及时与企业核实。企业办理货物贸易外汇支出时，银行应确认交易单证所列的交易主体、金额、性质等要素与其申请办理的外汇业务相一致。

交易单证包括但不限于合同（协议）、发票、进出口报关单、进出境备案清单、运输单据、保税核注清单等有效凭证和商业单据。银行可根据展业原则和业务实际，自主决定审核交易单证的种类。B、C类企业货物贸易外汇收支业务按照本章第三节的有关规定办理。

第十九条　企业通过银行发生货物贸易外汇收支的，应根据贸易方式、结算方式以及资金来源或流向，按照货物贸易收支信息申报规定，填报相关申报单证，及时、准确、完整地进行货物贸易收付款核查专用信息申报。需进行货物贸易收付款核查专用信息申报的境内资金划转，收付款双方均需进行申报。

货物贸易收付款核查专用信息包括但不限于：是否为保税货物项下付款、合同号、发票号、提运单号/仓单号、外汇局批件号/备案表号/业务编号等。

银行在办理涉及海关特殊监管区域保税货物的境内仓单转卖业务时，应在涉外收支申报交易附言中标注"境内仓单转卖"字样。银行按规定办理货物贸易收付汇单位与进出口单位不一致业务时，在涉外收支申报交易附言中标注"非报关人"字样。

第四节　其他货物贸易外汇业务

第三十七条　海关特殊监管区域与境内海关特殊监管区域外之间货物贸易，以及海关特殊监管区域内机构之间的货物贸易，可以人民币或外币计价结算。

第三十八条　海关特殊监管区域内机构采取货物流与资金流不对应的交易方式时，外汇收支应具有真实、合法的交易基础。

银行应按规定对交易单证的真实性及其与外汇收支的一致性进行合理审核。

企业提供的进口货物报关单、进境货物备案清单或保税核注清单上的收发货人为其他机构的，还应提供付汇人与收发货人不一致原因的书面说明、可证实交易真实性及该不一致情况的商业凭证以及相关海关监管单证。

第二章　服务贸易外汇业务

第五节　服务贸易外汇收支

第五十一条　海关特殊监管区域内机构之间的服务贸易，可以人民币或外币计价结算；海关特殊监管区域与境内海关特殊监管区域外之间的服务贸易项下交易应以人民币计价结算，本指引第五十条　除外；海关特殊监管区域行政管理机构的各项规费应以人民币计价结算。

第五章　保险机构经常项目外汇业务

第十一节　保险外汇收支

第一百一十七条　海关特殊监管区域与境内海关特殊监管区域外之间的保险业务适用本指引。

第八章　监测与管理

第一百八十三条　外汇局对企业一定期限内的进出口和货物贸易收支进行对比，核查企业货物贸易外汇收支的真实性和合法性。

外汇局对边境贸易、海关特殊监管区域内等货物贸易外汇收支实行差异化管理。

关于进一步规范保税仓库、出口监管仓库管理有关事项的公告

（海关总署公告 2023 年第 75 号）

为进一步规范保税仓库、出口监管仓库（以下统称"两仓"）管理，根据《中华人民共和国海关对保税仓库及所存货物的管理规定》（海关总署令第 105 号发布，根据海关总署令第 198 号、第 227 号、第 235 号、第 240 号、第 263 号修订）、《中华人民共和国海关对出口监管仓库及所存货物的管理办法》（海关总署令第 133 号发布，根据海关总署令第 227 号、第 235 号、第 240 号、第 243 号、第 263 号修订），现将有关事项公告如下：

一、布局要求

为促进两仓有序建设、健康发展，由各直属海关对两仓进行科学布局、规划总量、控制增量、优化存量，并对外发布。企业申请设立两仓的，应满足布局要求。

（一）因地制宜、科学规划。

结合地方经济发展规划，从有利于实施国家经济发展战略、有利于联通国内国际两个市场、有利于高质量发展的角度出发，支持管理规范、资信良好、信息化系统满足海关监管要求的现代物流企业建设两仓。

（二）按需设立，统筹兼顾。

统筹兼顾两仓发展现状及未来增量需求，与海关特殊监管区域、保税物流中心协调发展、错位布局，确保功能定位合理，助推国际物流链延伸和迭代发展，带动国内物流产业转型升级。

（三）有序推进，动态管理。

海关建立科学规范的动态管理机制，鼓励企业合理设立和注销两仓，避免资源浪费和同质竞争；对两仓利用率较低的区域不支持新设仓库，引导企业充分利用现有保税仓储资源。

二、规范运作

（一）除存储大宗商品、液体货物两仓外，两仓货物进出库应当向海关发送到货确认信息。仓库经营企业在两仓货物完成实际进出库 24 小时内，

通过金关二期保税物流管理系统向海关报送到货确认核放单。超过24小时报送的，应主动向海关说明有关情况。海关认为有必要加强管理的，可要求存储大宗商品、液体货物的两仓经营企业按上述要求进行到货确认。

（二）保税仓库货物已经办结海关手续或出口监管仓库货物已经办结转进口手续的，收发货人应在办结相关手续之日起20日内提离仓库。特殊情况下，经海关同意可以延期提离，延期后累计提离时限最长不得超过3个月。

（三）两仓申请注销的，仓库经营企业应当办结货物进口征税、复运出境、退仓、出仓离境或销毁等出库手续，并办结核注清单、业务申报表、出入库单、担保等单证手续。

三、设置规范

对于新申请设立两仓，按照《保税仓库、出口监管仓库设置规范》（详见附件，以下简称《设置规范》）进行建设。对于2023年7月1日前已设立的两仓，如存在与《设置规范》不符情形，应及时整改，并在2025年6月30日前整改完毕（期间仓库注册登记证书到期，经企业申请，符合除《设置规范》外其他延期规定的，先予以延期），逾期未完成的，仓库注册登记证书有效期届满后不予延期。

本公告自2023年7月1日起实施。

特此公告。

附件：保税仓库、出口监管仓库设置规范

海关总署

2023年6月28日

附件

保税仓库、出口监管仓库设置规范

本规范适用于保税仓库、出口监管仓库（以下统称"两仓"）设置。海关实施本规范不妨碍其他部门依法履行其职责。

一、面积容积标准

（一）保税仓库。

1.公用保税仓库面积不得低于 2000 平方米；仓库建筑类型为储罐（筒仓）的，容积不得低于 5000 立方米。

2.液体保税仓库容积不得低于 5000 立方米。

3.寄售维修保税仓库面积不得低于 2000 平方米。

（二）出口监管仓库。

1.出口配送型仓库的面积不得低于 2000 平方米。

2.国内结转型仓库的面积不得低于 1000 平方米。

3.仓库建筑类型为储罐（筒仓）的，容积不得低于 5000 立方米。

二、隔离设施标准

经营企业在同一地址不同库区经营多个不同类型仓库的，应在不同仓库间作物理隔断，并设置明显标识。

（一）普通仓库。

1.具有独立的隔离区域，隔离设施高度不得低于 2.5 米。

2.仓库内有专门储存、堆放两仓货物的场地，并设置明显的区位划分标志。

（二）露天堆场。

1.隔离围墙应为不间断隔离设施，不得有破损和缺口，隔离围墙距地面的总净高度不得低于 2.5 米。隔离围墙须为金属网状、金属槛栅、实体墙、混凝土围墙板等隔离设施。

2.堆场内有专门储存、堆放两仓货物的场地，并设置明显的区位划分标志。

（三）储罐（筒仓）。

1.独立的密闭罐体或筒仓。

2.罐体或筒仓具有明显的区分标志，并具备施封锁条件，进出罐体或筒仓均已加装流量计或其他计量设施。

三、监管设施标准

（一）应在仓库进出通道、货物装卸和仓储区以及隔离围墙周边等区域安装视频监控系统。

（二）监控数据保存期限不得少于 90 天。

（三）监控系统应在验收前安装到位，能够正常运行。经营企业向主管海关提供专用查询账号或与海关联网，海关可实时查看仓库及货物情况。

四、内部管理和信息化系统标准

（一）内部管理。

仓库经营企业应建立专门的账册、单证、仓库管理制度，如实记录仓库货物的进、出、转、存等情况。

（二）信息化系统。

仓库应具备仓库管理系统，将货物的进出库、存储区位、核注清单等纳入管理，具有查询统计以及业务预警功能。

1. 仓库信息化系统应包含以下关键字段数据：

进出库标志、供货（提货）企业名称、货物自然序号、商品料号、电子账册项号、商品编码、商品名称、规格、原产国、计量单位、数量、价值、报关单号、核注清单号、对应进出库单号、仓位号、进出库日期，出仓模块在此基础上还应包括贸易方式、运输工具名称、运输工具编号等字段。

2. 仓库信息化系统应具备以下功能：

可实现以电子账册项号、商品名称、商品编码、日期时间段、报关单号、核注清单号等字段进行库存货物的自动累加和扣减等统计功能。可实现以电子账册项号、商品名称、商品编码、日期时间段、报关单号、仓位号等字段进行组合查询。可按货物进出库时间段查询相关进出库报关单号、核注清单号，并以列表形式输出。可实现对许可期即将届满的仓库和仓储期限即将届满的货物，在到期前 45 天内每日自动进行预警提示功能。经营企业向主管海关提供专用查询账号或与海关联网，海关可实时查看仓库货物进、出、转、存情况。

对已按《关于明确油气液体化工品监管相关事宜的公告》（海关总署公告 2015 年第 45 号）要求安装并正常运行油气液体化工品物流监控系统的仓库，视为已具备符合海关监管要求的仓库管理系统。

关于优惠贸易协定项下进出口货物报关单有关原产地栏目填制规范和申报事宜的公告

（海关总署公告 2021 年第 34 号）

为进一步优化优惠贸易协定项下进出口货物申报，海关总署决定将《中华人民共和国海关进（出）口货物报关单》（以下简称《报关单》）有关原产地栏目的填制和申报要求调整如下：

一、进出口货物收发货人或者其代理人在办理优惠贸易协定项下货物海关申报手续时，应当如实填报《报关单》商品项"优惠贸易协定享惠"类栏目（填报要求见附件 1），同时在商品项对应的"原产国（地区）"栏填报依据《中华人民共和国进出口货物原产地条例》和海关总署令第 122 号确定的货物原产地，不再需要按照海关总署公告 2019 年第 18 号附件中有关优惠贸易协定项下进口货物填制要求填报"随附单证及编号"栏目。

二、进口货物收货人或者其代理人（以下统称进口人）可以自行选择"通关无纸化"方式或者"有纸报关"方式申报：

（一）选择"通关无纸化"方式申报的，进口人应当以电子方式向海关提交原产地证明、商业发票、运输单证和未再加工证明文件等单证正本（以下简称原产地单证），具体要求见附件 2。

进口人以电子方式提交的原产地单证内容应当与其持有的纸质文件一致。进口人应当按照海关有关规定保存原产地单证纸质文件。海关认为有必要时，进口人应当补充提交原产地单证纸质文件。

（二）选择"有纸报关"方式申报的，进口人在申报进口时提交原产地单证纸质文件。

三、对于出海关特殊监管区域和保税监管场所〔以下统称区域（场所）〕申请适用协定税率或者特惠税率的货物，进口人应在内销时按照本公告第一条的要求填报《报关单》；在货物从境外入区域（场所）时，无需比照本公告第一条要求填报《中华人民共和国海关进（出）境货物备案清单》（以下简称《备案清单》）商品项"优惠贸易协定享惠"类栏目。

内销时货物实际报验状态与其从境外入区域（场所）时的状态相比，超出了相关优惠贸易协定所规定的微小加工或处理范围的，不得享受协定税率或者特惠税率。

四、优惠贸易协定项下实施特殊保障措施的农产品仍然按照海关总署2019年第207号公告要求申报。

有关农产品出区域（场所）申请适用协定税率的，在货物从境外入区域（场所）时进口人应当比照本公告第一条规定填报《备案清单》，并以"通关无纸化"方式申报。

五、向香港或者澳门特别行政区出口用于生产《内地与香港关于建立更紧密经贸关系的安排》（香港CEPA）或者《内地与澳门关于建立更紧密经贸关系的安排》（澳门CEPA）项下协定税率货物的原材料时，应当在《报关单》的"关联备案"栏填报香港或澳门生产厂商在香港工贸署或者澳门经济局登记备案的有关备案号。

本公告中"原产地证明"是指相关优惠贸易协定原产地管理办法所规定的原产地证书和原产地声明。

本公告自2021年5月10日起实施。自本公告实施之日起，海关总署公告2016年第51号、2017年第67号和2019年第178号废止。海关总署公告2019年第18号附件中"三十一、随附单证及编号"项下的第（二）、（三）项内容停止执行。

特此公告。

附件：

1. 报关单"优惠贸易协定享惠"类栏目填制要求（略）
2. 优惠贸易协定项下进口货物以电子方式提交原产地单证操作规范（略）

海关总署
2021年4月25

关于发布综合保税区维修产品增列目录的
公告

（商务部、生态环境部、海关总署公告 2021 年
第 45 号）

为支持综合保税区内企业开展高技术、高附加值、符合环保要求的维修业务，根据《国务院关于促进加工贸易创新发展的若干意见》（国发〔2016〕4 号）、《国务院关于促进综合保税区高水平开放高质量发展的若干意见》（国发〔2019〕3 号）和《国务院办公厅关于加快发展外贸新业态新模式的意见》（国办发〔2021〕24 号），现就有关事项公告如下：

一、综合保税区内企业（以下简称区内企业）可开展航空器内燃引擎、飞机用起落架、无人机、B 型超声波诊断仪等产品的维修业务（综合保税区维修产品增列目录见附件）。

目录中 B 型超声波诊断仪、彩色超声波诊断仪、无创呼吸机等产品暂限于综合保税区开展集团自产产品的保税维修，数码相机、飞行眼镜、AR 眼镜、VR 眼镜、智能机器人、无人机、电脑娱乐机、掌上游戏机、遥控手柄等产品暂限于综合保税区开展保税维修。

二、根据《机电产品进口管理办法》，在符合环境保护、安全生产的条件下，区内企业可开展列入维修产品目录的禁止进口旧机电产品的保税维修业务。

三、综合保税区内企业自用设备和维修目录内货物可参照保税维修方式发至本区域或其他综合保税区维修企业进行维修，维修后按原路径返回。

四、维修产品在进出境或进出区环节涉及许可证件管理的，企业应当向海关如实申报并交验许可证件。

五、允许自贸试验区内的综合保税区企业开展本集团国内自产产品的维修，不受维修产品目录限制。

六、涉及维修业务的其他事项仍按照《商务部　生态环境部　海关总

署关于支持综合保税区内企业开展维修业务的公告》（2020 年第 16 号公告）执行。

七、本公告自发布之日起施行。

附件：综合保税区维修产品增列目录

商务部　生态环境部　海关总署
2021 年 12 月 30 日

附件

综合保税区维修产品增列目录

序号	商品编码	产品名称	备注
1	8407101000	输出功率≤298 kw 航空器内燃引擎	
2	8407102010	输出功率＞298 kw 的无人驾驶航空飞行器、无人驾驶飞艇用高效率内燃引擎	
3	8407102090	其他输出功率＞298 kw 航空器内燃引擎	
4	8525802500	数码相机	暂限于综合保税区内
5	8525802910	无人机	暂限于综合保税区内
6	8528521200	飞行眼镜	暂限于综合保税区内
7	8543709990	AR 眼镜、VR 眼镜、智能机器人	暂限于综合保税区内
8	8803100000	飞机用推进器、水平旋翼及零件	
9	8803200000	飞机用起落架及其零件	
10	9018121000	B 型超声波诊断仪	暂限于综合保税区内开展集团自产产品维修
11	9018129110	彩色超声波诊断仪	暂限于综合保税区内开展集团自产产品维修
12	9019200010	具有自动人机同步追踪功能或自动调节呼吸压力功能的无创呼吸机	暂限于综合保税区内开展集团自产产品维修
13	9201100000	竖式钢琴	
14	9504501900	电脑娱乐机整机	暂限于综合保税区内
15	9504509900	掌上游戏机整机、遥控手柄	暂限于综合保税区内

关于支持综合保税区内企业开展维修业务的公告

（商务部、生态环境部、海关总署公告 2020 年第 16 号）

为支持综合保税区内企业开展高技术、高附加值、符合环保要求的维修业务，根据《国务院关于促进加工贸易创新发展的若干意见》（国发〔2016〕4 号）和《国务院关于促进综合保税区高水平开放高质量发展的若干意见》（国发〔2019〕3 号），现就有关事项公告如下：

一、综合保税区内企业（以下简称区内企业）可开展航空航天、船舶、轨道交通、工程机械、数控机床、通讯设备、精密电子等产品的维修业务（第一批维修产品目录见附件）。

除法律、行政法规、国务院的规定或国务院有关部门依据法律、行政法规的授权作出的规定准许外，区内企业不得开展国家禁止进出口货物的维修业务。

二、区内企业可开展来自境外或境内海关特殊监管区域外（以下简称境内区外）的全球维修业务。维修后的货物，应根据其来源复运至境外或境内区外。区内企业不得通过维修方式开展拆解、报废等业务。

三、区内企业申请开展维修业务，由所在综合保税区管委会（或地方政府派驻行政管理机构）会同当地商务、海关等部门共同研究确定，并制订监管方案。相关方案和企业名单应报省级商务、直属海关等部门备案。

四、区内企业开展维修业务，应制定切实可行的维修操作规范、安全规程和污染防治方案。维修业务应符合相关行业管理规范和技术标准，依法履行质量保障、安全生产、达标排放、土壤和地下水污染防治等义务。

五、进境维修过程中产生或替换的边角料、旧件、坏件等，原则上应全部复运出境；确实无法复运出境的，一律不得内销，应当按照有关规定进行销毁处置。其中属于固体废物的，企业应当按照固体废物环境管理有关规定进行处置。对未能在监管方案中规定的期限内对维修过程中产生或替换的边角料、旧件、坏件等按照规定进行处置的，应终止开展保税维修业务。

六、区内企业应当按照国家有关规定，建立固体废物管理台账，依法依规申报所产生固体废物的种类、数量、流向、贮存、利用和处置等信息，并通过全国固体废物管理信息系统进行申报。

七、综合保税区管委会（或地方政府派驻行政管理机构）应切实履行主体责任，定期组织对区内企业维修业务开展情况进行评估，督促企业及时处置维修过程中产生或替换的边角料、旧件、坏件等，并按照规定对违规企业进行处理。各综合保税区维修业务开展情况每年由省级商务主管部门汇总上报商务部、生态环境部和海关总署。

八、本公告自发布之日起施行。本公告发布之前已开展的保税维修业务可按原产品维修范围继续开展。

附件：维修产品目录（第一批）

商务部　生态环境部　海关总署

2020 年 5 月 13 日

附件

维修产品目录（第一批）

序号	商品编码	商品名称
1	8406	汽轮机
2	8411	涡轮喷气发动机，涡轮螺桨发动机及其他燃气轮机
3	8412	其他发动机及动力装置
4	8413	液体泵，不论是否装有计量装置；液体提升机
5	8414	空气泵或真空泵、空气及其他气体压塑机、风机、风扇；装有风扇得通风罩或循环泵，不论是否装有过滤器
6	8421	离心机，包括离心干燥机；液体或气体的过滤、净化机器及装置
7	8425	滑车及提升机，但倒卸式提升机除外；卷扬机及绞盘；千斤顶
8	8427	叉车；其他装有升降或搬运装置的工作车
9	8429	机动推土机、侧铲推土机、筑路机、平地机、铲运机、机械铲、挖掘机、机铲装载机、捣固机械及压路机
10	8430	泥土、矿物或矿石的运送、平整、铲运、挖掘、捣固、压实、开采或钻探机械；打桩机及拔桩机；扫雪机及吹雪机
11	8432	农业、园艺及林业用整地或耕作机械；草坪及运动场地滚压机
12	8443	用税目84.42的印刷用版（片）、滚筒及其他印刷部件进行印刷的机器；其他印刷（打印）机、复印机及传真机，不论是否组合式；上述机器的零件及附件
13	8455	金属轧机及其轧辊
14	8456	用激光、其他光、光子束、超声波、放电、电化学法、电子束、离子束或等离子弧处理各种材料的加工机床；水射流切割机
15	8457	加工金属的加工中心、单工位组合机床及多工位组合机床
16	8458	切削金属的机床（包括车削中心）
17	8459	切削金属的钻床、镗床、铣床、攻丝机床（包括直线移动式动力头钻床），但税目84.58的车床（包括车削中心）除外
18	8460	用磨石、磨料或抛光材料对金属或金属陶瓷进行去毛刺、刃磨、磨削、珩磨、研磨、抛光或其他精加工的机床，但税目84.61的切齿机、齿轮磨床或齿轮精加工机床除外
19	8461	切削金属或金属陶瓷的刨床、牛头刨床、插床、拉床、切齿机、齿轮磨床或齿轮精加工机床、锯床、切断机及其他税号未列名的切削机床

续表 1

序号	商品编码	商品名称
20	8462	加工金属的锻造（包括模锻）或冲压机床；加工金属的弯曲、折叠、矫直、矫平、剪切、冲孔或开槽机床；其他加工金属或硬质合金的压力机
21	8463	金属或金属陶瓷的其他非切削加工机床
22	8465	木材、软木、骨、硬质橡胶、硬质塑料或类似硬质材料的加工机床（包括用打钉或打 U 形钉、胶粘或其他方法组合前述材料的机器）
23	8467	手提式风动或液压工具及本身装有电动或非电动动力装置的手提式工具
24	8468	焊接机器及装置，不论是否兼有切割功能，但税目 85.15 的货物除外；气体加温表面回火机器及装置
25	8471	自动数据处理设备及部件；其他税号未列明的磁性或光学阅读机、将数据以代码形式转录到数据记录媒体的机器及处理这些数据的机器
26	8473	专用于或主要用于品目 84.70 至 84.72 所列机器的零件、附件（罩套、提箱及类似品除外）
27	8486	专用于或主要用于制造半导体单晶柱或晶圆、半导体器件、集成电路或平板显示器的机器及装置；本章注释九（三）规定的机器及装置；零件及附件
28	8501	电动机及发电机（不包括发电机组）
29	8517	电话机
30	8526	雷达设备、无线电导航设备及无线电遥控设备
31	8527	无线电广播接收设备，不论是否与声音的录制、重放装置或时钟组合在同一机壳内
32	8531	电气音响或视觉信号装置（例如，电铃、电笛、显示板、防盗或防火报警器），但税目 85.12 或 85.30 的货品除外
33	8534	印刷电路
34	8542	集成电路
35	8608	铁道及电车道轨道固定装置及附件；供铁道、电车道、道路、内河航道、停车场、港口或机场用的机械（包括电动机械）信号、安全或交通管理设备；上述货品的零件
36	8801	气球及飞艇；滑翔机、悬挂滑翔机及其他无动力航空器
37	8802	其他航空器（例如，直升机、飞机）；航天器（包括卫星）及其运载工具、亚轨道运载工具
38	8804	降落伞（包括可操纵降落伞及滑翔伞）、旋翼降落伞及其零件、附件
39	8805	航空器的发射装置、甲板停机装置或类似装置和地面飞行训练器及其零件

续表 2

序号	商品编码	商品名称
40	8905	灯船、消防船、挖泥船、起重船及其他不以航行为主要功能的船舶；浮船坞；浮动或潜水式钻探或生产平台
41	9006	照相机（电影摄影机除外）；照相闪光灯装置及闪光灯泡，但税目 85.39 的放电灯泡除外：
42	9008	影像投影仪，但电影用除外；照片（电影片除外）放大机及缩片机
43	9011	复式光学显微镜，包括用于显微照相、显微电影摄影及显微投影的
44	9013	其他品目未列名的液晶装置；激光器，但激光二极管除外；本章其他品目未列名的光学仪器及器具
45	9014	定向罗盘；其他导航仪器及装置
46	9015	大地测量（包括摄影测量）、水道测量、海洋、水文、气象或地球物理用仪器及装置，不包括罗盘；测距仪
47	9026	液体或气体的流量、液位、压力或其他变化量的测量或检验仪器及装置（例如，流量计、液位计、压力表、热量计），但不包括品目 90.14、90.15、90.28 或 90.32 的仪器及装置
48	9027	理化分析仪器及装置（例如，偏振仪、折光仪、分光仪、气体或烟雾分析仪）；测量或检验黏性、多孔性、膨胀性、表面张力及类似性能的仪器及装置；测量或检验热量、声量或光量的仪器及装置（包括曝光表）；检镜切片机
49	9028	生产或供应气体、液体及电力用的计量仪表，包括它们的校准仪表
50	9029	转数计、产量计数器、车费计、里程计、步数计及类似仪表；速度计及转速表，税目 90.14 及 90.15 的仪表除外；频闪观测仪
51	9030	示波器、频谱分析仪及其他用于电量测量或检测的仪器和装置
52	9031	本章其他税目未列名的测量货检验仪器、器具及机器；轮廓投影仪
53	9032	自动调节或控制仪器及装置
54	9104	仪表板钟及车辆、航空器、航天器或船舶用的类似钟
55	9401	坐具（包括能做床用的两用椅，但税目 94.02 的货品除外）及其零件

关于全面禁止进口固体废物有关事项的公告

（生态环境部、商务部、国家发展和改革委员会、海关总署公告
2020 年第 53 号）

《中华人民共和国固体废物污染环境防治法》于 2020 年 4 月 29 日，已由第十三届全国人民代表大会常务委员会第十七次会议修订通过，自 2020 年 9 月 1 日起施行。为贯彻落实《中华人民共和国固体废物污染环境防治法》有关固体废物进口管理的修订内容，做好相关衔接工作，现将有关事项公告如下。

一、禁止以任何方式进口固体废物。禁止我国境外的固体废物进境倾倒、堆放、处置。

二、生态环境部停止受理和审批限制进口类可用作原料的固体废物进口许可证的申请；2020 年已发放的限制进口类可用作原料的固体废物进口许可证，应当在证书载明的 2020 年有效期内使用，逾期自行失效。

三、海关特殊监管区域和保税监管场所（包括保税区、综合保税区等海关特殊监管区域和保税物流中心（A/B 型）、保税仓库等保税监管场所）内单位产生的未复运出境的固体废物，按照国内固体废物相关规定进行管理。需出区进行贮存、利用或者处置的，应向所在地海关特殊监管区域和保税监管场所地方政府行政管理部门办理相关手续，海关不再验核相关批件。

四、海关特殊监管区域和保税监管场所外开展保税维修和再制造业务单位生产作业过程中产生的未复运出境的固体废物，参照第三款规定执行。

本公告自 2021 年 1 月 1 日起施行。原环境保护部、海关总署、原质检总局办公厅《关于加强固体废物进口管理和执法信息共享的通知》（环办〔2011〕141 号），原环境保护部、发展改革委、商务部、海关总署、原质检总局 2015 年第 69 号公告，原环境保护部、商务部、发展改革委、海关总署、原质检总局 2017 年第 39 号公告，生态环境部、商务部、发展改革委、

海关总署 2018 年第 6 号公告，生态环境部、商务部、发展改革委、海关总署 2018 年第 68 号公告同时废止。

特此公告。

生态环境部　商务部　发展改革委　海关总署

2020 年 11 月 24 日

关于调整加工贸易内销申报纳税办理时限的
公告

（海关总署公告 2020 年第 78 号）

为落实党中央、国务院关于统筹推进新冠肺炎疫情防控和经济社会发展工作的决策部署，做好"六稳"工作、落实"六保"任务，支持加工贸易企业开拓国内市场，根据国务院有关部署要求，进一步放宽加工贸易内销申报纳税办理时限：

一、对符合条件按月办理内销申报纳税手续的海关特殊监管区域外加工贸易企业，在不超过手册有效期或账册核销截止日期的前提下，最迟可在季度结束后 15 天内完成申报纳税手续。

二、海关特殊监管区域内加工贸易企业，采用"分送集报"方式办理出区进入中华人民共和国关境内（海关特殊监管区域外）手续的，在不超过账册核销截止日期的前提下，最迟可在季度结束后 15 天内完成申报纳税手续，或按照现行规定进行申报纳税。

三、按季度申报纳税不得跨年操作，企业需在每年 4 月 15 日、7 月 15 日、10 月 15 日、12 月 31 日前进行申报。

本公告自发布之日起实施。

特此公告。

海关总署

2020 年 7 月 1 日

关于扩大内销选择性征收关税政策试点的公告

（财政部、海关总署、国家税务总局公告 2020 年第 20 号）

为统筹内外贸发展，积极应对新冠肺炎疫情影响，现将有关事项公告如下：

自 2020 年 4 月 15 日起，将《财政部 海关总署 国家税务总局关于扩大内销选择性征收关税政策试点的通知》（财关税〔2016〕40 号）规定的内销选择性征收关税政策试点，扩大到所有综合保税区。

特此公告。

财政部 海关总署 税务总局
2020 年 4 月 14 日

财政部 海关总署 国家税务总局关于扩大内销选择性征收关税政策试点的通知

（财关税〔2016〕40号）

天津市、上海市、福建省、河南省、湖北省、广东省、重庆市、四川省、陕西省财政厅（局）、国家税务局，海关总署广东分署、天津海关、上海海关、福州海关、厦门海关、郑州海关、武汉海关、广州海关、深圳海关、拱北海关、汕头海关、黄埔海关、湛江海关、江门海关、重庆海关、成都海关、西安海关：

为贯彻落实《国务院关于促进外贸回稳向好的若干意见》（国发〔2016〕27号）中"在自贸试验区的海关特殊监管区域积极推进选择性征收关税政策先行先试，及时总结评估，在公平税负原则下适时研究扩大试点"的要求，现就扩大内销选择性征收关税政策试点有关问题通知如下：

一、将内销选择性征收关税政策试点扩大到天津、上海、福建、广东四个自贸试验区所在省（市）的其他海关特殊监管区域（保税区、保税物流园区除外），以及河南新郑综合保税区、湖北武汉出口加工区、重庆西永综合保税区、四川成都高新综合保税区和陕西西安出口加工区5个海关特殊监管区域。

二、内销选择性征收关税政策是指对海关特殊监管区域内企业生产、加工并经"二线"内销的货物，根据企业申请，按其对应进口料件或按实际报验状态征收关税，进口环节增值税、消费税照章征收。企业选择按进口料件征收关税时，应一并补征关税税款缓税利息。

三、本通知自2016年9月1日起执行。

特此通知。

财政部 海关总署 国家税务总局
2016年8月1日

商务部等七部门关于进一步促进汽车平行进口发展的意见

（商建函〔2019〕462 号）

天津市、内蒙古自治区、上海市、江苏省、福建省、山东省、河南省、湖南省、广东省、广西壮族自治区、海南省、重庆市、四川省、新疆维吾尔自治区、大连市、宁波市、青岛市、深圳市商务、工业和信息化、公安、生态环境、交通运输、海关、市场监管主管部门：

商务部等 8 部门印发《关于促进汽车平行进口试点的若干意见》（商建发〔2016〕50 号）以来，汽车平行进口试点工作取得了重要进展，社会化汽车流通体系基本建立，形成了一批可复制推广经验，有效满足了多样化多层次消费需求。但是，还存在平行进口汽车整改场所设立程序不明确、贸易便利化水平有待提升、政府监管需要强化等问题。为进一步促进汽车平行进口规范发展，现提出如下意见：

一、允许探索设立平行进口汽车标准符合性整改场所。在风险可控、依法合规前提下，允许已开展汽车平行进口工作的省、自治区、直辖市、计划单列市（以下简称有关地区）在海关特殊监管区域内设立标准符合性整改场所。有关地区应向社会公布经当地人民政府有关部门确定的标准符合性整改场所信息，并及时上报商务部、工业和信息化部、海关总署、市场监管总局。平行进口汽车标准符合性整改业务只能在整改场所实施，且整改项目仅限于整车标志等 5 大类别共计 16 小项（详见附件）。经整改后的平行进口汽车应当符合《机动车运行安全技术条件》（GB 7258）等国家安全技术标准。在符合产业政策、海关相关规定的前提下，指定认证机构可视情况仅对在海关特殊监管区域内的整改场所进行 CCC 认证工厂检查。有关地区要切实加强整改场所监管，明确部门监管职责和责任主体，严禁整改场所开展标准符合性整改以外的业务。整改过程应全程录像，相关影像资料保存期不少于 3 年。

二、进一步提高汽车平行进口贸易便利化水平。简化汽车自动进口许可证申领管理制度，对有关地区确定的开展汽车平行进口业务的企业（以下简称试点企业）申报的平行进口汽车产品自动进口许可证，经商务部审核签发后，委托有关地区省级商务主管部门打印发放。积极推动自动进口许可证无纸化申领，推广进口证件电子化应用。平行进口汽车应符合国务院整车进口口岸管理的相关规定，在进口口岸、出区进口时按照相关规定办理有关手续。有关地区应允许非本地试点企业在本地符合条件的海关特殊监管区域和保税物流中心（B型）开展平行进口汽车整车保税仓储业务。优化报关、通关、查验等流程，提高通关效率。

三、加强平行进口汽车产品质量把控。平行进口汽车应符合机动车国家安全技术标准、质量标准、排放标准、技术规范的强制性要求。海关要加强平行进口汽车检验，对于不符合机动车国家安全技术标准和排放标准，未依法获得强制性产品认证、未依法依规在国家机动车和非道路移动机械环保信息公开平台公开排放检验信息和污染控制技术信息的车型车辆，海关不予进口。禁止进口旧车和非法改装车。加强平行进口汽车产品溯源管理和销售监管，试点企业应在销售车辆前对车辆左前右后整车照片、车辆识别代号、发动机号、车速表、座椅、外部灯具、信号装置、轮胎、号牌板、中文说明书、中文警示说明等重要部位进行影像留存，相关影像资料和车辆售前检验记录应保存不少于3年。引导试点企业进一步增强产品质量安全和环保准入意识，在海关监管下通过加强与境外检验机构合作等方式，对采购车辆提前进行车辆质量安全与合规性检查，降低车辆退运风险。各地生态环境部门在车辆销售、注册登记等环节加强监督抽查，核实环保信息公开情况，进行污染物控制装置检查。

四、规范平行进口汽车登记管理。各地公安交管部门在办理进口汽车注册登记时，要严格执行《机动车运行安全技术条件》（GB 7258）等机动车国家安全技术标准，重点查验车辆识别代号、发动机号、产品标牌、车速表、外部灯具和信号装置等，对不符合国家标准的，不得办理注册登记。对发现违规进口汽车产品的，要复印留存车辆照片、违规部位照片、相关进口资料和凭证等，及时通过公安交通管理综合应用平台上报。对符合我国相关标准规定的，要优化登记服务流程，方便群众办理登记。

五、推进汽车平行进口工作常态化制度化。经国务院批复的汽车整车进口口岸，在通过正式验收后，汽车整车年进口数量（海关统计）累计达到1000辆的，省级商务主管部门在向商务部报备经省级人民政府批准的开展汽车平行进口工作方案后，执行汽车平行进口相关政策，确定试点企业数量原则上不得超过5家。要选择守法合规、汽车售后服务保障和产品一致性管控能力强的企业为试点企业，并切实加强监督管理，确保相关工作规范有序进行。对于组织领导有力、风险防范有效、工作成效显著的地区，根据业务发展需要可适时增加试点企业数量。

六、强化试点企业监督管理。有关地区要明确试点企业是平行进口汽车产品质量追溯的责任主体，依法履行相关义务，严禁试点企业诱导消费者签订"三包"免责协议。督促指导试点企业严格执行《汽车销售管理办法》、《乘用车企业平均燃料消耗量与新能源汽车积分并行管理办法》、《汽车维修技术信息公开实施管理办法》、《进口汽车检验管理办法》。加强试点平台企业监管，明确平台企业的责任义务，且要防止其利用优势地位侵害其他企业利益。建立健全试点企业动态调整机制，对于不履行售后服务责任、长期不开展业务和有进口销售不符合机动车国家安全技术标准的汽车等严重违法违规经营行为的企业，应当取消试点企业资格，并做好善后工作，可视情调补试点企业。

七、切实加强组织实施。有关地区要加强组织领导，完善工作机制，强化责任落实，按照"谁批准、谁监管、谁负责"的原则，明确地方城市责任，有效防控各种风险。加强一站式公共服务平台、国际市场采购体系、贸易便利通关体系、售后服务保障体系和政府监管信息体系建设。加强汽车进口、检验、环保等法律法规和标准宣贯，使试点企业熟知相关规定，引导进口销售符合国家标准汽车。规范汽车平行进口相关单证填写，通过对接本地各相关部门信息系统等方式，实现部门信息共享和平行进口汽车全程可追溯，提升政府监管服务能力。制定相关政策应符合世贸组织规则，具体政策出台之前，按照相关规定程序进行合规性评估。充分发挥行业组织自律、纠纷调解、权益维护等方面的作用。工作中遇重大问题要及时上报商务部等相关部门，每半年报送工作进展情况。

附件： 平行进口汽车标准符合性整改项目列表（略）

商务部　工业和信息化部　公安部　生态环境部　交通运输部

海关总署　国家市场监督管理总局

2019 年 8 月 19 日

商务部等八部门关于内蒙古等地区开展汽车平行进口试点有关问题的复函

（商建函〔2018〕48号）

内蒙古自治区、江苏省、河南省、湖南省、广西壮族自治区、海南省、重庆市、青岛市人民政府：

你们关于商请支持开展汽车平行进口试点的函收悉。经研究，现复函如下：

我们支持在内蒙古自治区满洲里口岸、江苏省张家港保税港区、河南省郑州铁路口岸、湖南省岳阳城陵矶港、广西壮族自治区钦州保税港区、海南省海口港、重庆铁路口岸、青岛前湾保税港区开展汽车平行进口试点，同时，提出以下具体意见。

一、加强组织领导。建立省级（含计划单列市）人民政府牵头负责的部门协调工作机制，明确地方城市责任，创新管理模式，强化事中、事后监管，按照"谁批准、谁监管、谁负责"的原则，有效防控各类风险，保障消费者合法权益，并做好政策解读和说明。

二、完善试点工作方案。借鉴"一平台四体系"，即一站式公共服务平台、国际市场采购体系、贸易便利通关体系、售后服务保障体系和政府监管信息体系等成熟经验，结合本地实际，进一步完善试点工作方案，不断创新制度设计及机制建设，确保试点工作规范有序进行。

三、落实有关政策要求。平行进口汽车应符合国务院整车进口口岸管理的相关规定，在进口口岸、出区进口时按照相关规定办理有关手续。应符合《机动车运行安全技术条件》（GB 7258）、《道路车辆　车辆识别代号（VIN）》（GB 16735）等国家机动车安全标准、质量标准、排放标准、技术规范的强制性要求并获得强制性产品认证。应进口已依法公开排放检验信息、污染控制技术信息和有关维修技术信息的车型车辆，不允许进口旧车和非法改装车。试点地区要认真执行《商务部等8部门关于促进汽车平行进口试点的若干意见》（商建发〔2016〕50号）有关政策规定，并按照其相关要求组织开展试点工作。允许在符合条件的海关特殊监管区域和保税物流中心（B型）开展汽车整车保税仓储业务。平行进口汽车整车保税仓储可不设期限，按照相关部门的具体规定执行。

四、切实加强监督管理。各试点地区确定试点企业数量原则上不得超过5家。请参照《商务部办公厅关于加强汽车平行进口试点工作的通知》（商办建函〔2016〕114号）要求，将汽车售后服务（含召回）保障能力、守法合规的信用情况及产品一致性管控能力作为遴选试点企业的必要条件，要选择综合经营能力强的企业。重点加强质量追溯和售后服务体系建设，明确试点企业是平行进口汽车产品质量追溯的责任主体，依法履行产品认证、召回、质量保障、环保和维修技术信息公开、售后服务、家用汽车"三包"、平均燃料消耗量核算等义务。要加强平行进口汽车入境检验，对于不符合国家机动车安全技术标准的，不予进口。要严格平行进口汽车注册登记，严格执行国家安全技术标准。禁止进口大气污染物排放超过标准的机动车。

各试点地区要加强平行进口汽车进口和销售管理，严格试点企业监管，建立试点企业退出机制。对发现违法进口和销售不符合国家机动车安全技术和环保排放标准以及自行或组织非法改装平行进口汽车的试点企业，取消其试点资格，严格追究试点企业、相关单位和人员责任。试点企业要严格按规定申领自动进口许可证，不得买卖、非法转让，一经发现违规行为，即取消试点企业资格。要督促指导试点企业严格落实《汽车销售管理办法》要求，认真做好备案和信息报送等工作。对试点工作监管不力，出现重大违规问题的地区，取消试点资格，并依法追究有关人员责任。

五、做好政策合规性评估。地方制定的汽车平行进口试点相关政策应符合世贸组织规则，具体政策出台之前，按照《贸易政策合规工作实施办法（试行）》（商务部公告2014年第86号）规定的程序进行合规性评估。

请将汽车平行进口试点企业有关信息报送相关部门。开展试点工作过程中的有关情况及遇到的问题，请及时与我们沟通。

商务部　工业和信息化部　公安部　生态环境部　交通运输部
海关总署　质检总局　国家认监委
2018年1月30日

关于综合保税区内开展保税货物租赁和期货保税交割业务的公告

（海关总署公告 2019 年第 158 号）

为贯彻落实《国务院关于促进综合保税区高水平开放高质量发展的若干意见》（国发〔2019〕3 号）的要求，支持在综合保税区发展租赁和期货保税交割业务，现将有关事项公告如下：

一、保税货物租赁

（一）本公告适用于租赁企业和承租企业以综合保税区内保税货物为租赁标的物（以下简称"租赁货物"）开展的进出口租赁业务。

（二）本公告所称"租赁企业"是指在综合保税区内设立的开展租赁业务的企业或者其设立的项目子公司。

本公告所称"承租企业"是指与租赁企业签订租赁合同，并按照合同约定向租赁企业支付租金的境内区外企业。

（三）租赁企业应当设立电子账册，如实申报租赁货物进、出、转、存等情况。

（四）租赁货物进出综合保税区时，租赁企业和承租企业应当按照现行规定向海关申报。承租企业对租赁货物的进口、租金申报纳税、续租、留购、租赁合同变更等相关手续应当在同一海关办理。

（五）租赁货物自进入境内（区外）之日起至租赁结束办结海关手续之日止，应当接受海关监管。

（六）租赁进口货物需要退回租赁企业的，承租企业应当将租赁货物复运至综合保税区内，并按照下列要求申报：

1. 原申报监管方式为"租赁贸易"（代码"1523"）的租赁进口货物，期满复运至综合保税区时，监管方式申报为"退运货物"（代码"4561"）；

2. 原申报监管方式为"租赁不满一年"（代码"1500"）的租赁进口货物，期满复运至综合保税区时，监管方式申报为"租赁不满一年"（代码"1500"）；

3. 运输方式按照现行规定申报。

（七）租赁进口货物需要办理留购的，承租企业应当申报进口货物报关单。对同一企业提交的同一许可证件项下的租赁进口货物，企业可不再重新出具许可证件。

（八）租赁企业发生租赁资产交易且承租企业不发生变化的，承租企业应当凭租赁变更合同等相关资料向海关办理合同备案变更、担保变更等相关手续。

企业可以根据需要向综合保税区海关按照以下方式办理申报手续：

1.综合保税区内租赁企业间发生资产交易的情况：承租企业及变更前的租赁企业向海关申报办理退运回区相关手续；租赁企业按照相关管理规定办理保税货物流转手续；承租企业及变更后的租赁企业向海关申报租赁进口货物出区手续。

2.租赁企业与境外企业发生资产交易的情况：承租企业或租赁企业可以采取形式申报、租赁货物不实际进出境的通关方式办理进出境申报手续，运输方式填报"其他"（代码"9"）。

3.对同一许可证件项下的租赁进口货物，企业可不再重新出具许可证件。

（九）保税货物由综合保税区租赁至境外时，租赁企业应当向海关申报出境备案清单，监管方式为"租赁贸易"（代码"1523"）或者"租赁不满一年"（监管方式代码"1500"），运输方式按实际运输方式填报。

租赁货物由境外退运至综合保税区时，租赁企业应当向海关申报进境备案清单，监管方式为"退运货物"（代码"4561"）或者"租赁不满一年"（代码"1500"），运输方式按实际运输方式填报。

（十）租赁企业开展进出口租赁业务时，租赁货物应当实际进出综合保税区。对注册在综合保税区内的租赁企业进出口飞机、船舶和海洋工程结构物等不具备实际入区条件的大型设备，可予以保税，由海关实施异地委托监管。

（十一）租赁货物进入境内（区外）时，海关认为必要的，承租企业应当提供税款担保。经海关核准，承租企业可以使用《海关租赁货物保证书》（详见附件1）办理租赁进口货物海关担保手续。

（十二）有关租赁进口货物其他规定，按照《中华人民共和国海关进出口货物征税管理办法》（海关总署令第124号，根据海关总署令第198号、

218 号、235 号修改）执行。

二、期货保税交割

（一）期货保税交割，是指指定交割仓库内处于保税监管状态的货物作为交割标的物的一种销售方式。

（二）综合保税区内的期货保税交割业务应当在国务院或国务院期货相关管理机构批准设立的交易场所（以下简称"期交所"）开展。期交所开展期货保税交割业务应当与海关实现计算机联网，并实时向海关提供保税交割结算单、保税标准仓单、保税标准仓单质押等电子信息。

（三）开展期货保税交割业务的货物品种应当为经国务院期货相关管理机构批准开展期货保税交割业务的期交所上市品种。

（四）综合保税区内仓储企业开展期货保税交割业务，应当具备以下条件：

1. 具备期交所认可的交割仓库资质；

2. 海关认定的企业信用状况为一般信用及以上；

3. 建立符合海关监管要求的管理制度和计算机管理系统，能够对期货保税交割有关的采购、存储、使用、损耗和进出口等信息实现全程跟踪，并如实向海关联网报送物流、仓储、损耗及满足海关监管要求的其他数据；

4. 具备开展该项业务所需的场所和设备，能够对期货保税交割货物实施专门管理。

（五）期交所应当将开展期货保税交割业务的货物品种及指定交割仓库向海关总署备案。

（六）交割仓库应当通过设立电子账册开展期货保税交割业务。

（七）综合保税区内货物参与期货保税交割的，应当按照规定向海关申报，并在进出口货物报关单、进出境货物备案清单、保税核注清单的备注栏注明"期货保税交割货物"。

（八）期货保税交割完成后，应当按照以下要求进行申报：

1. 需提货出境的，交割仓库应当凭期交所出具或授权出具的保税交割结算单（参考模板详见附件 2）和保税标准仓单清单（参考模板详见附件 3）等交割单证（以下简称"交割单证"）作为随附单证向海关办理货物出境申报手续。

2. 需提货至境内（区外）的，进口货物的收货人或者其代理人应当凭期交所出具或授权出具的交割单证等作为随附单证向海关办理货物进口申报手续，并按照规定缴纳进口环节税款。

3.需提货至其他海关特殊监管区域或保税监管场所的，按照保税间货物流转向海关办理申报手续。

申报时应当在进出口货物报关单、进出境货物备案清单、保税核注清单的备注栏注明"期货保税交割货物"及保税交割结算单号。

（九）保税标准仓单持有人（以下简称"仓单持有人"）需要开展保税标准仓单质押业务的，仓单持有人应当委托交割仓库向主管海关办理仓单质押备案手续，并提供《保税标准仓单质押业务备案表》（详见附件4）。

（十）交割仓库应当对货物做好质押标记。

（十一）仓单持有人需要解除质押的，应当委托交割仓库向主管海关申请办理仓单质押解除手续，并提交解除质押协议和《保税标准仓单质押业务解除备案表》（详见附件5）。解除质押时，同一质押合同项下的仓单不得分批解除。

（十二）海关总署对综合保税区内期货保税交割业务的特定事项另有规定的，适用其规定。

本公告自发布之日起施行。

特此公告。

附件：

1.海关租赁货物保证书（略）

2.保税交割结算单（参考模板）（略）

3.保税标准仓单清单（参考模板）（略）

4.保税标准仓单质押业务备案表（略）

5.保税标准仓单质押业务解除备案表（略）

海关总署

2019年10月12日

关于简化综合保税区艺术品审批及监管手续的公告

（海关总署、文化和旅游部公告 2019 年第 67 号）

为落实国务院"放管服"改革精神，进一步促进综合保税区发展，根据《国务院关于促进综合保税区高水平开放高质量发展的若干意见》（国发〔2019〕3 号）有关要求，海关总署、文化和旅游部决定简化综合保税区艺术品进出口审批及监管手续，现将有关事项公告如下：

一、本公告所称艺术品是指《艺术品经营管理办法》（文化部令第 56 号）所规定的艺术品。

二、本公告所称艺术品展览、展示，是指以艺术品销售、商业宣传为目的的各类展示活动。

三、本公告所称艺术品进出口经营活动，是指艺术品从境内区外进出综合保税区的实质性进出口行为。

四、开展艺术品保税存储的，在综合保税区与境外之间进出货物的申报环节，文化和旅游行政部门不再核发批准文件，海关不再验核相关批准文件。

五、在区内外开展艺术品展览、展示及艺术品进出口等经营活动的，凭文化和旅游行政部门核发的批准文件办理海关监管手续。对同一批艺术品，文化和旅游行政部门核发的批准文件可以多次使用。

本公告自发布之日起实施。

特此公告。

海关总署　文化和旅游部

2019 年 4 月 29 日

关于简化综合保税区进出区管理的公告

（海关总署公告 2019 年第 50 号）

为贯彻落实《国务院关于促进综合保税区高水平开放高质量发展的若干意见》（国发〔2019〕3 号），简化综合保税区货物、物品进出区管理，推进贸易便利化，现将有关事项公告如下：

一、简化综合保税区进出区管理是指允许对境内入区的不涉出口关税、不涉贸易管制证件、不要求退税且不纳入海关统计的货物、物品，实施便捷进出区管理模式。

二、适用便捷进区管理模式的货物、物品具体范围如下：

（一）区内的基础设施、生产厂房、仓储设施建设过程中所需的机器、设备、基建物资；

（二）区内企业和行政管理机构自用的办公用品；

（三）区内企业所需的劳保用品；

（四）区内企业用于生产加工及设备维护的少量、急用物料；

（五）区内企业使用的包装物料；

（六）区内企业使用的样品；

（七）区内企业生产经营使用的仪器、工具、机器、设备；

（八）区内人员所需的生活消费品。

三、上述货物、物品可不采用报关单、备案清单方式办理进区手续；如需出区，实行与进区相同的便捷管理模式。区内企业做好便捷进出区的日常记录，相关情况可追溯。

四、区内企业有下列情形之一的，海关可暂停办理上述货物、物品简化进出区手续：

（一）超出第一、第二条规定范围，擅自通过便捷管理模式进出区的；

（二）未如实办理货物、物品便捷进出区的；

（三）涉嫌走私被立案调查、侦查的。

五、区内增值税一般纳税人资格试点业务、区内企业承接境内（区外）企业委托加工业务、仓储货物按状态分类监管等业务，按照有关规定执行。

本公告自发布之日起施行。

特此公告。

海关总署

2019 年 3 月 22 日

关于境外进入综合保税区动植物产品检验项目实行"先入区、后检测"有关事项的公告

（海关总署公告 2019 年年第 36 号）

为贯彻落实《国务院关于促进综合保税区高水平开放高质量发展的若干意见》（国发〔2019〕3 号），经风险分析，决定对境外进入综合保税区的动植物产品的检验项目实行"先入区、后检测"监管模式。现就有关事项公告如下：

一、动植物产品是指从境外进入综合保税区后再运往境内区外，及加工后再运往境内区外或出境，依据我国法律法规规定应当实施检验检疫的动植物产品（不包括食品）。

二、检验项目包括动植物产品涉及的农（兽）药残留、环境污染物、生物毒素、重金属等安全卫生项目。

三、"先入区、后检测"监管模式按以下规则执行：动植物产品在进境口岸完成动植物检疫程序后，对需要实施检验的项目，可先行进入综合保税区内的监管仓库，海关再进行有关检验项目的抽样检测和综合评定，并根据检测结果进行后续处置。

本公告自发布之日起实施。

特此公告。

海关总署

2019 年 2 月 27 日

国家税务总局　财政部　海关总署关于在综合保税区推广增值税一般纳税人资格试点的公告

（国家税务总局、财政部、海关总署公告 2019 年第 29 号）

根据《国务院关于促进综合保税区高水平开放高质量发展的若干意见》（国发〔2019〕3 号），国家税务总局、财政部、海关总署决定在综合保税区推广增值税一般纳税人资格试点，现就有关事项公告如下：

一、综合保税区增值税一般纳税人资格试点（以下简称"一般纳税人资格试点"）实行备案管理。符合下列条件的综合保税区，由所在地省级税务、财政部门和直属海关将一般纳税人资格试点实施方案（包括综合保税区名称、企业申请需求、政策实施准备条件等情况）向国家税务总局、财政部和海关总署备案后，可以开展一般纳税人资格试点：

（一）综合保税区内企业确有开展一般纳税人资格试点的需求；

（二）所在地市（地）级人民政府牵头建立了综合保税区行政管理机构、税务、海关等部门协同推进试点的工作机制；

（三）综合保税区主管税务机关和海关建立了一般纳税人资格试点工作相关的联合监管和信息共享机制；

（四）综合保税区主管税务机关具备在综合保税区开展工作的条件，明确专门机构或人员负责纳税服务、税收征管等相关工作。

二、综合保税区完成备案后，区内符合增值税一般纳税人登记管理有关规定的企业，可自愿向综合保税区所在地主管税务机关、海关申请成为试点企业，并按规定向主管税务机关办理增值税一般纳税人资格登记。

三、试点企业自增值税一般纳税人资格生效之日起，适用下列税收政策：

（一）试点企业进口自用设备（包括机器设备、基建物资和办公用品）时，暂免征收进口关税和进口环节增值税、消费税（以下简称进口税收）。

上述暂免进口税收按照该进口自用设备海关监管年限平均分摊到各个年度，每年年终对本年暂免的进口税收按照当年内外销比例进行划分，对外销比例部分执行试点企业所在海关特殊监管区域的税收政策，对内销比例部分比照执行海关特殊监管区域外（以下简称区外）税收政策补征税款。

（二）除进口自用设备外，购买的下列货物适用保税政策：

1. 从境外购买并进入试点区域的货物；

2. 从海关特殊监管区域（试点区域除外）或海关保税监管场所购买并进入试点区域的保税货物；

3. 从试点区域内非试点企业购买的保税货物；

4. 从试点区域内其他试点企业购买的未经加工的保税货物。

（三）销售的下列货物，向主管税务机关申报缴纳增值税、消费税：

1. 向境内区外销售的货物；

2. 向保税区、不具备退税功能的保税监管场所销售的货物（未经加工的保税货物除外）；

3. 向试点区域内其他试点企业销售的货物（未经加工的保税货物除外）。

试点企业销售上述货物中含有保税货物的，按照保税货物进入海关特殊监管区域时的状态向海关申报缴纳进口税收，并按照规定补缴缓税利息。

（四）向海关特殊监管区域或者海关保税监管场所销售的未经加工的保税货物，继续适用保税政策。

（五）销售的下列货物（未经加工的保税货物除外），适用出口退（免）税政策，主管税务机关凭海关提供的与之对应的出口货物报关单电子数据审核办理试点企业申报的出口退（免）税。

1. 离境出口的货物；

2. 向海关特殊监管区域（试点区域、保税区除外）或海关保税监管场所（不具备退税功能的保税监管场所除外）销售的货物；

3. 向试点区域内非试点企业销售的货物。

（六）未经加工的保税货物离境出口实行增值税、消费税免税政策。

（七）除财政部、海关总署、国家税务总局另有规定外，试点企业适用区外关税、增值税、消费税的法律、法规等现行规定。

四、区外销售给试点企业的加工贸易货物，继续按现行税收政策执行；销售给试点企业的其他货物（包括水、蒸汽、电力、燃气）不再适用出口退税政策，按照规定缴纳增值税、消费税。

五、税务、海关两部门要加强税收征管和货物监管的信息交换。对适用出口退税政策的货物，海关向税务部门传输出口报关单结关信息电子数据。

六、本公告自发布之日起施行。《国家税务总局　财政部　海关总署关于开展赋予海关特殊监管区域企业增值税一般纳税人资格试点的公告》（国家税务总局　财政部　海关总署公告 2016 年第 65 号）、《国家税务总局　财政部　海关总署关于扩大赋予海关特殊监管区域企业增值税一般纳税人资格试点的公告》（国家税务总局　财政部　海关总署公告 2018 年第 5 号）和《国家税务总局　财政部　海关总署关于进一步扩大赋予海关特殊监管区域企业增值税一般纳税人资格试点的公告》（国家税务总局　财政部　海关总署公告 2019 年第 6 号）同时废止。上述公告列名的昆山综合保税区等 48 个海关特殊监管区域按照本公告继续开展一般纳税人资格试点。

特此公告。

国家税务总局　财政部　海关总署

2019 年 8 月 8 日

关于境外进入综合保税区食品检验放行有关事项的公告

（海关总署公告 2019 年第 29 号）

为贯彻落实《国务院关于促进综合保税区高水平开放高质量发展的若干意见》（国发〔2019〕3 号），对境外进入综合保税区的食品实施"抽样后即放行"监管。现就有关事项公告如下：

一、综合保税区内进口的食品，需要进入境内的，可在综合保税区进行合格评定，分批放行；凡需要进行实验室检测的，可在满足以下条件的基础上抽样后即予以放行：

（一）进口商承诺进口食品符合我国食品安全国家标准和相关检验要求（包括包装要求和储存、运输温度要求等）。

（二）进口商已建立完善的食品进口记录和销售记录制度并严格执行。

二、经实验室检测发现安全卫生项目不合格的，进口商应按照《食品安全法》的规定采取主动召回措施，并承担相应的法律责任。

本公告自发布之日起实施。

特此公告。

海关总署

2019 年 2 月 2 日

关于支持综合保税区内企业承接境内（区外）企业委托加工业务的公告

（海关总署公告 2019 年第 28 号）

为贯彻落实《国务院关于促进综合保税区高水平开放高质量发展的若干意见》（国发〔2019〕3 号）的要求，加快综合保税区（以下简称"综保区"）创新升级，支持在综保区内的企业（以下简称"区内企业"）承接境内（区外）企业（以下简称"区外企业"）委托加工业务，统筹利用国际国内两个市场、两种资源，现将有关事项公告如下：

一、本公告所称"委托加工"，是指区内企业利用监管期限内的免税设备接受区外企业委托，对区外企业提供的入区货物进行加工，加工后的产品全部运往境内（区外），收取加工费，并向海关缴纳税款的行为。

委托加工货物包括委托加工的料件（包括来自境内区外的非保税料件和区内企业保税料件）、成品、残次品、废品、副产品和边角料。

二、除法律、行政法规、国务院的规定或国务院有关部门依据法律、行政法规授权作出的规定准许外，区内企业不得开展国家禁止进出口货物的委托加工业务。

三、区内企业开展委托加工业务，应当具备以下条件：

（一）海关认定的企业信用状况为一般信用及以上；

（二）具备开展该项业务所需的场所和设备，对委托加工货物与其它保税货物分开管理、分别存放。

四、区内企业开展委托加工业务，应当设立专用的委托加工电子账册。

五、委托加工用料件原则上由区外企业提供，对需使用区内企业保税料件的，区内企业应当事先如实向海关报备。

六、委托加工用非保税料件由境内（区外）入区时，区外企业申报监管方式为"出料加工"（代码 1427），运输方式为"综合保税区"（代码 Y）；区内企业申报监管方式为"料件进出区"（代码 5000），运输方式为"其他"（代码 9）。

七、境内（区外）入区的委托加工用料件属于征收出口关税商品的，区外企业应当按照海关规定办理税款担保事宜。

八、委托加工成品运往境内（区外）时，区外企业申报监管方式为"出料加工"（代码 1427），运输方式为"综合保税区"（代码 Y）。委托加工成品和加工增值费用分列商品项，并按照以下要求填报：

（一）商品名称与商品编号栏目均按照委托加工成品的实际名称与编码填报；

（二）委托加工成品商品项数量为实际出区数量，征减免税方式为"全免"；

（三）加工增值费用商品项商品名称包含"加工增值费用"，法定数量为 0.1，征减免税方式为"照章征税"。

区内企业申报监管方式为"成品进出区"（代码 5100），运输方式为"其他"（代码 9），商品名称按照委托加工成品的实际名称填报。

加工增值费用完税价格应当以区内发生的加工费和保税料件费为基础确定。其中，保税料件费是指委托加工过程中所耗用全部保税料件的金额，包括成品、残次品、废品、副产品、边角料等。

九、由境内（区外）入区的委托加工剩余料件运回境内（区外）时，区外企业申报监管方式为"出料加工"（代码 1427），运输方式为"综合保税区"（代码 Y），区内企业申报监管方式为"料件进出区"（代码 5000），运输方式为"其他"（代码 9）。

十、委托加工产生的边角料、残次品、废品、副产品等应当运回境内（区外）。保税料件产生的边角料、残次品、废品、副产品属于固体废物的，应当按照《固体废物进口管理办法》（环境保护部、商务部、发展改革委、海关总署、质检总局联合令第 12 号）办理出区手续。

十一、委托加工电子账册核销周期最长不超过一年，区内企业应当按照海关监管要求，如实申报企业库存、加工耗用等数据，并根据实际加工情况办理报核手续。

十二、区内企业有下列情形之一的，海关可暂停其委托加工业务：

（一）不再符合本公告第二条、第三条所述业务开展条件的；

（二）未能在规定期限内将委托加工产生的边角料、残次品、废品、副产品等按照有关规定处置的；

（三）涉嫌走私被立案调查、侦查的。

前款第（二）项所规定的"规定期限"由海关根据委托加工合同和实际情况予以确定。

十三、区内增值税一般纳税人资格企业，按照有关规定执行。

本公告自发布之日起施行。

特此公告。

海关总署

2019 年 1 月 29 日

关于支持综合保税区开展保税研发业务的公告

（海关总署公告 2019 年第 27 号）

为贯彻落实《国务院关于促进综合保税区高水平开放高质量发展的若干意见》（国发〔2019〕3 号）的要求，加快综合保税区（以下简称"综保区"）创新升级，促进综保区保税研发业态发展，现就综保区开展保税研发业务有关事项公告如下：

一、综保区内企业（以下简称"区内企业"）以有形料件、试剂、耗材及样品（以下统称"研发料件"）等开展研发业务，适用本公告。

二、区内企业具备以下条件的，可开展保税研发业务：

（一）经国家有关部门或综保区行政管理机构批准开展保税研发业务；

（二）海关认定的企业信用状况为一般信用及以上；

（三）具备开展保税研发业务所需的场所和设备，能够对研发料件和研发成品实行专门管理。

三、除法律、行政法规、国务院的规定或国务院有关部门依据法律、行政法规授权作出的规定准许外，不得开展国家禁止进出口货物的保税研发业务。

区内企业开展保税研发业务不按照加工贸易禁止类目录执行。

四、区内企业开展保税研发业务，应当设立专门的保税研发电子账册，建立包含研发料件和研发成品等信息的电子底账。

五、研发料件、研发成品及研发料件产生的边角料、坏件、废品等保税研发货物（以下简称"保税研发货物"），区内企业按照以下方式申报：

（一）研发料件从境外入区，按照监管方式"特殊区域研发货物"（代码 5010）申报，运输方式按照实际进出境运输方式申报；研发料件从境内（区外）入区，按照监管方式"料件进出区"（代码 5000）申报，运输方式按照"其他"（代码 9）申报。

（二）研发成品出境，按照监管方式"特殊区域研发货物"（代码 5010）申报，运输方式按照实际进出境运输方式申报；研发成品进入境内（区外），按照监管方式"成品进出区"（代码 5100）申报，运输方式按照"其他"（代码9）申报。

（三）研发料件进入境内（区外），按照监管方式"料件进出区"（代码5000）申报，运输方式按照"其他"（代码9）申报。

（四）研发料件产生的边角料、坏件、废品等，退运出境按照监管方式"进料边角料复出"（代码0864）或"来料边角料复出"（代码0865）申报，运输方式按照实际进出境运输方式申报；内销按照监管方式"进料边角料内销"（代码0844）或"来料边角料内销"（代码0845）申报，运输方式按照"其他"（代码9）申报。

六、保税研发货物销往境内（区外）的，区外企业按照实际监管方式申报，运输方式按照"综合保税区"（代码Y）申报。企业应当按照实际报验状态申报纳税，完税价格按照《中华人民共和国海关审定内销保税货物完税价格办法》（海关总署令第211号）第九条、第十条的规定确定。

七、研发料件产生的边角料、坏件、废品运往境内（区外）的，区内企业按照综保区关于边角料、废品、残次品的有关规定办理出区手续。属于固体废物的，区内企业应当按照《固体废物进口管理办法》（环境保护部、商务部、发展改革委、海关总署、质检总局联合令第12号）有关规定办理出区手续。

八、区内企业可将研发成品运往境内（区外）进行检测。研发成品出区检测期间不得挪作他用，不得改变物理、化学形态，并应当自运出之日起60日内运回综保区。因特殊情况不能如期运回的，区内企业应当在期限届满前7日内向海关申请延期，延长期限不得超过30日。

九、保税研发电子账册核销周期最长不超过一年，区内企业应当如实申报库存、研发耗用等海关需要的监管数据，并根据实际研发情况办理报核手续。

十、区内企业有下列情形之一的，海关可暂停其保税研发业务：

（一）不再符合本公告第二条、第三条所述业务开展条件的；

（二）未能将出区检测的研发成品按期运回综保区的；

（三）未能在规定期限内将保税研发货物按照有关规定处置的；

（四）涉嫌走私被立案调查、侦查的。

前款第（三）项所规定的"规定期限"由海关根据研发合同和实际情况予以确定。

十一、区内增值税一般纳税人资格企业，按照有关规定执行。

本公告自发布之日起施行。

特此公告。

海关总署

2019 年 1 月 29 日

关于海关特殊监管区域"仓储货物按状态分类监管"有关问题的公告

（海关总署公告 2016 年第 72 号）

现将实施海关特殊监管区域"仓储货物按状态分类监管"制度有关事项公告如下：

一、本公告所称"仓储货物按状态分类监管"制度，是指允许非保税货物以非报关方式进入海关特殊监管区域，与保税货物集拼、分拨后，实际离境出口或出区返回境内的海关监管制度。

二、本公告适用于各种类型的海关特殊监管区域。

三、海关特殊监管区域内企业（以下简称区内企业）经营非保税仓储货物，需经管委会审核同意后报海关核准。

海关可依据相关规定对区内企业与保税货物有关的货物流、资金流和信息流等开展稽核查。海关可以对进出区非保税货物进行抽查。

四、适用"仓储货物按状态分类监管"制度的区内企业，应使用计算机仓储管理系统（WMS）；应按照海关规定的认证方式与海关特殊监管区域信息化辅助管理系统联网，向海关报送能够满足监管要求的相关数据。

本公告自公布之日起施行。

特此公告。

海关总署

2016 年 11 月 29 日

·参考文献·

［1］陈晖.走私犯罪论.法律出版社，2002.

［2］孙毅彪.海关风险管理理论与应用研究.复旦大学出版社，2007.

［3］杨建文，陆军荣.中国保税港区：创新与发展.上海社会科学院出版社，2008.

［4］姜仲勤.融资租赁在中国：问题与解答.当代中国出版社，2008.

［5］毛艳华.香港对外贸易发展研究.北京大学出版社，2009.

［6］唐龙桂.海关管理学.中国海关出版社，2010.

［7］王任祥，邵万清，等.保税港区建设与发展探索——宁波梅山保税港区建设与发展专题研究.经济管理出版社，2010.

［8］张皖生主编.海关保税监管.中国海关出版社，2010.

［9］对外经济贸易大学国际经济研究院课题组著.中国自贸区战略——周边是首要.对外经济贸易大学出版社，2010.

［10］刘德标，祖月主编.彻底搞懂中国自由贸易区优惠.中国海关出版社，2010.

［11］宁清同，黎其武，等.保税港区法律问题研究.法律出版社，2011.

［12］上海国际航运研究中心编.上海国际航运中心的实践与探索.上海财经大学出版社，2011.

［13］王淑敏.保税港区的法律制度研究.知识产权出版社，2011.

［14］孙前进主编.海关监管与保税物流体系建设.中国物资出版社，2012.

［15］何力.世界海关组织及法律制度研究.法律出版社，2012.

［16］夏荣辉主编.保税物流仓储实务.中国商务出版社，2012.

［17］"关务通·加贸系列"编委会编著.海关特殊监管区域和保税监管

场所实务操作与技巧.中国海关出版社，2013.

［18］叶世杰，安小风主编.保税物流.重庆大学出版社，2014.

［19］丁斑著.我国加工贸易企业转型升级研究.经济科学出版社，2015.

［20］干春晖主编.中国（上海）自由贸易试验区海关监管与制度改革发展报告.法律出版社，2016.

［21］本书编委会编著.海关特殊监管区域及保税监管场所典型案例启示录.中国海关出版社，2016.

［22］孟庆伟，方辉，郝红波.直击自贸区：从投资贸易便利到共享金融创新红利步步为赢.中国海关出版社，2016.

［23］周奇，张湧，等.中国（上海）自贸试验区制度创新与案例研究.上海社会科学院出版社，2016.

［24］薛荣久主编.国际贸易（第六版）.对外经济贸易大学出版社，2016.

［25］本书编委会编著.加贸企业保税经营全攻略.中国海关出版社，2016.

［26］任学武编著.一本书读懂自贸区.人民邮电出版社，2017.

［27］顾六宝，等.环东北亚国际自由贸易区及我国保税港区发展研究.中国社会科学出版社，2017.

［28］龚英，杨佳骏.保税物流实务.科学出版社，2017.

［29］吕红军主编.国际贸易.中国商务出版社，2017.

［30］李晨光，雷镇，王磊磊，等.加贸保税新政，你了解吗?.中国海关出版社，2018.

［31］戴小红.保税物流区域发展对腹地经济增长影响的研究——以浙江省为例.浙江大学出版社，2018.

［32］蔡宁，黄纯.自由港与海洋新兴产业发展研究.浙江大学出版社，2019.

［33］冯宗宪，等.中陆和沿海自由贸易试验区比较研究.陕西人民出版社，2019.

［34］《中国海关保税实务大全编写组》编.中国海关保税实务大全（第二版）.中国海关出版社有限公司，2020.

［35］邱秋，罗文君主编．自由贸易试验区法律实务．高等教育出版社，2020.

［36］中华人民共和国大连海关编著．推进自由贸易港（自贸试验区）建设的海关检验检疫政策和监管模式研究．中国海关出版社有限公司，2021.

［37］邹忠全主编．中国对外贸易概论（第五版）．东北财经大学出版社，2021.

［38］吴士存，等．世界知名自贸港法律汇编．中国经济出版社，2022.

［39］中华人民共和国民法典（大字本）．人民出版社，2022.